Max Büdinger
**Don Carlos' Haft und Tod**
insbesondere nach den Auffassungen seiner Familie

Aus Fraktur übertragen

Büdinger, Max: **Don Carlos' Haft und Tod**
insbesondere nach den Auffassungen seiner Familie
Hamburg, SEVERUS Verlag 2010.

ISBN: 978-3-942382-77-9
Druck: SEVERUS Verlag, Hamburg, 2010
Lektorat: Verena Behr

Der SEVERUS Verlag ist ein Imprint der Diplomica Verlag GmbH.

**Bibliografische Information der Deutschen Nationalbibliothek:**
Die Deutsche Nationalbibliothek verzeichnet diese Publikation in der Deutschen Nationalbibliografie; detaillierte bibliografische Daten sind im Internet über http://dnb.d-nb.de abrufbar.

Die digitale Ausgabe (eBook-Ausgabe) dieses Titels trägt die
ISBN 978-3-942382-78-6 und kann über den Handel oder den Verlag bezogen werden.

© **SEVERUS Verlag**
http://www.severus-verlag.de, Hamburg 2010
Printed in Germany
Alle Rechte vorbehalten.

Der SEVERUS Verlag übernimmt keine juristische Verantwortung oder irgendeine Haftung für evtl. fehlerhafte Angaben und deren Folgen.

SEVERUS
erlag

# Inhalt

**Erstes Buch: Der Strafbeschluß gegen Flandern** ............ 9
    Das Schloß von Madrid ............ 10
    Die Cortes von Kastilien im Jahr 1566 ............ 10
    Die Thronrede des Königs ............ 12
    Kastiliens Aufgabe im Gesamtreich ............ 15
    Absichten des Königs in den Niederlanden ............ 16
    Die Cortes gegen die Niederlande ............ 18
    Des Königs Schlußworte an die Cortes ............ 20
    Kastilische Überzeugungen ............ 20
    Niederländische Verletzungen kastilischer Empfindung ............ 21
    Vernichtung von Andersgläubigen ............ 23
    Vernichtung von Nationalfeinden ............ 24
    Bemühungen der Königin Elisabeth von Spanien ............ 30
    Kirchen- und Bildersturm in den Niederlanden ............ 35
    Das Verhältnis Philipps II. zu den Reformierten ............ 36
    Die Reformierten in den Niederlanden ............ 39
    Absichten Wilhelms von Oranien ............ 41
    König Philipp über die Glaubensparität in Deutschland ............ 43
    Verhältnis der Niederlande zum deutschen Reich ............ 44
    Kaiser Maximilian II. über die Stellung der Niederlande ............ 50
    Päpstliche Einsprache gegen den Strafbeschluß ............ 53
    Don Carlos' Anrede an die Cortes ............ 57
    Don Carlos' Verlangen nach den Niederlanden ............ 60

**Zweites Buch: Don Carlos' Geistesrichtung** ............ 67
    Die herrschenden Vorstellungen ............ 68
    Religiöse Richtung ............ 69
    Philipp II. über etwaige Ketzerei seines Sohnes ............ 70

Die Zweifel an des Prinzen Rechtgläubigkeit ........... 74
Das erste Testament des Kronprinzen ........... 80
Religiöser Charakter des Testaments ........... 82
Politische Richtung des Testaments ........... 85
Physische Schwäche des Prinzen ........... 89
Berechtigte Empfindlichkeit ........... 96
Allmähliche Verkrüppelung ........... 97
Heiratsgedanken ........... 99

**Drittes Buch: Die Katastrophe ........... 105**

Die authentischen Berichte ........... 106
Adam von Dietrichsteins spanische Beziehungen ........... 109
Entzweiung zwischen König und Kronprinz ........... 111
Testamentarisch verbrannte Akten ........... 112
Zeichen zunehmenden Schwachsinns ........... 117
Aufruf zur Empörung ........... 126
Mordabsichten ........... 133
Königliche Mitteilungen über Carlos' Verfehlung ........... 139
Französische Empfindungen über die Katastrophe ........... 142
Königliche Eröffnungen an Freunde über die Haft ........... 145
Die beiden frühesten Benachrichtigungen über die Haft ........... 147
Anzeige von der Verhaftung an deutsche Fürsten ........... 150
Die Tatsachen der Verhaftung ........... 154
Die Einschließung in dem Turmzimmer ........... 160
Die Äußerungen von Verwandten über die Haft ........... 162
Maximilian II. über die Haft ........... 165
Französische Hoffnungen ........... 167
Allgemeine Beistimmung in Spanien ........... 169
Der König am Zimmer seines Sohnes ........... 170
Fürstliche Gefängnisordnung ........... 172
Exzesse in der Haft ........... 173

Des Prinzen Hinscheiden .................................................................................... 176
Letztwillige Anordnungen ................................................................................. 180
Totenschau ........................................................................................................ 180
Todesanzeige an Erzherzog Ferdinand .............................................................. 183
Familienrechtliche Ansprüche der Agnaten ...................................................... 186
Auffassung des Erzherzogs Ferdinand über Carlos' Haft und Tod .................... 188
Schluß ............................................................................................................... 192
Anhang über die Urkundenpublikation der Frau Herzogin von Alba ................ 192

# Erstes Buch:

# Der Strafbeschluß gegen Flandern

## Das Schloß von Madrid

Im Jahr 1568 ist Don Carlos in einem Zimmer der königlichen Residenz zu Madrid verhaftet worden und in einem anderen Zimmer desselben Gebäudes gestorben. Von diesem alten, während des stürmischen Weihnachtsfestes von 1734 durch Feuer zerstörten Schloß gibt es weder eine Abbildung noch eine genaue Beschreibung.[1] Gewöhnlich, auch in des Königs Philipp des Zweiten Briefen an seine Töchter, wurde dasselbe mit dem arabischen Worte *Alcásar* bezeichnet; in den Protokollen der kastilischen Volksvertretung aus den Don Carlos' Verhaftung zunächst vorangehenden Jahren wird es aber immer nur Palast genannt.

Als Don Carlos' Großvater Karl der Fünfte nach seiner Wahl zum deutschen Kaiser Spanien zum ersten Mal wieder verlassen hatte, mußte auch der Alcásar von Madrid sich Aufständischen ergeben. Nach seiner Rückkehr hat aber der Kaiser gerade dieses Schloß bevorzugt, welches sich ihm bei einem Wechselfieber zuträglich erwiesen hatte.

Es wurde durch Bodenankäufe für Gartenanlagen und durch Neubauten zu einer modernen Forderungen einigermaßen entsprechenden Gestaltung gebracht. Des Kaisers Sohn König Philipp II. ließ mit der Pietät, welche er für seines Vaters Gedanken stets bewährt hat, den Umbau mit viel Sorgfalt für Einzelheiten bis zum Jahr 1562 fortführen. Dann machte doch das Ganze, trotz mancher architektonisch gelungenen Teile, einen unschönen Eindruck.[2] Im Inneren freilich fanden sich zahlreiche, der königlichen Würde entsprechende Gemächer und Kunstschätze.

## Die Cortes von Kastilien im Jahr 1566

In einem Saal dieses Schlosses fand am 11. Dezember 1566, einem Mittwoch, eine Feierlichkeit statt, von welcher schwere politische Verwicklungen und im wesentlichen die Katastrophe des spanischen Thronerben sich verständlich darstellen.

Zu solchem Verständnis zeigt sich aber eine genaue Kunde nötig sowohl von dieses Prinzen allgemeinen Pflichten und Befugnissen, als speziell von den ihm durch die Natur der Monarchie seines Vaters gezogenen Grenzen der Gewaltübung. Ich glaube deshalb dem Leser die mannigfaltigen politi-

---

[1] *On n'en possède de représentation ni de description bien exacte.* Gachard, *Don Carlos et Philippe II.* (1863) 581.
[2] *[...] féo y de mérito.* Madoz, *diccionario [...] de España X* (1848) 759

schen und religiösen Bewegungen der Zeit schildern zu müssen, so weit das spanische Königtum von ihnen berührt und mit Rücksicht auf sie seine Entschließungen zu fassen genötigt wurde.

An dem genannten Tag nun wurde eine Versammlung spanischer Volksvertreter eröffnet. Sie fanden sich, wie am 25. Februar 1563, vor dem König und vor dessen Sohne ein, dem Fürst von Asturien Don Carlos, welchem als Gesamtthronerben, als „Prinz" im eminenten Sinne, schon vor bald sieben Jahren, am 22. Februar 1560 auf das feierlichste gehuldigt worden war. Die uns zunächst beschäftigende Volksvertretung hieß Cortes von Leon und Kastilien. Sie tagte nach einem Herkommen und in altüberlieferten Verhandlungsformen, welche Karl V. und Philipp II. gleichmäßig in hohen Ehren hielten.

Eben bei der Sitzung von 1566, welche erst am 15. Juni 1567 endete und durch ihre Opferwilligkeit im Reichsinteresse sich auszeichnete,[1] bemühte sich Philipp II. vergeblich, den schleppenden Gang der Verhandlungen einigermaßen abzukürzen. Hatte er doch im vorigen Jahrzehnt, an der Seite seiner zweiten Gemahlin Maria Tudor, als König von England bei den dortigen Parlamentsverhandlungen kennen gelernt, wie heilsam für den Staat wie den parlamentarischen Geschäftsgang die Abstimmung der Abgeordneten nicht nach Mandaten, sondern nach ihrer eigenen Überzeugung sich erweist. Ich denke, daß er nach diesem Muster die eidliche Verpflichtung kastilischer Deputierter, nur nach den Instruktionen ihrer Wähler zu votieren, aufzuheben suchte. Doch ist ihm das erst bei den nächsten Cortes von 1570 gegenüber der unbeugsamen Gewissenhaftigkeit einiger Mitglieder der Versammlung gelungen, deren Auftraggeber durch königliche Handschreiben bewogen wurden, die Beschwörung ihrer Instrukion aufzuheben.[2]

Zusammengesetzt waren die Cortes seit mehr als einem Jahrhundert aus je zwei Prokuratoren von achtzehn Städten oder, wie in Galizien und Estremadura, städtischen Provinzialgenossenschaften.[3] An Freimut, auch

---

[1] Der Sprecher der Cortes bei der dem König die Geldbewilligungen anzeigenden Audienz vom 18. März 1567 hebt das mit dem Recht hervor: *Actas de las Cortes de Castilla. II* (1862) 217

[2] Don Manuel Danvila y Collado hat dies 1885 in der Einleitung zum *tomo qzinto adicional der Actas* S. 13 und 14 sehr wohl ausgeführt: *manifesto per algunos que habian jurado cierta Instruccion, se expedió Real Cédula mandando á las respectivas ciudades: abzásan á los Procuradores el juramento prestado.*

[3] Über den Bestand der Cortes, definitiv seit 1480, die Aufnahme Granadas und die von Karl V. und Philipp II. beobachteten Rücksichten vgl. Manuel Colmeiros *Introduccion* zu den von der Madrider Akademie der Geschichte herausgegebenen *Cortes de Leon y de Castilla* (1883) 23-36, wo noch Philipp II. von Herrn Colmeiro die üblichen Beiworte

über die Kosten des königlichen Hofhaltes, wie schon im Jahr 1558 und vollends im Jahr 1563[1], haben sie es nicht fehlen lassen, wenn auch von dem König ihr Vorsitzender und von der Regierung sogar jene Sekretäre ernannt wurden, welchen wir die anschaulichen und eingehenden Protokolle dieser Volksvertretung verdanken.

Die Gesinnungen aber, welche die kastilischen Cortes beseelen mußten, mag man daraus abnehmen, daß in den Kreis dieser bevorzugten Städte auch Granada mit besonders ehrenvollem Rang an vierter oder fünfter Stelle[2], aufgenommen war. Als letzte Residenz eines mohammedanischen Herrschers auf der iberischen Halbinsel war diese Stadt erst zu Neujahr 1492 von den Spaniern besetzt worden. Schon ihr Namen brachte die durch sieben Jahrhunderte geführten Kriege der katholischen Christenheit gegen den Islam in Erinnerung. Noch lebten Viele, deren Väter oder Großväter gegen Granada für die Religion und die nationale Ehre gekämpft hatten.

Zu den in diesen Cortes, welche technisch auch als „das Königreich" bezeichnet werden, vertretenen Gebieten gehörten aber als Kroneigentum auch alle spanischen Besitzungen in der Neuen Welt. Nur Kastilien war durch die katholischen „Könige" Ferdinand und Isabella zum Mutterland und hiermit zur Gebieterin des ganzen neuentdeckten Kontinents erklärt worden. Als kastilischer Kronbesitz galt also im Jahr 1566 ganz Amerika, ausgenommen den in der südlichen Hälfte dieses Erdteils gelegenen, übrigens für unerheblich erachteten portugiesischen Besitz.

## Die Thronrede des Königs

Kastiliens Volksvertreter sahen an jenem 11. Dezember 1566 den König Philipp II. und den Kronprinzen Don Carlos in dem geräumigen Vorgemache der königlichen Wohnung[3] auf einer einstufigen Estrade. Neben dersel-

---

„*siempre dissimulado y arteficioso*" erhält; ebendaselbst finden sich II 286 Nachrichten über das Verhältnis dieser Sammlung zu den *Actas*, welche von der spanischen Neputiertenkammer 1861 bis 1867 und wieder seit 1883 ediert werden. Über die Befugnisse der Cortes unter Philipp II.: *Actas I* (1861) *p.* XI bis XIII

[1] Hierüber hat schon Lafuente, *historia general de España XIII* (1854) 58 n. 1 ganz Richtiges bemerkt. Aber die in den *Actas I p.* XII mit Genugtuung hervorgehobenen Begehren der Cortes von 1563 scheint er nicht gekannt zu haben.

[2] So bei den Cortes von 1563: *Actas I*, 4. Bei den Cortes von 1566 erscheinen sie an vierter Stelle. Ein Rangstreit über das Vorrecht Toledos oder Granadas in den Kommissionen, speziell der zu persönlicher Verhandlung mit dem König bestimmten, endete am 22. Dezember 1566 mit beider vorläufigem Ausschluß aus der letzteren. *Actas II* 63-69.

[3] *En el antecámara del aposento de Su Magestad. Actas II*, 20, wo auch die nachfolgenden Einzelheiten beschrieben sind.

ben standen auf beiden Seiten mit Teppichen belegte Bänke für den Hofstaat. Als erster Ratgeber der Krone, wie als Leiter der sämtlichen hier erschienenen Herren der königlichen Umgebung hatte der Obersthofmeister Herzog von Alba seinen Platz zunächst dem Monarchen. Auch bei der Eröffnungsfeier der Cortes im Palast am 25. Februar 1563 wird er als oberster Hofbeamter bei Erwähnung des Hofstaates hervorgehoben.

Der König ließ sich bei der, wie es scheint; diesmal besonders feierlich gestalteten Eröffnung auf der Estrade unter einem Thronhimmel auf einem Brokatsessel nieder; auf einem zweiten Brokatsessel, doch nicht mehr unter dem Thronhimmel, saß der in allen Rechtsformen anerkannte Reichserbe, „der durchlauchtigste Prinz, unser Herr" Don Carlos. Hierauf nahmen auf des Königs Weisung die Cortes – gleich dem Hofstaat auf teppichbelegten Bänken – ihm gegenüber ihre Plätze ein. Dann vernahm die Versammlung die kurze Ansprache ihres Königs. Unmittelbar brachten diese Worte die stolz gebietende Stellung[1] in Erinnerung, welche bei der letzten Corteseröffnung (25. Februar 1563) für Spanien in Anspruch genommen war, vornehmlich zur Sicherung des katholischen Glaubens, auch durch militärische Intervention in die französischen Religionshändel.

Der König sprach:

> „Aus der Botschaft (*proposicion*), welche Euch verlesen werden wird, werdet Ihr den Zustand der Angelegenheiten der Christenheit und dieser Königreiche erfahren, dazu das, weshalb Ich Euch zu berufen anordnete. Damit Ihr das mehr im Einzelnen vernehmet, habe Ich befohlen, daß es Euch mündlich aus einer Aufzeichnung vorgetragen werde."[2]

Es folgte die königliche Weisung an die städtischen Vertreter, ihre Häupter zu bedecken.

Dann Vernahmen diese kastilischen Cortes den von einem Staatssekretär mit lauter, deutlicher Stimme gehaltenen Vortrag der Botschaft. Es waren ernste, zu ihren Herzen dringende Worte, geeignet ihre religiösen Überzeugungen, wie ihr nationales Ehrgefühl zu entflammen.

Nach der formellen Einleitung wurde die Versammlung an die Zeugnisse gegenseitiger Liebe zwischen dem König und seinen spanischen Reichen erinnert. Philipp II. ließ nur hervorheben, daß er in denselben ununterbrochen seit den letzten Cortes geweilt habe. In der Tat konnte er aber bei je-

---

[1] *Actas I* (1861) 18 f. Nie historische Großartigkeit des damals entworfenen, wahrheitsgetreuen Bildes der „dem glühendsten Verlangen des spanischen Gemüthes so ganz angepaßten katholischen Weltpolitik" hat schon Erich Marcks, die Zusammenkunft von Bayonne (1889) 17 und 326 hervorgehoben.

[2] *y para que mas particularmente lo entendais, e mandado que se os digan por escripto. Actas II* 21.

dermann die Erinnerung voraussetzen, daß er seit sieben Jahren den spanischen Boden nicht verlassen hatte, was seinem kaiserlichen Vater nur einmal, bis zum Jahr 1529, möglich gewesen war.[1]

In den nächsten Absätzen wurden die Cortes auf die Tätigkeit aufmerksam gemacht, welche die Regierung seit ihrer letzten Berufung vornehmlich für die Aufrechthaltung des katholischen Glaubens und für gute Beziehungen zum apostolischen Stuhl entfaltet habe; nur in seinen Wendungen über den Eifer in Ausführung des Beschlossenen[2] wird hierbei auf die Schwierigkeiten des Abschlusses des tridentinischen Konziliums durch spanische Klugheit und Mäßigung hingewiesen. Zugleich wird dem seit Jahresfrist hingeschiedenen Papst Pius IV. unerwartet viel Lob gespendet. Die Beleidigung, welche vor wenigen Wochen von dem regierenden Papste Pius V. durch einen Spezialgesandten desselben dem König widerfahren war, wird nicht ausdrücklich erwähnt; doch wird uns die Angelegenheit noch gegen Ende dieses Buches beschäftigen. Im Übrigen wird der Unterstützung gedacht, welche die kastilische Geistlichkeit in ihrem Berufe von Seiten der Regierung erfahre.

In den folgenden Sätzen konnte der König mit Genugtuung an seine umfassende Tätigkeit für die innere wie die äußere Sicherheit des Reiches erinnern. Er hob den tiefen Frieden hervor, welcher für alle Einwohner ohne Unterschied in den zu Kastilien gehörigen Gebieten herrsche. Diese Sicherheit war durch des Königs strenge, aufmerksame und unparteiische Handhabung der mit zahlreichen Verfügungen durchaus verbesserten Justizpflege gewonnen. Mit Recht konnte in der Botschaft von ihr gerühmt werden, sie werde mit „Redlichkeit, Reinheit und Freiheit" gehandhabt. Auch durfte die Regierung mit Selbstgefühl ins Gedächtnis rufen, daß sie durch defensive Maßregeln und Ausrüstung von Expeditionen die Sicherheit des Landes gegen die mohammedanischen Türken und Nordafrikaner zu schützen wisse. Mit so viel Würde als Bescheidenheit wird dann der spanischen Streitkräfte gedacht, welche den Johanniterorden auf Malta (1565) von der Bedrängnis durch die Türken hatten befreien helfen. Dieser Teil der Botschaft schließt mit Darlegung der Verpflichtung des Königs, seinem „Bruder", dem Kaiser, mit welchem ihn „große Liebe" verbinde, gegen die türkischen Angriffe in dessen Landen durch Aufstellung einer starken Armee und andere Veranstaltungen beizustehen.

---

[1] Karl V. war vom 16. Juli 1522 bis zum 27. (28.) Juli 1529 in Spanien. Stalin, Aufenthaltsorte Karls V. (Forschungen zur deutschen Geschichte V) 568 und 570. Gachard, *collection des voyages des souverains II* (1874) 32 und 46.

[2] *Con esto mismo celo y fin Su Magestad a tenido gran quenta y cuidado y prouehido muy particularmente en que los decretos y ordenaciones y mandamientos de la Santa Madre Iglesia en estos Reynos y en los ortros sus estados se guarden, cumplan y executen especialmente aquellos que se hicieron y ordenaron en el santo concilio de...Trento. Actas II* 23.

## Kastiliens Aufgabe im Gesamtreich

„Sitz, Haupt und vornehmster Teil seiner Staaten sind diese Königreiche". Mit diesen von ganz Spanien gebrauchten, doch, wie jedermann unter den bei der Eröffnungsfeier Anwesenden empfinden mußte, wesentlich von Kastilien geltenden Worten läßt der König als seine in der Natur der Dinge liegende Absicht aussprechen, hier seine bleibende Residenz nehmen zu wollen.[1] Die Nebenreiche von Aragon mit Katalonien und Valencia waren durch ihre Partikularrechte und zum Teil wunderlichen Freiheiten gelähmt und ohne rechte Sicherheit des Verkehrs im Innern, ohne Fähigkeit energischer Kräftesammlung für äußere Aktion. In Valencia war überdies die maurisch-arabische Bevölkerung bis zum Jahr 1523 auch an Zahl überwiegend gewesen, dann nach dem Sieg der königlichen und hochadligen Waffen über die aufständischen Gemeinen doch nur gewaltsam bekehrt worden.[2] Ernste Kämpfe, welche auch in Kastilien gegen solche Morisken noch und schon wieder bei deren Aufstand im September 1568 nötig waren, hatten doch nur einen beschwerlichen Charakter.

Von dem Gesichtspunkt ihrer gebietenden Stellung in allen außerhalb der iberischen Halbinsel gelegenen Landen der kastilischen Monarchie – gleichsam Krondomänen wie Mexiko und Peru[3] – hatte dann die kastilische Volksvertretung den Bericht über eine schwere, ihr widerfahrene Beleidigung zu vernehmen, über eine Kränkung in ihren heiligsten Überzeugungen und an der Ehre ihres, mit seinem kastilischen Volk augenscheinlich in religiösen Dingen gleich empfindenden Königs. Die Mitteilung in der Botschaft erfolgte mit der ausdrücklichen Voraussetzung, daß die Versammlung mit dem Wesentlichen der niederländischen Unruhen bekannt sei: „wie Ihr gehört haben werdet". „Es sind dann", sagt die Botschaft, „die Neuerungen, Bewegungen und Volksaufläufe in Flandern eingetreten". Mit dieser Provinzialbezeichnung werden die Niederlande insgesamt und mit den maßvollen Worten über die dortigen Aufstände vornehmlich die noch zu erörternden Kirchenplünderungen gemeint.

---

[1] *Su Magestad ha residido en estos Reynos, en los quales a sido y es su continua y ordinaria residencia, por ser como son la silla, cabeza y principal parte de sus Estados. Actas II* 22.

[2] Baumgarten, Geschichte des Kaisers Karl des Fünften, II$^a$ (1886) 145 f. II$^b$ (1888) 78.

[3] *que parecia que se dava á S. M. muy poco por aquel pedaço de tierra por tener muchos reynos* – die Niederlande sind ja wirklich „ein Stückchen Erde" gegen das sonstige Areal von Philipps Reichen. – So sprach am 26. Juli 1566, wie es scheint, im Parkschlosse (*Bosque*) von Segovia selbst und unmittelbar nach einer Sitzung des königlichen *Conseil*, der für seines belgischen Vaterlandes Ehre, Recht und Freiheit begeisterte Marquis von Montigny zu den beiden niederländischen Staatssekretären des Königs nach einem Brief Alonsos de Lalvo an den Grafen Hoorne vom 3. August 1566 (*Montignys leven en dood* Bylage 12 bei Gachard, *Don Carlos* 347).

## Absichten des Königs in den Niederlanden

Formell wurde bei einer Beratung der vornehmsten spanischen Ratgeber Philipps II. am 29. Oktober 1566 durch eine, mit den politischen ganz besonders die religiösen Motive erörternde, Schlußrede des Herzogs von Alba die schärfste Bestrafung der niederländischen Aufrührer und Ketzer beschlossen. Ob der Wortlaut dieser Rede bei Cabrera, dem Biographen des Königs, echt überliefert sei, möchte ich doch nicht so bestimmt wie Andere behaupten und wie selbst der vorsichtige belgische Archivar Gachard in Don Carlos' Leben gewagt hat; denn zu sehr ist auch Cabrera von dem unglücklichen Vorbild der erfundenen Reden bei dem altrömischen Geschichtsschreiber Livius abhängig, als daß man ihm für gesprochene Worte ohne weiteres Glauben schenken dürfte.[1] Auch hat der verewigte Gachard selbst sogar die wie mich dünkt, wenig zutreffende Möglichkeit offen gehalten, daß der König diese Rede mit dem Herzog verabredet habe. In der Tat dürfte aber der entscheidende Entschluß Philipps anders zu erklären sein, nachdem dieser Fürst Monate lang in seiner nach so vielen Seiten verantwortungsvollen Stellung den richtigen Weg gesucht hatte.

Es liegen nämlich von dem französischen Botschafter am spanischen Hof, welcher durch die Königin, eine französische Königstochter, oft entscheidende Nachrichten erhielt, zwei für diese Frage erhebliche Briefe vom 21. und 22. September 1566 vor[2]. In dem ersten berichtet er:

> „der Herzog von Alba ist niedergeschlagen (*marri*) bis zur Verzweiflung wegen der Verzögerung und Langsamkeit, welche der katholische König anwende, ohne den Unordnungen von Flandern zu begegnen; er will protestieren und sich dann zurückziehen, damit die Schuld an dem Verlust ihm in Zukunft nicht zugeschrieben werde".

Schon am folgenden Tag aber schreibt er:

> „der katholische König hat an den Kaiser gesendet, um zu erfahren, was dessen Ansicht über die Reise nach Flandern ist. Es wäre merkwürdig, wenn der Herzog von Alba nicht zuerst hinginge, um die Angelegenheiten in Ordnung zu bringen und es mit

---

[1] Er leitet doch auch bei dieser Beratung die Albas Rede vorhergehende Manriques mit den Worten ein: *dixo palabras casi semejantes*. Die Einleitungsworte für Albas Rede haben freilich den Schein der Echtheit: *El Duque dixó*. Luis de Cabrera, *Don Felipe II.* (1619) 414 bis 416.

[2] Gachard, *la bibliothèque nationale à Paris II* (1877) 215, bringt die entscheidenden Sätze aus diesen Briefen. Nach den noch zu besprechenden Briefabdrücken des Botschafters bei Nu Prat und dessen Kritiker Gaffarel erscheint ein baldiger voller Abdruck der inhaltreichen Korrespondenz in den *documents inédits* um so erwünschter.

dem Pöbel aufzunehmen;[1] es ist davon im Parkschloß (bei Segovia) bei der Beratung am letzten Sonntage die Rede gewesen; genannter Herzog hat die Gicht an beiden Füßen".

In diesen Tagen dürfte der König seinen Entschluß über die Niederlande gefaßt haben. Daß man sich über die ungemeine Schwierigkeit einer richtigen Entscheidung in Philipps so überaus schwieriger Position nicht täusche! Für all die Hochherzigkeit, traditionelle und zum Teil verbriefte Berechtigung der niederländischen Opposition gegen sein zentralistisch-monarchisches System hatte er, auch nach seines Vaters Auffassung, keinen Sinn; aber einverstanden war er mit des Kardinal Granvelle, wie man nun weiß,[2] Belgien im Übrigen so überaus freundlichen Gesichtspunkten; auch von dessen Mißbilligung der gräßlichen Taten Albas in den Niederlanden war er unterrichtet, als er, sobald es anging, Granvelle zur Leitung der Geschäfte nach Madrid berief. Jetzt entschloß er sich aber, nach Albas Rache zu handeln. Gerade diesen Ratgeber, zugleich seinen besten General, bestimmte er, schwerlich nach dessen Wunsch, für die Vollstreckung. Denn Alba war in einen heißen Liebeshandel mit einer Hofdame der Königin verstrickt, während er eben seinen Sohn Friedrich mit sechsjährigem Militärexile hatte bestrafen lassen, weil derselbe sich ohne väterliche Erlaubnis mit einer anderen Dame verlobte.[3] Nach seiner Ernennung hat er auch über Gebühr mit dem Abgange aus Spanien gezögert[4] und noch in Tirlemont mit bitterem Scherz (22. August 1567) zu Egmont gesagt, er hätte ihm „in seinen alten Tagen" die Mühe dieser weiten Reise ersparen können.[5] Bei dem Kriege gegen Portugal hat Philipp seinerseits sich im März 1580 nur widerwillig und gegen seine Neigung[6] entschlossen, auf das Andringen der Minister mit dem Kommando den Herzog von Alba zu betrauen, welcher in gänzliche Ungnade

---

[1] *sera grand' chose, si le duc d'Albe ne passera premièrement pour aller dresser les affaires et recevoir la masse.* Der letzte Ausdruck läßt mehrere Deutungen zu. Die im Text angewendete leidet an dem Gebrauch von *recevoir* statt *réprimer*; doch scheint sie mir am ehesten zulässig. Vgl. *Littré dictionnaire unter recevoir p.* 1596 n. 25.

[2] Nach den treffenden Bemerkungen Charles Piots (1884), von welchen gegen Ende dieses Buches noch näher die Rede sein wird.

[3] Depesche des französischen Botschafters, 5. Januar 1567. Gachard, *bibl. nat. à Paris II* 227.

[4] Eboli sagte am 26. Juni 1567 zu dem französischen Botschafter, Alba hätte zwei Monate früher abreisen können. Gachard, *Don Carlos II* 404. In der Tat verließ Alba Madrid erst am 15. April 1567

[5] John Lothrop Motleh, *rise of the Dutch republic* (Leipzig 1858) II 97. Alba war 1508 geboren.

[6] *plustôt chose forcée et ne pouvant moins que non volontaire et agreeable.* Aus einer Madrider Depesche des Botschafters Saint Gouard bei Gachard, *bibl. nationale à Paris II* 592.

gefallen war, weil er die Schwäche gehabt hatte, eine heimliche, unehrenhafte Handlung seines Sohnes zu begünstigen.

Auf alle Fälle war des Königs Entschluß zu schärfster, von ausreichender Militärmacht unterstützter Bestrafung der Niederländer gefaßt, als er seine kastilischen Cortes an jenem Wintertag von 1566 eröffnete.

Mit jener schönen Mäßigung, wie sie den atheniensischen Rednern des fünften vorchristlichen Jahrhunderts auch bei furchtbaren Ratschlägen eigen ist, werden die Strafabsichten in dem Vortrag des spanischen Staatsmannes angekündigt.

> „Seine Majestät hat all die Veranstaltungen und Vorkehrungen getroffen oder zu treffen befohlen, welche möglich waren und in seiner Abwesenheit statt haben konnten, und sie hat sich allmählich der anderen Mittel und Formen bedient, welche geeignet scheinen, um das in Bewegung gekommene Übel zu hemmen[1] und jene Staaten zu beruhigen und in Frieden zu setzen."

Die für das Frühjahr in Aussicht genommene Reise des Königs nach Flandern und die eben angedeuteten Veranstaltungen machen Ausgaben nötig. Für diese werden auch die Cortes in Anspruch genommen,[2] wie denn Geldforderungen überhaupt den Schluß der Botschaft bilden.

## Die Cortes gegen die Niederlande

Unmittelbar erhob sich ein Prokurator von Burgos zur Antwort. Der König hat auch diesmal im Sinne der Majorität an Toledos Loyalität appelliert, welches den Vorrang nach einer nachweislich seit 1348 bestrittenen Etikette verlangte und dessen Vertreter schon bei Beginn der Eröffnungsfeier von 1563 ihren Anspruch so heftig geltend machten, daß sie von zwei Hofpolizeibeamten zur Ruhe genötigt werden mußten.[3] Nach dem Inhalt muß Burgos' Antwort irgendwie vor der Feier von den Deputierten erwogen und genehmigt worden sein; sie drückt zweifellos ihrer aller Meinung aus. Sie nimmt von dem übrigen Inhalt der Botschaft wenig Notiz und betont auf das schärfste mit der Herrscherstellung, auch in Bezug auf die Niederlande, die von dem Staatssekretär nur mit den Worten von „dem Dienste Gottes unseres Herrn" berührte religiöse Seite der dortigen Unruhen. In des Kö-

---

[1] *para atajar este mal que se ha movido.* Actas II 29.
[2] Die Hilfsmittel für die Bestreitung der Kosten der Expedition nach den Niederlanden finden sich übrigens bei Gachard, *Don Carlos* 367 bis 371 zusammengestellt.
[3] Actas I, 27. Die schon am 25. Februar 1563 gebrauchten und jetzt von Philipp II. wiederholten Worte *Toleto hará lo que yo mandaré; hable Burgos!* (Actas I, 28 II 32), haben, auch bei Ranke, irrig die Deutung eines despotischen Aktes erfahren.

nigs Hand habe Gott nicht nur zum Widerstand gegen die Türken das vorzüglichste Heilmittel gelegt, sondern auch gegen alle die Abweichungen und Irrtümer in dem größeren Teil von Europa. Die kastilischen Königreiche begreifen die Notwendigkeit großen Geldaufwandes zu solchem Zwecke „und nicht minder erwägen sie die großen Ausgaben, welche nötig sein werden zur Heilung von Eurer Majestät Staaten von Flandern.[1]

Ein großer Teil dieser Staaten folgt der Meinung der unglücklichen und unseligen Häretiker unserer Zeit, hat sich von der Einheit der katholischen Kirche losgesagt. Sie leugnen den schuldigen Gehorsam gegen Gott und Eure Majestät; sie haben keine Achtung für die öffentliche Ruhe und die Handhabung der Justiz; sie sind in die Fähre ihrer verwerflichen und blinden Auffassungen eingetreten; da hat sie der Sturm in so große Verirrungen und Übel geschleudert, daß es sich nicht leicht aussprechen, noch hinlänglich beklagen läßt." Die kastilischen Reiche werden, wenn des Königs Reise nach Flandern unvermeidlich sein sollte, seine Abwesenheit aus guten Gründen „schwer empfinden"; „als höchste Gnade, Wohltat, Befriedigung werden es seine hiesigen Untertanen empfinden, wenn er bei ihnen bleiben könne."

Nach einigen weiteren, sehr ernst gemeinten und sehr innigen Huldigungen folgt dann die Formulierung eines eventuellen Wunschs dieser loyalen Cortes in Bezug auf Don Carlos. Dieser Wunsch hat die ehrenwerten Herren noch im Laufe dieser Sitzung in einen so wunderlichen wie anstößigen Konflikt mit dem kranken Thronerben bringen sollen.

Der schwülstige Cortesredner hatte die Wirkungen der Eigenschaften des Königs als ein Echo (*resonancia*) von Gottes Glorie und der Glückseligkeit wie des guten Geschickes derer gepriesen, welche Philipp zum König und Herrn haben. Dann fuhr er fort:

> „Diese Glückseligkeit und dies gute Geschick sind um so größer, als sie sich fortsetzen in dem sehr erlauchten und großmächtigen Prinzen, unserem Herrn, in welchem bewunderungswürdig wieder erglänzt die Größe, Milde, Hochherzigkeit und Herrlichkeit mit den anderen großen Tugenden Eurer Majestät in der glücklichsten Nachahmung. Man kann als sicher annehmen, daß Gott, welcher Eurer Majestät große Reiche und Herrschaften gab, welche Mittel sind zur Heilung so großer Übel, Eurer Majestät beistehen wird, daß das gute und ersehnte Ziel erreicht werde."

Nach dem Zusammenhang bedeutet dies in einfachen Worten den Wunsch, daß Don Carlos, während der etwa notwendigen flandrischen Reise des Königs zur Bestrafung der Übeltäter, im Sinne seines Vaters als dessen Stellvertreter mit der Regentschaft in Spanien betraut werde.

---

[1] *y tambien consideran los muchos (gastos) que serán nescesarios para el remedio de los vuestra Magestad de Flandes. Actas II 32.*

Die Rede schließt dann mit einer Variation aller der noch heute bei den europäischen festländischen Volksvertretungen in monarchischen Staaten üblichen wohlklingenden Erklärungen bester Absichten und beschränkter Geldmittel. Für einen heutigen Leser ist doch nicht ganz leicht begreiflich, was der französische Botschafter versichert: diese Rede habe alle Anwesenden zu Tränen gerührt.[1]

## Des Königs Schlußworte an die Cortes

Auch der König sagte etwa, was noch heute gewöhnlich aus fürstlichem Munde nach der Überreichung von parlamentarischen Antworten auf Thronreden gehört wird. Philipp II. erklärte „dem Königreich", d. h. den Volksvertretern, er danke ihnen für den guten Willen, welchen sie in seinem Dienste gezeigt haben; derselbe entspreche dem, was er von ihnen erwartet habe und der Treue, mit welcher ihm zu dienen diese Königreiche gewohnt seien; auch glaube er, daß sie dieselbe bewahren und hierüber in Verbindung mit ihrem Präsidenten – es ist Diego d'Espinosa gemeint, zugleich Großinquisitor und Leiter des hohen Rats von Kastilien[2] – und den ihm Zugeteilten verhandeln werden; er erwarte das auch bei den übrigen Angelegenheiten, welche von seiner Seite dem Königreich vorgelegt und ihnen berichtet werden sollen. „Hierauf erhoben sich Ihre Majestät und Seine Hoheit von ihren Sesseln und begaben sich in ihre Gemächer".[3]

## Kastilische Überzeugungen

Wer den, von den übertriebenen Ausdrücken des Redners von Burgus abgesehen, überaus einfachen und anschaulichen Bericht über diese Eröffnungsfeier zur Hand genommen hat, wird die Lektüre mit der Empfindung beenden, daß ihm hier eine stark und stolz ausgeprägte Volksindividualität von hoher, eigentümlicher Bildung gegenübertrete. Dem Regenten dieses spanischen und speziell dieses kastilischen Volkes ist eine große Machtfül-

---

[1] [...] *amplifiant de sorte sa harangue, qu'il esmeut les larmes à aucuns assistants.* Gachard, *bibl. nationale à Paris II* 227.
[2] Erst Anfang 1568 Kardinal, kurz vor dem 1. Mai 1568 Bischof von Siguenza, als Nachfolger des, nur mit Epameinondas vergleichbaren, selbstlosen Wiedereroberers von Peru gegen die rebellischen Pizarro, des im November 1567 gestorbenen Don Pedro de la Gasca. Gachard, *Don Carlos* 247 f. Prescott, *conquest of Peru* (London 1858) II 287-302.
[3] *Actas II* 34.

le zugewiesen. Er kann sich derselben aber nur in bestimmter Richtung bedienen, so daß jede erhebliche Abweichung die Existenz seiner Macht in Gefahr bringt. Genug, wenn dieser spanische König den Verpflichtungen noch nachkommen kann, welche ihm als österreichischem Erzherzog, dann auch als deutschem Reichsfürsten obliegen. Doppelt empfindlich müssen ihm, der durchaus an den Traditionen seines kaiserlichen Vaters seinen Weg finden möchte, die niederländischen Bewegungen sein, deren Leitung oder Bändigung er so lange als möglich seiner herzhaften und einsichtigen Halbschwester, der Herzogin von Parma, überlassen hat.

Nun aber haben sie eine Gestalt angenommen, welche des Königs Position in seinen spanischen Landen, insbesondere seinem kastilischen Reiche gefährdet, in dem Gebiet, welches er selbst, wie wir sahen, und völlig zutreffend als „Sitz, Haupt und vornehmsten Teil seiner Staaten" bezeichnete. Nach langem Zögern hat sich Philipp II. entschlossen, der spanischen Überzeugung gegen die Niederlande freie Hand zu lassen. Wir werden noch sehen, wie auch Don Carlos diese Auffassung teilte.

## Niederländische Verletzungen kastilischer Empfindung

In der Erbitterung gegen „Flandern", welche sich in der Antwort auf die Thronrede ausspricht, bricht ein lange genährter tiefer Groll durch, welcher sich bei den Kastilianern gegen die Bevölkerungen der reichen niederländischen Gebiete ihres Königs gebildet hatte. Von spanischem Gesichtspunkt ist es eine nun unerträglich gewordene Summe von Unbill und Sünde gegen Spaniens Religion und Ehre, welche sich vollends seit des Königs Abreise von dort (August 1559) angehäuft hat.

Nun hatte Philipp II. freilich schon damals den Abmarsch der etwa viertausend Mann[1] betragenden Garnisonen spanischer Infanterie zugesagt. Eben diese Truppen aber erwiesen sich besonders zuverlässig bei der immer nahe liegenden Notwendigkeit des Einschreitens gegen die dortigen, der königlichen wie der kirchlichen Gewalt widerstrebenden Edelleute und Bürgerschaften. Widerwillig genug hat sie der König doch in der Winterkälte[2] von 1560 auf 1561 einschiffen lassen, zunächst zur Dienstleistung in

---

[1] Motley I 238 wohl nach einer Übersetzung von Payens Handschrift gibt: *hardly to four thousand men* und I 247 nach den Niederländern: zwischen 3-4000. Moriz Ritter, Deutsche Geschichte im Zeitalter der Gegenreformation (1889) I 321 hat etwa 4000 Mann.

[2] Noch Lafuente XIII 158 hebt das unwillig hervor. Nach den Briefen Granvelles – diese Namenform ist in der Familie Perrenot Heimath Franche-Comté bis heute üblich – erfolgte die Abfahrt am 31. Oktober 1560 und am 24. Januar 1561. *Correspondance de Philippe II.* ed. Gachard *I* (1848) 192.

Neapel und Sizilien, doch eigentlich zum Krieg gegen die nordafrikanischen Mohammedaner. Jedermann wußte, daß die Abberufung wegen der üblen Stimmung der Niederländer erfolgt war. Da schrieb unmittelbar vor der Abfahrt dieser Soldaten der weitblickende Kardinal Granvelle dem König: der offen erklärte allgemeine Haß der Niederländer gegen die spanische Nation werde zwischen den beiden Völkern eine Abneigung erzeugen, die sich erst nach sehr langer Zeit heilen lassen werde[1]. Daß die Feindseligkeit bis gegen die Mitte des siebzehnten Jahrhunderts dauern sollte, hat auch Granvelle schwerlich vermutet. Um die Wirkung dieses heute schwer begreiflichen Hasses der Niederländer gegen die iberischen Söldner zu verstehen, dürften nachfolgende Erwägungen dienlich sein.

Die spanische Infanterie dieser Zeit, soweit sie aus Nationalspaniern bestand, bildete sich ganz wesentlich aus dem Mittelstand und dem kleinen Adel. Wie die Cortes wurden auch diese Soldaten Ritter (*caballeros*) genannt. Ihre Offiziere galten als Standesgenossen der Mannschaft, traten etwa auch in dieselbe zurück, wurden auch gelegentlich zur Ergänzung aus ihr gewählt[2]. Die gefeiertsten Namen der spanischen Dichtkunst – man denke an Lope de Vega und Cervantes – erscheinen in den Listen dieser „Tercios", d. h. zum Drittel jedes Regiments verschieden Bewaffneter. Aus Italien in die Heimat zurückgekehrte spanische Offiziere waren es, welche das nach antiken Mustern entstandene Theater dort eingebürgert und so zur Schöpfung desselben im modernen Europa ihr Teil beigetragen haben. Und dies spanische Theater gelangte zur besten Entwickelung fast gleichzeitig mit der spanischen Kirchenmusik, deren hervorragendste Kompositionen, etwa von Comes, aus Philipps II. Zeit sich in vielen spanischen Kirchen wohl noch heute im Gebrauch erhalten haben.[3] Den Niederländern gegenüber fühlten diese spanischen Soldaten sich als höher geartet und ließen sie ihre militärische wie kulturelle Überlegenheit rückhaltlos empfinden.

Anderseits empfand man es – wie noch in einem anderen Zusammenhange einleuchten dürfte – in Kastilien schon unangenehm genug, daß der König auf die Verpflanzung der Inquisition in spanischer Form hatte verzichten, ja, daß er im Dezember 1562 förmlich hatte erklären müssen, es sei ihm nie zu Sinn gekommen, dieselbe in den Niederlanden einzuführen.

---

[1] [...] *universalmente* [...] *con declaracion del odio, que tienen á la nacion* [...] *odio entre las naciones de manera que passarian años antes que esto se remediasse.* 28. Oktober 1560. *Papiers d'Etat de Granvelle* ed. Weiss VI (1846) 195.

[2] *duc d'Aumale, histoire des princes de Condé IV* 22-25, G. Turba, Zug Karls V. gegen Algier (Archiv für österr. Gesch. LXXVI 1890) 67 bis 70 über den diesen Truppen zugehörigen Erzähler der Feldzüge Karls V.

[3] Charles Weiß, *histoire d'Espagne depuis le regne de Philippe II jusqu'à l'avénement des Bourbons I* (1844) 29-32.

Nicht als ob es sich hier um eine kleinliche Gewaltsamkeit von kastilischer Seite handelte. Das Aktionsgebiet der spanischen Nation war damals so mannigfaltig, daß der edelgesinnte amerikanische Geschichtsschreiber Philipps II. eine chronologisch geordnete Schilderung nicht rätlich fand[1]. In dieser Stimmung und auf die Nachrichten von den zügellosen niederländischen Unruhen, welche jedem des Namens werten Kastilianer wegen der Kirchenfrevel als Greuel erscheinen mußten, ist die in des Vertreters von Burgos Antwort enthaltene spanische Empfindung zum Ausdruck gelangt. Jeder Einzelne in jenen Cortes, welche sich vor ihrem Souverän befanden, mußte sich eben sagen, daß der religiöse Zustand in den Niederlanden für deren erblichen Gebieter, ihren eigenen König, und daher auch für das Volk Kastiliens schimpflich und unerträglich sei. Denn immer muß man sich gegenwärtig halten, daß eine durch Jahrhunderte gehende Entwickelung und seit Columbus' Entdeckungen „die Kolonisation einer entfernten Welt" hier zu erwägen ist. Diese Momente verbunden „erfüllten die spanische Nation mit einem den hierarchischen Jahrhunderten entsprechenden Geiste der Rechtgläubigkeit und Verfolgung"[2]. So kann man die Erbitterung begreifen, welche dem Volk von Kastilien die Hemmung erregte, welche seines Königs wie der Bischöfe Glaubenstribunalen in einem von offenkundiger Ketzerei erfüllten Lande wie jenem „Flandern" bereitet wurden. Die Vollziehung der bestehenden Religionsedikte des hingeschiedenen Kaisers Karl V. war dort zu einer seltenen und in letzter Zeit kaum mehr ausführbaren Ausnahme geworden.

## Vernichtung von Andersgläubigen

Don Carlos, der von den Cortes als zukünftiger Gebieter gepriesene, im Juli 1545 geborene Thronerbe, hatte im Mai 1559, also noch nicht vierzehn Jahr alt, dem frommen Volksfest eines Glaubensaktes (auto-da-fé) in Vertretung seines noch in Belgien weilenden Vaters beigewohnt. Die damalige Feierlichkeit in Valladolid dauerte zwölf Stunden. Mit dem spanischen Kronprinzen war dessen ihn beaufsichtigende, schöne Vaterschwester, die verwitwete Kronprinzessin Johanna von Portugal, zu diesem glänzenden und

---

[1] W. Prescott, *history of the reign of Philipp the Second II* (1855) 267 bedauert hiebei den Gegenstand nicht nach dem, was ihm als Vorschrift schien, behandeln zu können: *where the action is simple and continuous as in biography for the most part*. In einem schärfern Tone, als mir jetzt richtig scheint, habe ich dieses Werk in den Österreichischen Blättern für Literatur und Kunst (Beilage zur Wiener Zeitung) am 5. Juli 1856 Nr. 27 eingehend besprochen.

[2] Ranke, Deutsche Geschichte IV[3], 51.

imposanten Fest erschienen. Beide Fürstlichkeiten leisteten nach der die eigentliche Feier einleitenden Predigt einen für das Leben bindenden Eid, stets das „heilige Amt" der Inquisition unterstützen und demselben jede zu ihrer Kunde gelangende Mitteilung von Versuchen anzeigen zu wollen, welche in Worten oder Taten gegen den katholischen Glauben gerichtet seien.

König Philipp II. selbst mußte noch in demselben Jahr, Sonntag den achten Oktober, von seinem Sohne und der Prinzessin Johanna begleitet, zum ersten Mal in seinem Leben einer solchen Glaubensfeierlichkeit in Valladolid beiwohnen. Da fand er sich veranlaßt, sich gleichsam als natürliches Oberhaupt der spanischen Nation zu erklären, indem er mit gezogenem Degen ebenfalls einen Eid auf Unterstützung des heiligen Amtes der Inquisition ablegte.

Der König war sich bewußt, in der bei diesem Anlaß vorgenommenen öffentlichen Bestrafung spanischer Lutheraner recht nach den dringenden Mahnungen zu handeln, welche sein kaiserlicher Vater an die spanische Regierung kurz vor seinem Ableben im Jahr vorher hatte ergehen lassen. Es geschah, als das Vorhandensein solcher Ketzerei, und selbst bei Geistlichen in seiner Nähe, entdeckt wurde. Da schrieb der kranke Kaiser: „die Wichtigkeit und Eigentümlichkeit dieser Angelegenheit duldet keine Verzögerung."[1] In diesem Sinne kam Philipp II. auch ferner der Richtung gebietend entgegen, welche dem Volksgeist auf der iberischen Halbinsel entsprach, und die von keinem Regenten hätte mißachtet werden dürfen. Noch in den liebevollen Briefen, welche von seiner Hand an seine Töchter erhalten sind, schildert er, wie er in der Hauptstadt des vor kurzem eroberten portugiesischen Königreiches ohne zu große Ermüdung an die vier Stunden lang einer solchen Glaubensfeier beiwohnte, bis die weltlichen Richter zur Verkündung des Feuerurteils sich anschickten.[2]

## Vernichtung von Nationalfeinden

Auf Grund der Entdeckung und päpstlicher Verleihungsbullen beanspruchten die Spanier das ausschließliche Recht auf Herrschaft und Kolonisation

---

[1] „*no se ha tratado mas de los Luteranos,*[...] *la importancia y calidad des negocio no sufre tanta dilacion!*" Gachard, *retraite et mort de Charles V.* (1855) II, 441.

[2] *ayer fuymos, my sobrino* (sein Neffe Erzherzog Albrecht) *y yo al auto* [...] *estuvimos hasta que se acabaron las sentencias y despues nos fuymos* [...] *De lo auto no vine muy cansado* [...] *que no duró quatro horas.* Gachard, *lettres de Phillipe II. à ses filles* (Paris 1884) 159, 162.

von Nordamerika. Nur der Portugiesen damals noch wenig geschätzten Besitz von Brasilien hatten sie in Amerika überhaupt von Anfang an als im Recht begründet anerkannt. Sie hatten sich auch irgendwie, nachweislich im Winter von 1566 auf 1567, miteinander verständigt, daß Portugal gerechte Ansprüche auf Canada besitze.[1] Der Entdeckeranspruch gebührte freilich zunächst den Engländern wegen der, mit den jetzt vorhandenen kritischen Mitteln nicht mehr näher zu bestimmenden, Landung eines englischen Schiffchens unter Johann Cabot an einer nordamerikanischen, in hohen Breitengraden gelegenen Küste im Juni 1497. Aber da die Engländer bald und bis zu dem uns beschäftigenden Jahr 1566 auf ernstliche Verwertung ihres Entdeckerrechts verzichteten, so wurden die portugiesischen Ansprüche um der Fahrten der Corte-Real und allenfalls einer vorhandenen Karte von 1534 willen einige Begründung haben, wenn ihnen nicht ein viel ernstlicherer Anspruch Frankreichs entgegenstünde. Dieser basiert auf den von Cartier aus Saint-Malo vom Frühjahr 1534 bis zum Herbst 1586 unternommenen dreimaligen Entdeckungsfahrten und kartographischen Aufnahmen längs der nordamerikanischen Küste.[2]

Es waren schon die Portugiesen in allen Fragen ihres überseeischen Besitzes äußerst empfindlich und anspruchsvoll. Die Spanier aber hatten sich gewöhnt, wegen ihrer innerhalb zweier Menschenalter durch die größte Kühnheit, Ausdauer und Klugheit erworbenen amerikanischen großen und reichen Gebiete jede Einmischung Anderer, als der auf vertragsmäßige Grenzen beschränkten Portugiesen in amerikanische Kolonisation als einen Akt entschiedener Nationalfeindschaft zu betrachten.

In dieser Situation veranlaßte oder betrieb mindestens eine nordamerikanische Kolonisation Frankreichs mit großem Eifer einer der erprobtesten Gegner habsburgisch-spanischer Macht im letzten Krieg, der Admiral von Coligny. Noch war unvergessen, wie er nach der Niederlage von Saint Quentin (10. August 1557) die Stadt bis zu seiner Gefangennahme ohne

---

[1] [...] la Floride, qui ne vaut rien, que pour les corsaires, et moins que la terre du Brésil..., lesdits deserts. Bericht vom portugiesischen Hof in Fourquevaux' Depesche aus Madrid vom 4. Januar 1567 an die Königin Katharina von Medicis bei Du Prat, Elisabeth de Valois (1859) 442. Ebendort 444 in einer Depesche vom 2. März 1567: Je suis averti que...Portugal [veut][...] s'impatronner du pays [...] de Canada [...]; car l'Espagne et Portugal veulent que tout le nouveau monde soit leur.

[2] H. Harrisse: 1) les Corte-Real (1883) 151 und 168; 2) Jean et Sebastien Cabot (1882) 88 bis 98. Über Jacob Cartiers Entdeckungen: 77 bis 79. Hienach scheinen die seit mehr als 200 Jahren gesuchten Karten dieses so zuverlässigen Entdeckers doch vielleicht noch irgendwo in Nordfrankreich auffindbar zu sein. Sie könnten vielleicht in eine Colbertinische Sammlung übergegangen sein.

Erbarmen[1] gegen die Einwohner verteidigte, welche nach der Eroberung in greuelvoller Weise[2] unter König Philipps Augen alle Schrecken des Krieges zu erleiden hatten. Eben dieser fürstengleiche Admiral ist vom Jahr 1562 an bemüht gewesen, für seine neuen Glaubensgenossen, die französischen Reformierten, eine Heimat jenseits des Ozeans zu sichern. Er wollte mit anderen Worten den, nach dem damaligen Charakter des französischen Staatswesens, vor die Wahl zwischen blutigem Krieg oder Ausstoßung Gestellten eine Zukunft eröffnen, wie sie seit dem Jahr 1620 in ihrem Vaterlande bedrängte englische Puritaner in Neuengland gefunden haben. Der erste Versuch im heutigen Südcarolina schlug jedoch Coligny fehl.

Bald nach dem ersten Religionskrieg gewann er aber für eine Erneuerung des Unternehmens die Zustimmung des jungen Königs und das lebhafte Interesse der eigentlich regierenden Königin-Mutter Katharina von Medicis. An der Nordgrenze des heutigen Staates Florida entstand hierauf[3] wirklich seit dem Herbst des Jahres 1564 eine vorherrschend reformierte, doch auch von Katholiken bewohnte französische Kolonie, welche durch eine im Mai 1565 angelangte Verstärkung den Charakter eines beginnenden Kolonialreiches gewinnen sollte. Der Geist aggressiven Umsichgreifens der damaligen französischen Reformierten ergriff aber auch hier einen Teil der ohnehin wenig disziplinierten Kolonisten. Bei einer, trotz des zwischen Spanien und Frankreich bestehenden Friedens gewagten, Expedition gegen Cuba, bei welcher selbst der dortige Statthalter auf seinem unbewehrten Schiffe in ihre Hände fiel, wurden diese Korsaren rasch bewältigt; Wenige entkamen.

Nun erst fanden Spaniens König und Nation, was der Herzog von Alba längst[4] und lebhaft hervorgehoben hatte, daß der freilich von allen: Anfang ihnen widerwärtige Kolonisationsplan einen Akt der Nationalfeindschaft bedeute.

Seit dem Jahr 1512, da eine kleine spanische Streitmacht in Florida landete, war das Land bis zum Jahr 1549 von Spanien zum Objekt verschiedenartiger Ausbeutungs-, Kolonisations- und Bekehrungsversuche gemacht worden. Auf Grund ihrer verschiedenen Rechtstitel ging nun die spanische Regierung an die Vernichtung ihrer französischen Nachbarn in ihrem nordamerikanischen Eigentum.

---

[1] Ranke, Französische Geschichte I, 297.
[2] Motley I, 168.
[3] George Bancroft – nunmehr am 17. Januar 1891 hingeschieden – *history of the United States I* (*Routledge ed.*) 47 bis 57, vor einem halben Jahrhundert geschrieben und noch heute [1891, Anm. d. Lekt.] für diese Ereignisse bewunderungswürdig, ist in Einzelangaben durch neuere Forschungen überholt, besonders durch Paul Gaffarel, *histoire de la Floride Française* (1875), der seinerseits Bancrofts Darstellung unerwähnt läßt.
[4] Am 11. April 1565. Marcks, Die Zusammenkunft von Bayonne 168.

Mit einem kastilischen Edelmann Menendez, nicht eben guten Leumundes, aber gegen amerikanische Seeräuber erprobtem Offizier, verhandelte der König über eine Expedition nach Nordamerika schon im Frühjahr 1565. Nunmehr schloß die spanische Regierung, fast wie einst mit Franz Pizarro, einen förmlichen Vertrag, welcher Menendez zur Beseitigung der Franzosen in Florida verpflichtete, aber doch auch eine bleibende spanische Kolonisation in Aussicht nahm. Unter den für diese Expedition eingeschifften Truppen befanden sich auch, wie es scheint: in nicht geringer Zahl, Portugiesen, entsprechend den früher erörterten Grundsätzen beider Nationen über das Entdeckungsrecht in Amerika. Bei der Mordarbeit an den französischen Ansiedlern haben gerade diese Portugiesen sich durch Grausamkeit bemerkbar gemacht.[1]

Am 29. Juni 1565 segelte das zur Vernichtung der französischen Nationalfeinde bestimmte Geschwader ab. Noch tobte der am 18. Mai begonnene Kampf gegen die mit Frankreich in einem ob auch lockern Bund[2] stehenden türkischen Glaubensfeinde auf Malta, welchem am 6. und 7. September ein Ende durch spanische Streitkräfte bereitet wurde. Da erst fuhr die angeblich auf ein Viertel reduzierte Heeresmacht der Türken von Malta ab.[3] Mit bescheidenen Worten gedachte, wie wir sahen, die Botschaft an die Cortes, welche die Angelegenheit von Florida unerwähnt lassen mußte, dieses glorreichen Erfolges.

Die spanisch-portugiesische Expedition nach Nordamerika, so gänzlich der Geistesrichtung der damaligen Bevölkerung der iberischen Halbinsel entsprechend, hatte vollen Erfolg. Mit der spanischen Gründung der ältesten Stadt Nordamerikas Sankt Augustin, bleibt die Erinnerung verbunden, wie einige Meilen nordwärts die französischen Ansiedler getötet wurden, angeblich gegen neunhundert, obwohl geringere Ziffern wohl richtiger sind; eine Anzahl Katholiken wurde wie die meisten Weiber und Kinder, lebend abgeführt; auch diesmal entkamen Wenige.

---

[1] Hauptquelle ist die kaum benutzte eidliche, im Jahr 1568 abgegebene Aussage eines dem Blutbad entkommenen gebildeten jungen Mannes vor dem französischen Botschafter in Madrid bei Du Prat 433 und bei Gaffarel 446: *les Portugais...feirent plus de meurtres et de cruautés*. Ähnliches hatte der Botschafter schon am 2. November 1566 seinem König berichtet (Du Prat 434. Gaffarel 447). Zu Gaffarels hartem Tadel (*p.* 339) der Abdrücke bei Du Prat liegt doch kein ausreichender Grund vor.

[2] Marcks, Zusammenkunft von Bayonne 169, 171, 190.

[3] Prescott, *Philipp the Second* II 313, 369 bis 377

Das Ereignis ist an sich entsetzlich genug; aber es ist zweifelhaft, ob die überlieferten mündlichen und schriftlichen Schlagworte[1] des spanischen Befehlshabers begründet sind.

Nach des nüchternen zeitgenössischen Geschichtsschreibers Anton von Herrera[2] Bericht wurden die Franzosen bei dem ersten Zusammentreffen gefragt: „Nun, was macht Ihr in diesem Land des Königs Herrn Philipp? Laßt es frei und geht mit Gott!" Bei der Katastrophe läßt er doch nur zwölf oder fünfzehn verschonen, „welche Katholiken zu sein schienen". Philipps Biograph Cabrera faßt die Sache von dem Gesichtspunkt religiöser Pflicht gegen die Eingeborenen, für deren Seelenheil und Kultur Spanien schon zu viel getan habe, als daß es sie nicht vor den Irrlehren der „frech" in des Königs Entdeckungsgebiet eingedrungenen Calvinisten[3] schützen und diese bestrafen müsse; wie sehr trotzdem auch bei ihm der Gesichtspunkt der Kolonisierung vorwaltet, zeigt, daß er in demselben Kapitel die gleichzeitig auf Befehl des Vizekönigs von Neuspanien erfolgte Besiedelung der Philippinen behandelt. Die Katastrophe erfolgte übrigens Ende September 1565.

Nach dem von dem Schwager des spanischen Befehlshabers verfaßten Bericht sagte dieser: „wer sich als Ketzer erweist, wird sterben".[4] Das lautet in einer noch rauhern Fassung, er sei gesendet, „durch Strang oder Enthauptung alle Lutheraner zu töten"; auf einem Brett habe er bei den Getöteten die Inschrift anbringen lassen: „gehenkt nicht als Franzosen, sondern als Lutheraner!" Doch erfährt man das nur aus dem Bericht über den, ohne Beteiligung der französischen Regierung, im Jahr 1568 unternommenen Rachezug eines patriotischen Edelmannes. Nach seinem Siege ließ dieser eine neue Inschrift bei den Hingerichteten Spaniern anbringen, etwa des nicht sicher überlieferten Inhalts: so geschehe „nicht Spaniern oder Seeleuten, sondern Verrätern, Räubern und Mördern."[5]

---

[1] Gleich Gaffarel *p.* 341 habe auch ich die im Archiv von Sevilla aufbewahrten und, wie es scheint, noch immer ungedruckten Briefe des Kommandierenden der Expedition, des Generals Pedro Menendez de Aviles, nicht benutzen können, durch welche die in den nächsten Sätzen des Textes behandelte Schwierigkeit sich wohl lösen dürfte

[2] *Historia generale d.* 1606 I 632 sg.

[3] [...] *por esto y para castigar el atrivimiento de los Calvinastas.* Cabrera 421 (ed. 1619). Immer sollte man sich bei Benutzung Cabreras das treffende Urteil gegenwärtig halten, welches Leopold Ranke 1829 in den Wiener Jahrbüchern der Literatur XLVI 236 bis 239, 246 niedergelegt hat.

[4] „*el que fuere herege morira!*" Bancroft I 53 und 56. Über den Verfasser: Gaffarel 181.

[5] *la reprinse de la Floride par le cappitaine Gourgues* (Gaffarel 483 bis 515 mit den wichtigsten Varianten), sonst zur Verherrlichung und Förderung des kühnen Anführers geschrieben, zeigt sich in tatsächlichen Angaben doch überall genau. Gaffarels eigene Auffassungen über die Authentizität der spanischen Inschrift schwanken (S. 229: *on raconte*

Dies entspricht schon eher den keineswegs religiösen, sondern ausschließlich politischen und kriminellen Gesichtspunkten, welche die bestunterrichteten Vertreter der spanischen Politik bei diesem Anlaß geltend machten und die uns von den verschiedensten Seiten übereinstimmend vorliegen.

So äußert sich schon der spanische Botschafter am französischen Hof schriftlich nur in diesem Sinne über Philipps beabsichtigtes Einschreiten in Florida. Der König habe befohlen,[1] nach Florida zu senden, umwie Seeräuber, Friedensbrecher und Ruhestörer einige Untertanen seines Bruders des allerchristlichsten Königs zu züchtigen, welche nach Florida gegangen seien, um diese seit so vielen Jahren für seine Majestät entdeckte und von ihr besessene Provinz zu usurpieren. Man wird an die „entschiedenen und rauhen Töne" des Verkehres erinnert, welche Philipp schon einmal im Mai 1563 gegen Frankreich angeschlagen hatte.[2] Genauer äußerte sich der zugleich vertrauteste und auf sein Kastilien stolzeste Ratgeber des Königs, der Herzog von Alba, gegenüber dem französischen Botschafter in Madrid. Er erklärte für „das Schlimmste auf der Welt, daß nach einem Lande, welches die Spanier seit der Regierung des Herrn Königs Ferdinand", der im Jahr 1516 starb, „besitzen, Franzosen gegangen seien, um sie zu stören und aus dem Besitz zu verdrängen; das Gebiet sei ihnen zu wichtig, um es verlieren zu können."

Nur nebenher bemerkte Alba ohne Namensnennung, man wisse in Spanien ganz gut, daß der Admiral Coligny reformierte Prediger mit ihren Frauen und Kindern dahin gesendet habe.[3] Von der Königin erfuhr der Gesandte schon am 5. November 1565, daß nichts so sicher auf der Welt sei, als die neuen Rüstungen für Florida, daß ihr Gemahl sich die Sache sehr zu Herzen nehme und die Franzosen von dort vertreiben werde[4].

---

que. S. 304: *affreuse légende*). Die Reprinse erzählt aber keineswegs, daß Gourgues' Inschrift auf demselben Brett, wie die von Menendez angebracht worden sei, sondern S. 510, *au lieu d'un escriteau* in spanischer Sprache, *en une table de sapin avec un fer chaud*. Die Varianten dieser Inschrift S. 304 und 510. Mit Seeräubern (*marannes, marrans, marraus*) in deren erster Hälfte gewinnt man keinen logischen Zusammenhang. Meine Übersetzung folgt der zweiten Variante S. 304.

[1] *que haviendo Su Magestad intendido, que algunos subditos des Rey Christianissimo, su hermano, havian ydo á la Floria para ursurpar quella provincial tantos annos a por Su Mag. Descubierta y poseida, mandó embiar a castigarlos como a pyratas, fractores y perturbatores de la pas publica* (Du Prat 469). Wie man sieht, ist hier das religiöse Moment geflissentlich vermieden.

[2] Maurenbrecher, Archivalische Beiträge zur Geschichte des Jahres 1563. Leipziger Dekanatsprogramm 1889 S. 27 flgde.

[3] [...] *sait on assez en Espaigne, par qui et comment l'on y a envoyé des ministres avec leurs femmes et enfants.* Fourquevaulx an Karl IX. 24. Dezember 1565. Du Prat 410. Gaffarel 414.

[4] *qu'il en prenait le fait fort à Coeur, qu'il déchasseroit les Français.* 5. November 1565. Du Prat 204. Gaffarel 411.

## Bemühungen der Königin Elisabeth von Spanien

Nicht ohne Verwunderung hört man die Mitteilung des französischen Botschafters, daß die Königin die schmerzlichen Empfindungen ihrer Mutter, welche eventuell mit einer protestantischen Eheschließung ihres Sohnes des Königs Karl IX. drohte, über diese Angelegenheit von Florida teile.[1] Wie bei so vielen anderen, Frankreich und sein Königshaus betreffenden Anlässen hat sie durchaus nach den strikten Weisungen dieser ihrer so klugen und tätigen, wie rücksichtslosen Mutter auf König Philipp einzuwirken gesucht, wenn auch regelmäßig ohne Erfolg. Man kann sagen: es gab nur eine Frage, in welcher Elisabeth selbst ihrer zuweilen für paritätische Religionsordnung gestimmten Mutter entgegenzutreten wagte. Immer von Neuem und noch vor dem Tod, besonders eifrig bei der Zusammenkunft in Bayonne,[2] empfahl sie die, spanischem Ideengange und Interesse so entsprechende Beseitigung alles Nichtkatholischen in Frankreich. Aber das Rätsel dieses sonst so demütigen und oft übel angebrachten Gehorsams der königlichen Tochter löst sich, wenn man die furchtbare Drohung liest, welche ihr die medicäische Mutter schon am 10. November 1560 zugeschleudert hat.

> „Gib Acht auf das, was ich Dir beim Abschiede sagte; denn Du weißt, was es für Dich zu bedeuten hätte, wenn man das bemerkte, was Du hast; denn wenn Dein Gatte es wüßte, sei überzeugt, daß er Dich niemals wieder sehen würde."[3]

Ein Krankheitsgift sollte sich nach diesen Worten vom Großvater, dem König Franz I., auf die im April 1545 geborene Enkelin vererbt haben. Es war ein loses Gerede der Hofleute, welches Katharina Medicis vielleicht wirklich glaubte. Sicher ist, daß sie diese Ängstigung als Waffe zur Erzwingung des Gehorsams der in Spanien lebenden königlichen Tochter

---

[1] *elle avait partagé ses douleurs en les confirmant.* a. a. O.. Unter den entrüsteten Briefen der Königin Mutter über die Sache ist der vom 17. März 1566 über *ce malheureux massacre de la Floride* (schon bei Du Prat 416 bis 420) der stärkste mit der Drohung in der Nachschrift mit einer akatholischen Ehe des Königs: *qui ne soit pas de notre religion, ce que nous ne ferons qu'à L'extremité.* La Ferrière *lettres de Cathérine de Medicis II* (1885) 353 bis 356. Dem Brief vom 12. Mai 1566 ist des Königs Karl IX. *Instructiom „mémoire"* (p. 360) beigedruckt, in der es heißt: *Il ne faut baptizer du nom de pyrate les subjects de S.M. qui n'ont faict aucun acte de brigandage, mais sont allez au lieu où leurs prédécesseur ont esté de tout temps.* Das soll wohl von den französischen Fischern an Neufundlandischer Küste und an der Insel Breton, namentlich aber von Cartier gelten.

[2] Marcks 191, 196, 205.

[3] *suivés set que je vois dis au partir; car vous savés, coment y vous ymporteret que l'on sent set que vous avés; car set [si?] vostre mari le savest, aseuré-vous, qui ne vous voyret jeamès.* C$^{te}$ de la Ferrière, *letters de Cathérine de Mèdicis I* (1880) 152 zuerst mit genauer Datierung.

verwendete. Es wird schon richtig sein, was der erzählungslustige Brantôme seinem weiten Leserkreise vorträgt: nur mit Zittern habe die junge Königin Briefe ihrer Mutter empfangen.[1] In Gegenwart des beiderseitigen Gefolges warf sie sich am 14. Mai 1565, als sie ihre französischen Verwandten an der spanischen Grenze vor Saint Jean de Luz wiedersah, auf den Boden, um die Knie ihrer Mutter zu küssen. Wirklich zärtliche, sogar leidenschaftlich zärtliche Empfindungen haben dabei dieses merkwürdige Paar von Königinnen verbunden. Mehr als in ihren Briefen zeigen sich aber diese zugleich von kindlicher Liebe und von weiblicher Angst gemischten Empfindungen in den Versen, welche Elisabeth nach dem in jenen Drohworten erwähnten Abschied vom Dezember 1560 ihrer Mutter sendete.

„Ich kann Ihnen, Herrin, nichts bieten; Ihnen und Ihrer Macht gehöre ich. Seien Sie versichert, daß ich diesen Gehorsam, welchen ich Ihnen schulde, so sehr leisten werde, daß ich hierin meine Pflicht tue. Demütigst bitte ich Sie, Herrin, um des Heiles meines Leibes und meiner Seele willen, mir Ihre Gnade zu erhalten".[2]

Solch nagende Sorge hat die moralisch tadellose, schöne, fromme, von jedermann hochgeschätzte, junge Frau, wie man vermuten darf, dazu getrieben, sich von allen Seiten gegen ein nicht vorhandenes Übel Heilmittel zu verschaffen, welche ihr wiederholt schwere Krankheiten und am 3. Oktober 1568 den Tod gebracht haben.[3] Wahrheitsgemäß konnte dann ihre Mutter dem König Philipp in einem verspäteten Trostbriefe vom 13. November über das frühe Hinscheiden seiner in allen Krankheiten von ihm treu gepflegten Gemahlin erklären, sie empfinde Verpflichtung für die gute Behandlung ihrer Tochter.[4] Katharina von Medicis fahrt mit folgenden kühlen Worten fort: „Ich weiß, daß sie Freundschaft für Eure Majestät hegte". Am folgenden Tag schrieb sie freilich dem Gesandten einen zur Vorweisung bei dem Königbestimmten Brief, in welchem sie sagte, sie wisse,

---

[1] Dies alles bei und vor dem ersten Abdruck von 1841: Louis Paris, *négociations de François II*, 701 bis 707.
[2] *Je ne vous peulx, madame, rien offrir, Je suis à vous et en votre puissance; Assurez vous que cette obeyssance, Que je vous doyts, si bien observery, Quem on debvoir en cela je feray, Vous suppliant très humblement, madame, Pour la saincté de mon corps et de mon âme M'entretenir en votre bonne grace.* Du Prat 78. Die Szene des Wiedersehens ebendort 180; sie fehlt in dem „*recit du temps*" bei La Ferrière, *lettres de Cathérine de Médicis* (II, 293 n.), wonach diese *esprise d'une grande joie, passa la rivière et se trouva en face celle qu'elle avoit tant désirée.* Das ist wohl der offiziell verbreitete Bericht.
[3] Die in solchen Akten doch nicht gewöhnlichen pathologischen Mitteilungen des französischen Gesandten in Madrid gehen bis zu der unserem heutigen Gefühl höchst befremdlichen Depesche über die Ursachen des Todes der Königin bei Du Prat 362.
[4] *L'aubligation du trétement que la reyne ma fille a eu et l'amitié que je say qu'ele portoit à Votre Majesté.* 1568 bei La Ferrière III (1887) 304.

wie sehr die Königin ihn geliebt habe, um sofort Philipp II. ihre fernere Freundschaft anzutragen, während Fourquevaulx gleichzeitig den Fürsten von Eboli vergeblich für den Gedanken zu gewinnen suchte, sein König möge der Verstorbenen Schwester Margaretha heiraten. Als nun der Gesandte dem königlichen Witwer den Brief vorlas, in welchem von der „Liebe" seiner Gattin die Rede war, da traten ihm „die dicken Tränen in die Augen" und er sagte, nie werde er diesen großen Verlust vergessen.[1]

Der redliche Botschafter aber bat gleich nach dem Hinscheiden der jungen, französischen Interessen so dienstwilligen Königin (3. Oktober 1568) um seine Entlassung, indem er bemerkte, das Mittel, welches sein Amt bisher leicht gemacht habe, sei nicht mehr vorhanden. Sein Gesuch wurde übrigens in ehrenvoller Form abgelehnt, und er blieb französischer Botschafter am spanischen Hof bis zum März 1572.[2]

Der König von Spanien hat freilich, mindestens vor dem Tod seiner dritten Gemahlin, keine Kunde von allen den seltsamen Beziehungen zwischen Mutter und Tochter gehabt, welche uns jetzt gedruckt vorliegen. Es mag auch sein, daß er seiner französischen Gemahlin manche ungehörige politische Einmischung im Bewußtsein seiner eigenen Verschuldung hingehen ließ, da sein unerlaubtes Verhältnis zu der Fürstin von Eboli, der Tochter seines Vizekönigs von Peru, der Gemahlin seines gefälligen Günstlings Ruy Gomez, ein öffentliches Geheimnis war. Aber bei aller äußeren Nachsicht und aller aufopfernden Pflege hat König Philipp sich wegen dieser politischen Störungen mit einem tiefen Groll gegen die ganze französische Verbindung erfüllt.

Der kaiserliche Gesandte gibt des Königs Anschauungen über die bösen Absichten der Franzosen gegen das Hause Habsburg mit vorwurfsvollen Worten wieder. Es sind dieselben, welche Maximilians II. Vater, Ferdinand I., dem als Gefangenen eingebrachten Kurfürsten Johann Friedrich von Sachsen gegenüber unmittelbar nach der Schlacht von Mühlberg (29. April 1547) gebraucht hatte: „Ihr suchtet mich und meine Kinder von Land und Leuten zu verjagen".[3] Als eine solche Beraubungsabsicht faßte der spanische König auch die französische Kolonisation in Nordamerika. Wie milde er auch seinen Entschluß schärfster Abwehr der Franzosen in Florida gegen seine Gemahlin aussprach, welche sich zur Fürsprecherin dieses feindlichen Planes gemacht hatte, so begreift man doch, daß solche Einmischung eine Wunde in seinem Herzen zurückließ.

---

[1] Gachard, *bibl. nationale à Paris II* 271, 273
[2] Du Prat 368, 391, wo derselbe irrig annimmt, das Entlassungsgesuch sei sofort genehmigt worden. Vgl. Gachard, *bibl. nationale de Paris II* 270, 358.
[3] Ranke, Deutsche Geschichte IV³ 404. Die entsprechende Äußerung Philipps durch Albas Mund bei Dietrichstein unten S. 41, Anm. 1

Wir sind über diese Tatsache durch ein Aktenstück[1] des kaiserlichen Botschafters am spanischen Hof unterrichtet, welches seit der nun über zwei Jahrzehnte dauernden weisen Eröffnung des Wiener Staatsarchivs für die Zwecke historischer Forschung vergeblich allen denen zugänglich gewesen ist, welche sich mit diesen für die Geschichte der Menschheit so wichtigen Fragen inzwischen beschäftigt haben.

Kaiser Maximilian II. und dessen Gemahlin, die Kaiserin Maria, welche durch nie getrübte, innig[2] geschwisterliche Zuneigung mit Philipp II. verbunden war, hatte sich in einer überaus wichtigen und diskreten Angelegenheit an diesen König gewendet; denn Philipp galt in der ganzen Familie als der Besonnenste und Scharfsichtigste. Es handelte sich um eine Verbindung ihrer Tochter Elisabeth – nach des kaiserlichen Botschafters Auffassung: Infanta Donna Isabel – mit dem König Karl IX. von Frankreich; über diese Werbung wurde Philipp um seinen Rat ersucht. Nach seiner vorsichtigen Weise überlegte König Philipp die Antwort längere Zeit „mit höchstem Fleiße". Er scheint sie dann in eingehender Formulierung mit dem Herzog von Alba festgestellt zu haben, welcher den Auftrag erhielt, sie dem Botschafter mündlich vorzutragen. Es geschah um den 10. Februar 1566, also ehe gegen Ende dieses Monats die Nachrichten aus Florida eintrafen, welche die, wie es scheint, von allen politisch-denkenden Spaniern gewünschte Vernichtung der dortigen französischen Kolonisation meldeten.

Des Herzogs von Alba Mitteilungen begannen mit Ausdrücken von Freude und Dank des Königs, daß der Kaiser sich so „brüderlich gutherzig" geäußert und in dieser Angelegenheit erwiesen habe. Auch der König seinerseits werde dem Kaiser gegenüber ein recht treues, zuverlässiges, brüderliches Gemüt erweisen. Über diese Eintracht beider Herrscher erklärte

---

[1] „Spanien. Korrespondenz 6. 20 Originalbericht des kais. Gesandten Frhrn. Adam von Dietrichstein *de* 1566." Es handelt sich um den auf sieben Großquartseiten geschriebenen Bericht vom 11. Februar 1566. Mathias Koch, Quellen zur Geschichte des Kaisers Maximilian I. (1837) S. III, sagt zwar, er habe die Berichte Dietrichsteins aus dem Wiener Staatsarchiv von 1563 bis 1568 „gewinnen" können, doch wie es scheint nicht oder nicht immer im Original, da so viele Auslassungen gerade oft des Wichtigsten kaum begreiflich wären. So steht es auch mit dem von Koch I 153 bis 155 in ganz unzulänglichem Auszug gegebenen Bericht vom 11. Februar 1566. Die hier nicht von ihm abgedruckten Erklärungen des Königs Philipp hat er in einer kürzeren Wiederholung aus der Depesche vom 18. Mai 1567 gegeben (I, 188) wo sie ohne viel Belang sind.

[2] Gachard, *lettres de Philippe II à ses filles* 133 (15. Januar), 138f. (29. Januar, auch über die Ähnlichkeit ihrer Gesichtszüge), 154 (19. Februar), 140 (5. März), 155 (19. März), 161 (2. April), 175 (4. Juni). Sämtliche hier zitierte Briefe des Königs sind aus dem Jahr 1582, daneben kommt noch der besorgte vom 20 November 1582 (S. 128) über der geliebten Schwester Seefahrt in Betracht und besonders der über das Wiedersehen „nach 26 oder eigentlich nach 34 Jahren" vom 7. Mai 1582 (S. 167).

Alba seine höchste Freude und die aller Welt („menikhlich"), d. h. der guten Gesellschaft Spaniens. Diesem zärtlichen Erguß fügte der kluge Staatsmann jedoch bei, daß „zu verhoffen" sei, es werde diese Intimität auch den gemeinsamen Feinden und, d. h. zunächst in den Niederlanden: den Widersachern sich schädlich erweisen; aber des Königs, und also auch des Herrscherreiches Kastilien, Landen und Leuten werde sie zu glücklicher Wohlfahrt und Emporblühen gereichen. Hiermit meinte aber Alba diese Gefühlsäußerungen „lieber abbrechen" zu wollen.

Je genauer der König die Frage der französischen Heirat erwogen habe, um so stärker seien seine Bedenken gegen dieselbe geworden. Diese Verbindung werde dem Kaiser keineswegs ein höheres Maß von französischer Freundschaft und Güte bringen. Hierauf entwickelt Alba im königlichen Auftrag die Folgen der Eheschließungen mit Frankreich von Seiten der gemeinsamen Vorfahren des Kaisers wie des Königs. Unter denselben erscheint aber als jüngstes Beispiel Philipps eigene Ehe als von genau denselben Folgen wie die früheren begleitet. Der Kaiser wie alle Welt kennen dieses Ergebnis. Die Franzosen werden eben ihre falschen, heimlichen Listen, Tücken und Ränke nie aufgeben, um den Kaiser wie den König um Land und Leute zu bringen. Noch ganz neuerlich habe sich das in Florida gezeigt.[1] Eine so vieljährige ererbte Feindschaft gegen das Haus Österreich lasse sich, nach des Königs Erachten, nicht durch Heirat oder sonstige Allianz in wahre Liebe, Zuneigung und Vertrauen verwandeln. Bei jeder sich bietenden Gelegenheit werden die Franzosen viel mehr zu ihrer alten Art und Natur (Aigenschafft) zurücktreten. Ganz so stehe es mit dem jetzigen Drängen der Franzosen am Kaiserhof; sie hoffen, durch enge Verbindung ihre bösartigen, falschen Ränke mit besserer Berechtigung und Gelegenheit zum Ziel zu führen (durchzurukhen und zu bringen). Ihre Gesinnung zeigen

---

[1] Aus dem betreffenden überaus langen Satzgefüge, welches dem unmöglichen Periodenbau in unseren „Venezianischen Depeschen vom Kaiserhof" beinahe entspricht, setze ich die für die vorliegende Frage wichtige erste Hälfte von der zweiten Seite der Depesche hieher: Dan aimal so khunten und hetten sich Eucher M[ajestä]t dieser heirat halben nit mehr freundschafft und guet zu inen zu versehen, dan zuvor aus soliher und dergeleihen befreundtung erschinen seij, bei denen heyraten, so anher kha[yserliche]n M[ajestä]t und ier kh[unigliche]n Wie[rde] hochlobliche Vorforderen, auch er am jungisten selbst, mit Frankreich gepflegt hetten, gegen wolchen (!) sj ain weg alls der andere, wie Euher M[ajestä]t und der gantzen welt bewist, ier falsche hambliche lust (!), tukh und pracktikhten, umb lant und leit zu bringen, zu treiben und zu geben nit unterlassen, auch noch nit lassen thaeten und hierz jungist mit Florida ertzaigt hetten und sei seines erachtens nit muglich, das ainer so großen und von vill iaren her anererbten naturlichen feintschafft sj durch mitel der heirat oder ainicherlaj anderer befreundung vergessen oder gar fallen lassen und gegen dem hause osterreich ain rehte lieb zuenaigung und vertrauen fassen khunden oder mogen."

sie durch ihre Ausflüchte gegen Hilfeleistung für den Kaiser gegen die Türken. Bei der Heirat wollen sie nur die (im Jahr 1552) dem deutschen Reich entrissenen Gebiet für sich selbst sichern.

Wie sehr aber der König fortwährend die feindseligen Handlungen Frankreichs gegen seine eigenen nächsten Interessen, auch ganz abgesehen von Florida, im Auge hat, sieht man recht, wenn man über die betreffenden Konflikte die schon früher berührten Ausführungen der Königin Katharina Medicis vom 17. März dieses Jahres 1566 zu Rate zieht: alle Beschuldigungen des Königs wegen Marseille, Korsika, Genua[1] werden hier als irrig oder erfunden abgelehnt.

Wie man sieht, hat die von ihrer Mutter befohlene politische Intervention der Königin Elisabeth in der Angelegenheit von Florida bei dem spanischen Souverän einen sehr bitteren Eindruck zurückgelassen. Auch der kaiserliche Gesandte berichtet übrigens seinem Gebieter mit Genugtuung am letzten Februar die eben angelangten Nachrichten von der Vernichtung der Franzosen in Nordamerika. Der spanische Befehlshaber bei dieser Bluttat empfing neben großer Ausstattung die Erhebung zum Markgrafen und hiermit den dritten Rang unter den Großen des Reiches, Beides der Richtung der öffentlichen Meinung des Landes entsprechend.

## Kirchen- und Bildersturm in den Niederlanden

Diese uns wie ein schreckhaftes Märchen aus grauer Vorzeit erscheinenden Handlungen und Überzeugungen sind ein wesentliches Stück der nationalen Betätigung des noch so waffenmächtigen spanischen Volkes. Aber wenn das Autodafé die Empfindlichkeit desselben für seinen Glauben erkennen ließ, so müssen wir auch bei den Szenen von Florida aus dem jener Cortesversammluug vorangegangenen Jahr zugestehen, daß wie auf religiösem, so auch auf politischem Gebiet die Vernichtung des nationalen Gegners kastilischer Vorstellung jener Zeit als Pflicht erschienen ist. Um die Aufnahme und Beantwortung der nunmehr zu besprechenden Mitteilungen zu würdigen, wolle der Leser sich diese politische zugleich und religiöse Eigenart der kastilischen Nation gegenwärtig halten.

In der von dem Staatssekretär am 11. Dezember 1566 den Cortes verlesenen Botschaft wurde, wie wir sahen, nur in einer Andeutung der Zerstö-

---

[1] In dem nicht unrichtigen Auszug bei Koch I 154 ist Zeile 3 vor Pedro Corso nicht „dem Juan" zu lesen, sondern „dem jitan" (= *guiton*) d. h. Taugenichts, Landstreicher; ich denke, es ist ein corsischer Kondottiere Peter, welcher dieses Attribut wohl von dem Herzog von Alba verdient haben wird

rung gedacht, welche vor wenigen Monaten in den Niederlanden an heiligen Gebäuden, Bildwerken und Geräten verübt worden war.

In etwa acht oder neun von den dreizehn sogenannten Staaten der Niederlande, wenn auch nicht überall mit gleicher Heftigkeit war, bei gänzlicher Hilflosigkeit der Regierungsgewalt, eine Art elementaren Volkssturmes gegen Kirchen und Klöster losgebrochen, durch welchen eine Menge unersetzlicher Kunsterzeugnisse vernichtet worden ist. So viele wilde Begehrlichkeit und niedrige Leidenschaft hierbei auch mitgewirkt hatte, so erklärte doch ein altadeliger Vertreter derjenigen religiösen Auffassung, welche spanischer Rechtsgläubigkeit am meisten entgegengesetzt war, in zwei Flugschriften, daß dieser „Bildersturm" zwar irregulär, weil ohne obrigkeitliche Anordnung vollzogen, aber prinzipiell zu billigen sei.[1]

## Das Verhältnis Philipps II. zu den Reformierten

Hier möge mir gestattet sein, diese in ihren Folgen auch für Don Carlos' Dasein so wichtig gewordene Katastrophe der niederländischen Bewegungen noch von einem anderen Gesichtspunkte zu betrachten. Es ist die Erwägung, welche sich unter allen bei jener Corteseröffnung im Alcasar von Madrid Anwesenden voraussichtlich nur dem König selbst darbot. Der Gedankengang desselben hat uns doch schon bisher auch nach anderen Seiten beschäftigt.

Die aggressive Erhebung der reformierten Kirche in den Niederlanden mußte für Philipp II. alle die Bedenken und Gefahren in Erinnerung bringen, welche diese religiöse Neuerung seit mehr als vier Jahrzehnten für seinen kaiserlichen Vater und dann für ihn selbst im Gefolge gehabt hatte. Mit der vollen Einführung von Zwinglis Reformideen entzogen sich die Züricher Truppen, welche wesentlich dem mit dem Kaiser verbundenen Papst Parma und Piacenza erobert hatten, dem italienischen Dienst. Im Juni 1529 hatten dann die reformierten Kantone unter Zwinglis Leitung mit dem ersten, nach puritanischen Grundsätzen lebenden Volksheer, welches die Universalhistorie kennt, die katholischen „Orte" gezwungen, die Urkunde ihres neuerlich geschlossenen Bundes mit Philipps Oheim König Ferdinand in einer Zeit so vieler, auch von den Türken drohender Gefahr herauszugeben. Selbst nach dem Kappeler Sieg von 1531 über die Reformierten sind diese katholischen Kantone nicht mehr zu einem eigentlich politischen Bunde mit dem Hause Habsburg zu bringen gewesen, so herzlich sie sich

---

[1] Moriz Ritter a. a.O. I 317, 360 f.

auch später gerade Philipp II. als dem Vater der Christenheit religiös, und für dessen mailändischen Besitz militärisch verpflichtet haben.[1] Nicht ganz sieben Jahre nach jener Demütigung durch den Bündnisbruch war ein anderer Oheim des Königs, der Herzog von Savoyen von den Bernern, welche ihren reformierten Glaubensgenossen in Genf zu Hilfe zogen, des Waadtlandes beraubt worden; erst aus diesem Sieg der schweizerischen Reformierten hatte auch der König von Frankreich Anlaß genommen,[2] die Lande des Herzogs anzugreifen, ihn zu vertreiben und so einen neuen Krieg gegen den Kaiser mit einem für diesen ungünstigen Ausgang anzufangen (1536). Die Rücksicht auf die Zunahme der Reformierten in Frankreich war eines der Motive gewesen, welche Philipp trotz seiner Siege im Jahr 1559 zu dem Friedenschluß von Cateau Cambresis bewogen.[3]

Wie mächtig war ihm inzwischen dasselbe Bekenntnis in Britannien entgegengetreten! Während der vier Jahre, da er als König auch von England neben seiner Gemahlin Maria Tudor, und deren Eifer gleich seinem kaiserlichen Vater eher mäßigend, an der Herrschaft beteiligt gewesen war, hatte er die kirchliche Landesverfassung wesentlich im reformierten Sinne verändert vorgefunden. Nach Maria Tudors Tode hat dort deren geistesmächtige Schwester Elisabeth regiert und an diese gelangte, eigentlich zweimal, Philipps Werbung. Sie hat diese Verbindung „mit dem nahen Verwandten", wie sie sagte, dankbar, aber doch entschieden abgewiesen. Erst dann hat dieser sich nach einigen Monaten entschlossen, seinem Bevollmächtigten, dem Herzog von Alba, jene damals vierzehnjährige französische Königstochter des gleichen Namens Elisabeth antrauen zu lassen, deren seltsames Geschick uns früher beschäftigt hat und noch weiter unsere Aufmerksamkeit in Anspruch nehmen wird.

Die von dem spanischen König so sehr begehrte englische Elisabeth war nun zwar eigentlich weit mehr den hierarchischen Ordnungen im Sinne ihres Vaters zugeneigt; die anglikanische Kirche hat sie aber zunächst doch nur durch mannigfache Annäherungen an jene unter ihrem Bruder, König

---

[1] 2. Januar 1573 die fünf Orte an den König. Nach dem borromäischen Bunde von 1579 ihr förmlicher Vertrag vom 12. Mai 1587 bei Mathias Koch, Quellen zur Geschichte Kaiser Maximilian II. Band II (1861) 125 bis 133

[2] Die entscheidenden Stellen bei Ranke, Deutsche Geschichte III³, 322 fg. C.N. Cornelius, Die Verbannung Calvins (Abhandlungen der bayer. Akademie 1886 XVII 713): „Der Beschluß der allgemeinen" „Bürgerversammlung vom 21. Mai 1536 hatte die neue Kirche zur" „Staatskirche erhoben und den Katholizismus aus Genf ausgeschlossen." Derselbe, die Rückkehr Calvins nach Genf (Ebendas. 1889 XVII, 434): „Die hervorragenden Vertreter der alten Kirche, Geistliche und Bürger" „waren vertrieben und ausgewandert."

[3] Ranke, Französische Geschichte I 197.

Eduard VI., eingedrungenen reformierten Auffassungen gestalten können. In weit höherem, ja entscheidendem Grad sind diese Auffassungen, und zwar gleichzeitig mit Elisabeths Abschluß der anglikanischen Kirchenverfassung, in Schottland durchgedrungen. Es erfolgte freilich diese schottische presbyterianische Gestaltung nicht in der ursprünglichen Züricher, immerhin einigermaßen in der Genfer Form durch einen Bund der reformierten Geistlichkeit mit dem Adel, welcher hierdurch, gesetzlich vom Jahr 1568 an, den besten Teil der Kirchengüter gewann. Wie weit dieser Pakt von Zwinglis Grundsätzen entfernt war, ergibt sich freilich schon aus der Erwägung, daß Zwingli seine Kollegen vom Chorherrenstift des Züricher Großmünsters bewog, mit der Annahme seiner Reformation den großen Grundbesitz dieses Stifts an den Staat und die hierbei frei erklärten Leibeigenen zu verschenken.

Eben in dem Jahr 1524, in welchem das in Zürich geschah, wurde dort auch unter obrigkeitlicher Leitung der bis auf Kirchenorgeln sich erstreckende „Bildersturm" durchgeführt, welcher dann in allen Landen reformierten Bekenntnisses nachgeahmt worden ist. Wie wir gesehen haben, ist selbst bei den wüsten Exzessen der niederländischen Kirchen- und Klösterplünderung von einem leidlichen Kenner reformierter Dogmatik, wie jenem in Genf theologisch gebildeten Edelmann, der die zwei Verteidigungsschriften „vom Bildersturm" schrieb, diese Nachahmung gebilligt worden.

In der Tat war im Jahr 1559 bei dem errungenen Sieg der Reformierten in Schottland unter weltlicher Führung der meisten Edelleute und geistlicher Billigung des unbeugsam rauhen Calvinisten Johann Knox[1] eine gänzliche Vernichtung der meisten Klöster und ein organisierter Bildersturm an fast allen Kirchen vorgenommen worden in vollem Gegensatze gegen den Willen der katholischen Königin-Regentin und ihres Rats. Was von den französischen Reformierten, namentlich in den Jahren 1561 und 1562 gegen Klöster und Kirchen geschehen ist, war doch nicht von solchem Belang und ist nicht zu solchem Erfolg gelangt, daß es ihren Glaubensgenossen in den Niederlanden als Vorbild hätte dienen können.

Nun mußte gewiß auch außer König Philipp jeder katholisch denkende Gläubige und besonders in Kastilien tief empört sein über diese Verletzung seiner elementarsten Empfindungen in des Königs Philipp Niederlanden. Alle von dort nach Spanien Gekommenen, vollends die Vertreter von Ansprüchen der niederländischen Stände, wurden von den Kastilianern gemieden, als die Nachrichten von diesen kirchenschänderischen Taten niederländischer Volkswut eintrafen.

---

[1] Burton, *history of Scotland* (mit dem achten Band 1873 abgeschlossen) III 352 bis 356.

Man rügte von Seiten der öffentlichen Meinung in Spanien, diese wilden Ausschreitungen in den Niederlanden seien erfolgt, ohne daß dort selbst aus dem Adel auch nur irgendjemand erschienen wäre, „der seine Stimme für Gott und den König erhoben hätte". Die Prediger machten von der Kanzel den Gläubigen Vorwürfe, daß sie mit untergeschlagenen Armen hier blieben und die heilige Kirche, ihre Mutter, in Flandern entehren ließen[1].

Den Bildersturm der Reformierten in den Niederlanden hatte die dortige Regierung und eine Zeitlang, obwohl unter geheimem notariellem Protest König Philipp selbst, durch Konzessionen zu beschwichtigen suchen müssen. Für den König stand aber noch ganz Anderes auf dem Spiel, als der religiöse Willen seiner getreuen Spanier, dem doch vor fast vierzig Jahren auch sein kaiserlicher Vater, nach der Plünderung Roms durch seine Truppen, sich hatte fügen müssen. So wird es auch nicht bloß der Unwillen über die Schändung seines Glaubens und seiner Autorität gewesen sein, welcher bei ihm nach dem Eintreffen dieser schlimmen Nachrichten aus Flandern ein hitziges Fieber hervorrief.

## Die Reformierten in den Niederlanden

Nach jenem schottischen Bildersturm im Jahr 1559 hatte es die Kombination der europäischen Politik mit sich gebracht,[2] daß Philipp die Hilfeleistung der Königin Elisabeth von England für die schottischen Reformierten gegen französische Truppen und Schiffe nicht nur billigte, sondern nach Kräften betrieb. Es geschah das gleichmäßig im Interesse Spaniens wie der Niederlande.

Während der seitdem verflossenen sieben Jahre hatte sich aber die Königin Maria Stuart als eine treue Stütze des katholischen Glaubens und in den Hauptfragen auch des Interesses der spanisch-habsburgischen europäi-

---

[1] In authentischer Weise sind wir hierüber durch jenen Spanier unterrichtet, welchen der Graf von Hoorne während seines spanischen Aufenthaltes in Dienst nahm und in seinem Hause, besonders als Sekretär, verwendete (Th. Juste, *le comte d'Egmont et le comte de Hornes* (1862) S. 131). Dieser Alfons von Lalvo, seit dem Januar 1566 an den Hof geschickt, berichtet an den Grafen von Hoorne am 20. September 1566 als spanische Ansicht: *que no aya parecido nadie que tomasse la voz de Dios y del rey;...los predicadores...hazen...por las cosas de Flandes...reprehension á los Españoles que están aqui con los brazos cruzados, dexando vilar allá la santa madre yglesia.* Garchard, *Don Carlos II* 365 f., wo auch andere Zeugnisse der allgemeinen spanischen Erbitterung über den niederländischen Bildersturm.
[2] Ranke, englische Geschichte I 330.

schen Politik erwiesen. Nach ihrer Herkunft, ihrem Ehrgeize, ihrer Grenznachbarschaft war sie die vom Schicksal gegebene Nachfolgerin der Königin Elisabeth. Diese aber hatte sich inzwischen eine große, der spanischen Politik in steigendem Maß sich entgegenstellende Position gewonnen und als gefährliche Schützerin der Unzufriedenen in den Niederlanden wie der Auswanderer aus denselben erwiesen. Noch war im Dezember 1566 Maria Stuart von den schottischen Reformierten nicht beseitigt. Am 17. Dezember fand die feierliche Taufe ihres Sohnes und Nachfolgers Jakob statt. Sie hatte noch einen ergebenen Anhang vornehmlich katholischer Edelleute. Freilich konnte niemand sagen, wie nach so schweren, ihr angetanen Kränkungen trotz aller Aussöhnung sich das Verhältnis zu ihrem damaligen Gatten Heinrich Darnley, der im nächsten Februar (1567) umgebracht wurde, gestalten und sie selbst in Schottland ein ernstlicher Faktor für die großen kirchlichen und politischen Fragen der Zeit bleiben werde. Erlag sie ihren Gegnern, so war die Sache der Reformierten in Schottland, wie ja auch die nächsten beiden Jahre gezeigt haben, für immer gesichert. Der politisch-religiöse Widerstand in den Niederlanden, wenn nicht inzwischen gebrochen, hatte dann in beiden britischen Reichen einen mächtigen Rückhalt – ganz abgesehen von den unberechenbaren Schwankungen des Ganges der Religionskriege in Frankreich.

Noch über ein anderes Moment konnten der spanische König und vermutlich auch Don Carlos sich nicht täuschen, welchem es für manche Kombination, wie wir noch sehen werden, an Einsicht keineswegs gebrach. Mit einer Organisation der reformierten Kirche in den Niederlanden trat, wie dem Katholizismus so der absoluten Monarchie, eine Macht entgegen, welche auf ganz entgegengesetzte Voraussetzungen gegründet war. Hier war eine neue Auffassung wie der christlichen Gemeinschaft der Gläubigen, so auch des Staates zum Dogma gemacht. Beides, Kirche und Staat der Reformierten, basieren auf dem selbstherrlichen Willen der Gemeinde, wie ihn zuerst Zwingli in dem Mutterstaat Zürich zum Ausdruck gebracht hatte und im nächsten Jahrhundert in wirkungsvoller Unnahbarkeit die Puritanerstaaten von Neuengland zu dem vollen Leben erwecken sollten, welches dem Dasein der Vereinigten Staaten nicht am wenigsten sein nun mehr als hundertjähriges Gepräge gegeben hat.

Es bedurfte denn doch erst einer langen Reihe von schweren Leiden, eines grausigen Strömens von Menschenblut, bis selbst zwischen den reformierten Gemeinden in den Niederlanden, den dortigen Edelleuten und den dahin Eingewanderten des deutschen fürstlichen Adels sich feste Beziehungen haben finden lassen.

## Absichten Wilhelms von Oranien

Auch der, welchen König Philipp im Dezember 1566, und mit gutem Grund, als seinen entschiedensten und erfindungsreichsten Gegner in jenen Provinzen betrachtete, auch der „schweigsame" Prinz von Oranien, Graf Wilhelm von Nassau, hat sich in dieser Zeit noch stark genug gegen die reformierte Lehre ausgesprochen. Er wollte deren Bekenner in den Niederlanden dazu bringen, sich den von seinen Eltern und Brüdern und ihm selbst als Knaben geteilten Auffassungen zu bequemen, wie sie die Lutheraner in verschiedenen Formulierungen, doch bis zu einem gewissen Grad sämtlich im Anschluß an die dem Augsburger Reichstag von 1530 übergebene Konfession zu ihrem Glaubensgesetze gemacht hatten. Die in der Reichsgesetzgebung von 1555 ausgeschlossenen Reformierten, obwohl während der niederländischen Unruhen selbst der Kurfürst von der Pfalz zu ihnen gehörte, ignorierte Oranien bei diesen schroffen Versöhnungsvorschlägen[1].Über allem Hader der Glaubensparteien und ohne Skrupel, ja ohne eigentliches Interesse für konfessionelle Fragen, so daß er wohl gelegentlich über sein momentanes Bekenntnis ganz entgegengesetzte Äußerungen vernehmen ließ, wünschte er ein behagliches und tätiges, aller Gewaltsamkeit abholdes Leben zu genießen und den ihm untergebenen Bevölkerungen zu sichern oder zu bereiten. Jeder Unruhestiftung wie jeder Grausamkeit war er nach Natur und Überzeugung abgeneigt.

Er hatte Vertrauen und Zuneigung des mächtigsten Habsburgers, des Kaisers Karl V., in dessen letzten Regierungsjahren wie kein anderer Sterblicher besessen. Von dem Kommando der kaiserlichen Armee gegen Frankreich war zum Vollzug einer Epoche machenden Feierlichkeit der damals zweiundzwanzigjährige Fürst durch einen Brief des Kaisers selbst[2] nach Brüssel berufen worden. Mit seiner rechten Hand auf des Jünglings Schulter gelehnt, vollzog der Herrscher am 25. Oktober 1555 die Übergabe der Regierung in den Niederlanden an Philipp II. Von dem so gestützten kaiserlichen Vater erging damals an den Sohn die Empfehlung der katholischen Religion und der Gerechtigkeit.[3] Derselbe junge Oranier hatte dann in des zurückgetretenen Kaisers Namen am 25. Februar 1558 die Verzichturkunde auf die kaiserliche Gewalt sechs Kurfürsten, je drei katholischen und drei lutherischen, in Frankfurt vorzulegen. Erst nachdem er dort vor allem Volk

---

[1] Die Phasen dieser Abneigung gegen die Reformierten hat Ritter, Deutsche Geschichte 1 322, 356 f., 368 treffend hervorgehoben.
[2] So meldete er seiner Gemahlin am 28. September 1555. Groen van Prinsterer, *achives de la maison de Nassau-Orange I* (1835) 16.
[3] Gachard, *retraite et mort de Charles-Quint I* (1854) 85, 95.

diese Urkunde am 14. März 1558 durch den Vizekanzler des Reiches hatte verlesen lassen, „ward König Ferdinand als erwählter römischer Kaiser proclamiert".[1] Er empfing das Kaisertum gleichsam aus den Händen dieses Erbgrafen von Nassau.

Wie hätten sich solche Szenen dem jungen Fürsten nicht tief einprägen sollen! Zuerst die Verpflichtung des neuen Souveräns in Brüssel, dann Anblick und Walten der vornehmsten Vertreter des paritätischen deutschen Reichs in Frankfurt, durch ihn die Übertragung der Kaiserwürde. Ebenda hatten die beiden letzteren Akte statt, wo einst Rudolf, der Ahnherr des nun so hoch gestiegenen habsburgischen Hauses, zuerst und dann als dessen Nachfolger jener Adolf, der einzige des nassauischen Hauses, der noch die Krone getragen hatte, zu römischen Königen deutscher Nation gewählt worden waren.

So liest man noch heute nicht ohne Bewegung Oraniens ersten Brief, als er im Jahr nach jener Frankfurter Szene durch seines Vaters Ableben im Oktober 1559 regierender Reichsgraf wurde. Er ermahnt seine Brüder, wie sie in voller Eintracht mit ihm zur Erhebung ihres alten rühmlichen Hauses[2] sich anstrengen müssen. Es beseelt auch ihn der edle Ehrgeiz, welcher die größten fürstlichen Familien zu ihrer damaligen Macht gehoben hatte. König Philipp selbst wurde im Juli 1561 durch einen Brief des Kardinals Granvelle benachrichtigt, daß Oranien sein Haus auf festen Grund zu bringen beabsichtige.[3]

Es liegt nach allen diesen Erwägungen gar kein Widerspruch seines Charakters in der Tatsache vor, daß er sich im Frühjahr 1565 tadelnd über die Lässigkeit der Berichte gegen häretische Meuterei aussprach,[4] im Sommer des nächsten Jahres aber dem Sekretär der Statthalterin zweifellos begründeten Anlaß zu einem Bericht nach Madrid über seinen Rücktritt zum Protestantismus gab.[5] Im Frühjahr 1567 hat er mit seiner Weigerung eines neuen, zu unbedingter Willfährigkeit verpflichtenden Diensteides sich mit Recht als aus des Königs Diensten entlassen betrachtet.[6] Ein so eigenartiges Sachverhältnis hat die Herzogin-Statthalterin Margaretha besser, als

---

[1] Ranke, deutsche Geschichte V 325.
[2] [...] que nostre maison [...] soit [...] augmenté – [...] de ma part [...] me emploieray tres voluntiers pour vous assister en tout ce que sera pour vostre bien et augmentation de nostre maison. Groen van Pronsterer I 27.
[3] [...] establecer su casa, que es lo que dize pretender. Papiers d'Etat de Granvelle VI 533.
[4] dont le prince d'Orange a marquee[...] un grand mécontentement meldet die Statthalterin am 11. April 1565. Gachard, correspondence de Philippe II. Tome I (1848) 349.
[5] 12. Juli 1566 Ebendas. 431.
[6] Oranien an seinen Gesinnungsgenosse den Admiral Grafen von Hoorne 13. April 1568. Gachard, correspondance de Guillaume le Taciturne II (1850) 358.

die Geschichtsschreiber bis in unsere Zeit zu würdigen gewußt. Sie genehmigte in den freundlichsten Worten dieses Wilhelm von Nassau-Oranien Gesuch um Erlaubnis der Abreise aus den Niederlanden und fügte hinzu, daß sie ihn immer lieben werde, wie ihren eigenen Sohn oder nahen Verwandten.[1]

## König Philipp über die Glaubensparität in Deutschland

Man darf nicht glauben, dieser für Oranien so bedeutend gewordene fürstlich reichsrechtliche Gesichtspunkt religiöser Parität sei etwa dem strengen Schützer der Inquisition, dem König Philipp, so ganz fremd gewesen. Nach dieser Seite liegen uns jetzt höchst unerwartete Mitteilungen vor, aus denen sich ergibt, wie doch im Grunde der österreichische Erzherzog in dieser starken Seele mächtiger war, als der spanische König.

Der schon als klassischer Zeuge erwähnte kaiserliche Gesandte am Madrider Hof, Adam von Dietrichstein, berichtete am 8. Mai 1568 in einer der vielen deutschen Depeschen von seiner Hand, welche nach Inhalt und Form zu den vorzüglichsten des ganzen sechzehnten Jahrhunderts gehören, über die Grundsätze der spanischen Regierung dem deutschen Reich gegenüber. In dieser Zeit war, wie wir noch sehen werden, das spanische Volk über seines Kronprinzen Haft beruhigt und die kastilianische Herrschaft in den Niederlanden nach menschlicher Voraussicht für ewige Zeiten fest begründet. Auch war der König, wie ich ebenfalls gleich hier vorausnehme, vollkommen sicher, daß sein kaiserlicher Schwager und Vetter in allen Angelegenheiten als sein treuer Verbündeter, ja wie ein leiblicher Bruder handeln werde. Philipp hat auch seinerseits, ihrer Differenzen vor zwei Jahrzehnten ganz vergessend, wiederholt erklärt, immer nur Liebe gegen den Kaiser erwiesen zu haben und mit all den Seinigen ihm stets Befriedigung gewähren zu wollen.[2]

---

[1] [...] *ung mien fils ou parent proche.* 30. April 1867. Ebendas. 371.
[2] Der König habe „mit großer Testification seiner Affections und Vertawens gegen ewer khay[serliche] M[ajestä]t geantwuert, das er wol wis, wie gantz getrewlich ewer khay Mt deren all sein Sahen angelegen sein lassen, hab auch nit Ursach gehabt, daran zu zweifeln, sunder vielmer ewer khay Mt obligiert zu beleiben und zu dankhen". Ein ungenannter „furnemer" Herr hat bei einer militärischen Verhandlung „mir hoch geschworen, ich soll im glauben, das der Khunig ain solches Vertrawen in ewer khay Mt stelle und der[selben] dermaßen affectioniert und gewogen, allswan[n] ewer Mt paide [= beide] sy [= seien], *este termino uso, estubieran y salieran de un vientre.* ...Ob ich gleichwol dem Khunig ins Hertz nit sehen oder solhes erkhennen khan, so halte das[s] der Khunig ewer[er] thay Mt auffreht, gereht, pruederlih—guet Gemuet und Wohlmainung erkhent." In einem Gespräche über einen tactlosen Brief Albas an den

Der Kaiser seinerseits wünschte durch Werbung und Entlassung von Streitkräften in den Niederlanden den innern Friedenszustand des Reichs nicht gefährdet. Da bemerkt der Botschafter, er halte in dieser Frage dafür, die Spanier werden es nicht „difficultieren"; denn, wie sie sagen, so meinen sie zuversichtlich, daß sich niemand bisher dem Kaiser und des Reiches Satzungen korrekter („gemaßer") gehalten habe, als sie. Tatsächlich heben diese spanischen Staatsmänner hervor, daß sie nach dem Reichsgrundgesetze „wessen das Land, dessen der Glaube" (*cujus regio ejus religio*) auch in ihren Reichsgebieten zu verfahren berechtigt seien.

Ausdrücklich erkennt bei diesem Anlaß König Philipp, wenn auch nicht mit diesem Wort, noch mit der eben erwähnten Formel, doch unzweideutig den paritätischen Charakter des Reiches an: „Weil sie keinem Stande des Reiches oder anderen Potentaten" – es ist hier zunächst England gemeint – „je Maß oder Ordnung, weder in Profan- noch Religionswesen", vorzuschreiben gesucht haben, so können sie erwarten, daß jene billigerweise ihnen in ihrer Rechtssphäre auch nicht entgegentreten. Sie fassen das dahin, die anderen Reichsstande seien auch nicht sich zu beschweren oder es zu verhindern befugt, wenn die Regierung des burgundischen Kreises in ihren „wohlererbten" Landen das vornehme und verordne, was „ihr am gelegensten und gefälligsten" erscheine. Dies einzige Mal, so viel ich weiß, ist der König in den Verhandlungen mit dem Kaiser über die Unruhen in den niederländischen Provinzen auf die ganz eigenartige staatsrechtliche Stellung derselben eingegangen, aus welcher die mit solchen Strömen von Menschenblut gekittete und nach einem vollen Jahrhundert (1548 bis 1648) wieder definitiv gelöste Einheit ihres politischen Daseins entsprungen ist.

## Verhältnis der Niederlande zum deutschen Reich

Auch Don Carlos hat, trotz seiner notorischen physischen und geistigen Unfähigkeit, die Niederlande als das gegebene Versuchsfeld seiner Herrscherfähigkeit betrachtet. Für jeden einigermaßen mit den Lebensbedingungen des spanischen Volkes bekannten Beurteiler war aber kaum ein Zweifel möglich, wie ein habsburgischer König Spaniens sich in Beziehung

---

Kaiser sagte Philipp II., der Gesandte könne Zeuge für die stets von dem König für den Kaiser bewährte Liebe sein: *no deseaba otra cosa mas que dar el, y que lo den todos los suyos, siempre satisfacion á V$^{ra}$ Mag[estad]* Seite 4 und 5 der Depesche. M. Koch, Quellen zur Geschichte Maximilian II. (I, 1857) hat auch bei diesem Aktenstücke nur Stücke des ersten Teils S. 215 gegeben, auf welche ich doch für das im Texte zunächst Folgende verweise.

auf seine „flandrischen" Provinzen zu halten habe. Unvergessen war allen politischen wie kirchlichen Parteien in Europa der Versuch einer Regierung des spanischen Landes durch Niederländer in des Kaisers Karl V. ersten Regierungsjahren. Ein gefahrvoller spanischer Aufstand, dessen schon im Anfange dieser Darstellung gedacht wurde, konnte nur mit Mühe bewältigt werden.

Seitdem war in Spanien Handwerk und Ackerbau, ja fast jeder andere Beruf als der des Kriegers, des Geistlichen und des Beamten in zunehmende Verachtung gefallen. Im Gedächtnis der Menschen lebten all die unvergleichlichen kriegerischen und administrativen Anstrengungen der spanischen Bevölkerungen in den letzten siebzig Jahren für ihre nationale Bewährung, wie in Amerika so in den weiten außerspanischen Gebieten ihrer Herrscher in Europa.

Man stelle sich nun vor, daß der große Plan des Kaisers Karl V. nach dem über seine Gegner des schmalkaldischen Bundes erfochtenen Siege zur Ausführung gekommen wäre. In diesem Fall hätte mit der spanischen auch der deutschen und einigermaßen auch der für Herrschaftszwecke weniger bewährten italienischen Nation ein Anteil an der Gesamtregierung der habsburgischen Doppelmonarchie nicht entgehen können. Denn dieser von dem unermüdlichen Herrscher erdachte und im Jahr 1548 ausgearbeitete Plan bestand in einer regelmäßigen Abwechselung wie der Kaiser- so der römischen Königswürde in der spanischen und deutschen Linie des Hauses. Aber der Plan hat sich unausführbar erwiesen. Als ein nicht unwesentliches Stück desselben blieb aber der „burgundische Vertrag" des Augsburger Reichstages eben dieses Jahres 1548 in Kraft. Nach demselben sollte der burgundische Kreis, d. h. es sollten die sämtlichen so verschieden gearteten niederländischen Gebiete des Kaisers Karl V. und der Deszendenz desselben ein mit gewissen noch zu erörternden Ausnahmen abgeschlossenes, der Gerichtsbarkeit des deutschen Reiches, durchaus entzogenes Gebiet bilden. Die zentralisierte Regierung dieses burgundischen Kreises war hiermit gegeben. Der Kaiser hatte den durch solches reichsgesetzliches Abkommen zu einem staatlichen Ganzen geschaffenen, ihm als Heimat seiner Jugend immer besonders teuer gebliebenen Niederlanden zugleich eine rechtlich geschützte, eximierte Stellung gewähren wollen. Diese reichen Lande hatten freilich die doppelte Leistung der kurfürstlichen Beträge an Reichssteuern und Truppenstellungen, sogar eine dreifache bei Türkenkriegen übernommen. Seinerseits hatte sich aber das deutsche Reich zum Schutz der Niederlande und ihres Regenten verpflichtet, welchem selbstverständlich sein fürstliches Recht der Teilnahme an Reichstagen und anderen, in der damaligen Reichsverfassung vorgesehenen beschließenden Versammlungen gewahrt blieb. Allein die Besiegung des Kaisers durch die mit Frankreich verbundenen lutherischen deutschen Fürsten nahm diesem burgundischem Vertrage das, was Karl V. zur Hauptstütze desselben bestimmt hatte: den militärischen Schutz von Seiten des deutschen Reichs.

Immer wird es für das Andenken dieses Kaisers, wie seines Bruders Ferdinand, höchst ehrenvoll bleiben, daß er – wie wir nun wissen,[1] unter Konnivenz des weitblickenden Papstes Paul III. – mit dem burgundischen Vertrag gleichzeitig das Augsburger Interim gewonnen hat. Für gar manche süddeutsche konfessionelle Verhältnisse wirkt dasselbe noch heute bestimmend fort. So haben recht eigentlich Kaiser und Papst, zwar widerwillig, aber doch durch besonnene staatliche Erwägungen bei ihren Entschließungen geleitet, den paritätischen Staat in Deutschland zuerst geschaffen.

Als aber dieser mit dem Interim versuchsweise und provisorisch geschaffene paritätische Staat mit dem Augsburger Religionsfrieden von 1555 eine bleibende Gestalt erhielt, wurde auch dem Reichskammergericht eine definitive Form mit einer Exekutionsordnung gegeben. In dieser ist durch eine besondere Erklärung festgesetzt worden, daß sie nur für die Stände gelten solle, welche des Reiches Gerichtsbarkeit anerkennen, mit anderen Worten: nicht für die Niederlande. Diesen und ihrem Regenten wurde hiermit der Schutz des Reiches tatsächlich entzogen.[2] Karl V. aber, verbittert wie er nun einmal über den Gang der deutschen Dinge gewesen ist,

---

[1] Guiseppe de Leva, *la politica papale nella controversia sull' Interim die Augsta. Rivista storica V und VI* (1988 und 1889).

[2] Buchholtz, Geschichte Kaiser Ferdinands I., VII 217 bemerkt, daß König Ferdinand die Aufnahme Österreichs und Burgunds unter die Exekutionsordnung verlangte, von Seiten der Kurfürsten aber mindestens für „Burgund" Hilfe gegen ausländische Feinde abgelehnt wurde: „auch sollte Burgund im Falle eines Landfriedensbruches am Kammergerichte belangt werden können." Dieses Zugeständnis würde von Seiten Karls V., da die Hilfe abgelehnt wurde, den burgundischen Vertrag zu einer Last und illusorisch gemacht haben. Doch habe ich die ganze überaus wichtige Frage nirgends so aktenmäßig, wie man wünschen muß, erörtert gefunden. Daß Kaiser Maximilian II. die Klausel nicht anerkannte, nach welcher die militärische Hilfe für die Niederlande abgelehnt wurde, ergibt sich aus einer Wiener Zuschrift seines Kabinetts an den spanischen Botschafter vom 21. November 1567 (*Ambassade de Chantonnay t III fol. 164-171. Besançon*), in welcher man liest, daß ein Angriff in dem burgundischen Kreis von Seiten des Pfalzgrafen für diesen die reichsrechtlich festgestellte Strafe nach sich ziehe, daß er „in die Peen" (Strafe) „des Landfriedens, auch die Acht selbs ipso facto fallen" „würde und darauf der beraiten Execution derselben nach Ausweisung" „solcher heilsamen Constitution gewertig sein wolle." Ich habe hier zu bemerken, daß die in vorliegendem Buche verwertheten handschriftlichen Stücke der Bibliothek von Besançon im Dezember 1861 von mir excerpiert und dann durch die gütige Vermittlung des Vorstandes dieser Sammlung Herrn Auguste Castan kopiert worden sind. Gustav Wolf, der Augsburgische Religionsfriede (Stuttgart, Göschen 1890) hat auch S. 139 bis 168 in dem, Ferdinand und die Stände behandelnden Abschnitt, die niederländische Frage kaum berührt.

erweiterte nur die Kluft zwischen dem Reich und den von Brüssel aus zu regierenden Gebieten, indem er für dieselben die ausdrückliche Ausnahmebestimmung durchsetzte, daß dort die für das übrige Reich festgesetzte Aufhebung der Todesstrafe für das lutherische Bekenntnis von Untertanen katholischer Reichsstände keine Gültigkeit haben solle. Vergeblich bemühten sich daher auf einem späteren Augsburger Reichstag im April 1566 die protestantischen Reichsstände auf Bitten einer Abordnung niederländischer Glaubensgenossen um eine Reklamation von Kaiser und Reich bei Philipp II. gegen die Erneuerung der blutigen Religionsedikte aus der Zeit Karls des Fünften. Die legale Möglichkeit eines solchen Einschreitens war eben dem damaligen deutschen Bundesstaat entzogen. Von der tatsächlichen Abneigung der katholischen Reichsstände, überhaupt auf die Sache einzugehen, sollte man bei diesem rechtlichen Sachverhältnis kaum noch sprechen.[1]

Nunmehr dürfte die von den Ministern Philipps II. anfangs Mai 1568 abgegebene Erklärung über jene von seinem kaiserlichen Vater dem Reich entrückten Bevölkerungen in ihrer ganzen Bedeutsamkeit dem Leser entgegentreten.

Als die kaiserliche Majestät hochlöblichen Gedächtnisses die Niederlande dem Reich „zugetan", also gleichsam in engere Verbindung mit demselben gebracht habe, so sei das zu gegenseitiger Verteidigung geschehen. Das ist nun freilich für den Vertrag von 1548 ebenso richtig, als illusorisch nach den Beschlüssen von 1555.

Es ist derselbe Gedanke, welchen auf dem Speyerer Reichstag von 1570 die Bevollmächtigten des Herzogs von Alba mit Erfolg geltend machten, als die protestantischen Stände von dem Kaiser verlangten, sich der bedrängten Niederländer „als Mitglieder des heiligen Reiches" anzunehmen. Der Reichstag faßte aber keinen Beschluß auf die Vorstellung jener Bevollmächtigten, „daß es dem König von Spanien freistünde, seine widerspenstigen und aufrührerischen Untertanen zu bestrafen".[2] Gemäß dem burgundischen Vertrage wird, wie man sieht, jede Einwirkung der Reichsjustiz und zugleich gemäß der Klausel von 1555 jede Anwendung der Exekutionsordnung, wenn auch nur schweigend, von dem Reichstag abgelehnt, während der Kaiser selbst die Exekutionsordnung auch für den Schutz der Niederlande in Gültigkeit stehend erklärt.

---

[1] Auch Ritter, Deutsche Geschichte I 352 hat doch dies legale Moment unterschätzt. Derselbe bemerkt aber in der Historischen Zeitschrift (Neue Folge. 1887.) XXII, 432, daß unter „die der Religion" im Jahr 1566 Reformierte und Lutheraner in den Niederlanden gleichmäßig zu verstehen sind.

[2] Häberlin, Reichsgeschichte (1779) VIII 498

Die Regierung des spanischen Königs macht aber ferner Folgendes geltend. Da sie dem Reiche ihre „Kontribution" leisten, nämlich die oben erwähnten erhöhten Beiträge, „dem Kaiser gebe, was des Kaisers ist",[1] so könne man sie mit Billigkeit und Fug nicht tadeln, noch beschuldigen, wenn sie ihre ungehorsamen Untertanen und Diener strafe, auch in der Religion keine Veränderung zulasse, sondern an „der alten, allgemeinen, christlichen, katholischen halte". Gegen etwaige gewaltsame Störung ihres Rechtes vertraue sie, nächst Gott und ihrer eigenen doch zuletzt genannten Macht, auf des Kaisers Beistand. Auf diesen zähle sie wegen der nahen Verwandtschaft mit dem König und weil ihn die Angelegenheit um seines kaiserlichen Amts willen berühre.

Dies letztere Argument hat nun freilich Maximilian II. nicht gern öffentlich erwähnen lassen. Doch spricht er davon in einem noch gegen den Schluß dieser Darstellung in einem anderen Zusammenhang von uns zu erörternden Schreiben an seinen in Innsbruck regierenden Bruder Erzherzog Ferdinand vom 25. Juli 1568[2]. Da erklärt er sehr ausdrücklich, daß man ihn unbilliger Weise in Verdacht habe (verdenke), als ob Don Carlos' Verhaftung und Albas Verfahren in den Niederlanden mit seinem Willen geschehe, andere Listen (pratika) dahinter verborgen seien „und Wir also mit Spanien unter der Deck liegen sollten".

Sieht man nun aber die aus dem spanischen Staatsarchiv publizierten Akten über des Kaisers Verhalten in der niederländischen Angelegenheit näher an, so kann man dasselbe wahrlich ethisch nicht billigen. Wie Philipp davon dachte, äußerte er dem Herzog von Alba zu Weihnachten 1569 bei Gelegenheit einer der in Maximilians II. Verkehre übermäßig häufig wiederkehrenden Differenzen über Geldangelegenheiten: „Dietrichstein wollte den Vorschlag seines Herrn entschuldigen und färben".[3] Ausdrücklich beschwerte er sich am 19. Juli desselben Jahres gegen Alba, was dieser auch direkt von dem spanischen Gesandten am kaiserlichen Hof vernommen haben werde, daß der Kaiser „Sätze und Worte aus der allgemeinen Antwort entfernen ließ",[4] welche der König dem in Maximilians Auftrag bei

---

[1] Dietrichstein (8. Mai 1568) schreibt die Worte der Vulgata *„et Caesari quae Caesaris sunt reddunt"* (Koch I 215), doch wohl, wie sie des Königs ungenannte Beauftragte gebrauchten, die man nicht ganz im heutigen Sinne als Minister betrachten darf.

[2] Innsbrucker Statthalterei-Archiv. Es wurde mir im September 1890 durch die Güte des Herrn Professor Dr. Hirn dessen Auszug des dermalen in dem betreffenden Faszikel nicht mehr auffindbaren Aktenstückes mitgeteilt.

[3] *el Dietristan quiso excusar y colorar la propuesta de su amo. Coleccion de documentos ineditos para la historia de España XXXVIII* (1861) 275.

[4] *Por aviso de Chantone habreis entendido las cláusulas y palabras que el emperador hizo quitar de la respuesta general que yo di al archiduque mi primo.* Ebendas. 164.

ihm erschienenen jüngsten Bruder desselben, dem Erzherzog Karl, gegeben hatte; förmlich habe Philipp hiergegen in einem Briefe Verwahrung eingelegt. Am 12. Juni ebenfalls des Jahres 1568 schrieb jener Gesandte an Alba, wie sich über dessen Briefe der Kaiser gefreut und ihm „sehr eingehend seine Erklärung von seiner Bereitwilligkeit für die Angelegenheiten des Königs ausgeführt",[1] auch seine Hoffnung baldiger Bewältigung der Rebellen und Herstellung der Ruhe in jenen Landen ausgedrückt habe. Nur zu sehr für den Kenner jenes Innsbrucker Briefes und so mancher anderen, spanischer Machtübung in den Niederlanden abholden Äußerung dieses Kaisers widerspricht dessen Schreiben an den Herzog von Alba vom 29. Oktober 1568. Wie gibt er da seiner Freude über eine briefliche Mitteilung Ausdruck und über den guten Willen und Eifer desselben für des Königs wie des Kaisers vernunftgemäß verbundenen Dienst des Herrscherhauses! Er selbst habe nur immer seines königlichen Bruders Bestes im Auge, möchte übrigens die Sendung seines leiblichen Bruders Karl nach Spanien gern ungeschehen machen. Er spricht es mit geraden Worten aus: „mit Grund könnte man mich für einen sehr unbeständigen Menschen und bösen Willens sogar gegen Euch halten".[2]

So schreibt denn auch seine Kanzlei gelegentlich wie im Widerhall liebevoller Äußerungen König Philipps. Jenen Schlußworten der spanischen Erklärung mit dem Appell an des Kaisers verwandtschaftliche Gesinnung entsprechend, liest man da (21. November 1567) an jenen spanischen Gesandten, des Kardinal Granvelle Bruder, den Marquis von Chantonay Folgendes gerichtet: „Welchermaßen Ihre kaiserliche Majestät mit Ihrer königlichen Würde" (d.h. Philipp II.) „in unbeweglicher, standhafter, ganz brüderlicher, innerster Verwandtschaft und Verbindung stehe, das ist der ganzen Welt offenbar".

Es fehlte wohl nicht an gelegentlicher Verstimmung, welche etwa hochmütige Worte in einem Schreiben Albas oder eine willkürliche Auslegung königlicher Befehle von Seiten desselben oder Nichtbeantwortung dreier Briefe[3] bei dem Kaiser erregten. Man sieht aber aus einem hiefür besonders belehrenden Schreiben des kaiserlichen Botschafters in Madrid,

---

[1] *Holgóse Su M$^d$ muy mucho de todo y se me estendió muy largamente en la declaration de la voluntad que tiene á las cosas del rey.* Ebendas. XXXVII 205. Ähnlich über die bewaffneten Empörer: 269.

[2] *que luego á la hora revocara la ida de mi hermano, aunque es ya partido…; me tendrian con razon por hombre inconstantisimo y aun á vos mala voluntad.* Ebendas XXXVII 494. Auch Dietrichstein entschuldigt förmlich im Sinne eines langen geschäftlichen Schreibens in spanischer Sprache an den König (Ebendas. 359) die Sendung des Erzherzogs Karl.

[3] Philipp II. an Alba 14. Oktober 1568 Coleccion XXXVII, 467.

wie peinlich solche Verstimmungen in den Kreisen der dortigen Hofgesellschaft berührten. Man erklärte sich des in den Niederlanden despotisch administrierenden Herzogs Mangel an Ehrerbietung nicht aus einem Mißtrauen gegen Maximilian II., sondern aus der natürlichen Aufregung und Besorgnis, welche die Gestaltung der Dinge[1] in den ihm untergebenen Provinzen erzeuge. Er solle freilich geäußert haben, mit sechzehntausend Mann zu Fuße und viertausend Reitern allen Gefahren gewachsen zu sein.

In einer Unterredung mit dem König selbst kam der Gesandte noch einmal auf die unangenehme Angelegenheit zurück. Er teilt seine Worte wie des Königs Erwiderung in kastilischer Sprache mit. Der Herzog von Alba, sagte Dietrichstein offen, halte seine Korrespondenz mit dem Kaiser nicht vertrauensvoll dessen gutem Willen und Liebe zu König Philipp entsprechend, welcher die Differenz in geeigneter Weise herstellen möge. Dieser dankte hierauf sehr und zeigte andauernd große Verwunderung über die Äußerungen des Gesandten. Niemals habe er in Wahrheit etwas derart von dem Herzog gehört. Dietrichstein selbst könne Zeugnis ablegen, welche Zuneigung er immer dem Kaiser gegenüber erwiesen habe. Darauf nehme er, wie Gott wisse, besondere Rücksicht, da er kein anderes Ding so sehr wünsche, als daß er und alle die Seinigen immer dem Kaiser Genugtuung gewähren. Seinerseits erbat und erhielt der Gesandte von dem König die Zusage vollkommener Diskretion.[2] Auf diese konnte er sich verlassen.[3]

## Kaiser Maximilian II. über die Stellung der Niederlande

Die beste Rechtfertigung für Dietrichsteins unter anderen Umständen vielleicht als zudringlich zu erachtendes Verfahren, vermutlich auch in des spanischen Königs Augen, bildete ein in aller Form abgefaßter Erlaß des Kaisers. Mehr als alle schönen Worte von gegenseitiger Liebe und im Gegensatz zu den gelegentlichen, oben erwähnten, in unwilligem Ton vorge-

---

[1] [...] aus Beisorg und Fohrt des ietzigen Wesens. 8. Mai 1568 (Wiener Staatsarchiv) Dietrichsteins Relation, vierte Seite.

[2] *El duque de Alba no tenia aquella correspondenzia ny confianza de V$^a$ Mag. Como la voluntad y afficion tan grande que V$^a$ Mag. Tenia a todas sus cosas lo merescia, y que por esso mirasse de poner en ello el remedio que le parescia conbenir. Agradescióme lo mucho y mostró quedar muy espantado dello, deziendome, que verdaderamente nunca tal cosa abia entendido del Duque y que yo mismo podia ser testigo, quan aficionado siempre se abia mostrado á V$^a$ Mag., mas que miraria en ello. Porque no deseaba otra cosa mas, que dar el y que lo den todos los suyos siempre satisfaction á V$^a$ Mag. Pedile que no me diesse a my por autor y assy me lo prometio.* Dietrichstein a. a. O.

[3] Ich mag mich betriegen; aber ainmal halt ich den khunig für frumb, erbar und trewherzig. Dietrichstein am 11. Juli 1564. Koch I 131.

brachten, Verhüllungen und Negierungen seiner Sympathien tritt er hier voll und ganz für das Interesse seines königlichen Schwagers und Vetters ein.

Es ist ein am 20. November 1566 an alle Reichsstände gerichtetes kaiserliches Ausschreiben, welches dem König Philipp Truppenwerbungen in Deutschland wegen der niederländischen Unruhen nicht nur gestattet, sondern möglichst erleichtert. Der Eingang[1] erklärt ausdrücklich, daß Philipp ein solches Ersuchen gestellt habe und bezeichnet ihn als König zu Hispanien, läßt aber unmittelbar mit einem etc. (Buch S. 67) alle Titel desselben weg, welche auf die Besitzungen außerhalb des römischen Reiches deutscher Nation gehen, um sofort dessen reichsrechtlichen Anspruch als Erzherzog von Österreich, Herzog von Burgund und Graf von Flandern – wiederum mit Weglassung der rein formellen deutschen Landestitel – geltend zu machen. Begründet wird Philipps Ersuchen dadurch, daß neuerlich in dessen „niederburgundischen Erblanden" reichsrechtlich: dem zehnten, dem burgundischen Kreis, schändliche Unruhen entstanden seien. Diese werden so bezeichnet, daß durch „böser, verführerischer, unruhiger und dem Frieden feindseliger (fridthessiger) Leute geheime Einbildungen ein unbegründetes Gerüchte (Geschray) und Vorgeben unter dem gemeinen unwissenden Manne" verbreitet sei. Sie gereichen dem Ruf des spanischen Königs zu höchstem Nachteil und zur Herabsetzung und seien „nicht ohne hohe Belastung des Gemütes Seiner Liebden erschollen und verbreitet worden". Diese Behauptungen gehen auf angebliche Herstellung der Inquisition und Schärfung der noch von Karl V. erlassenen Mandate, obwohl des Königs Milde an dergleichen nicht denke.

Ohne mindestens offizielle Kunde von dem geheimen notariellen Protest spricht der kaiserliche Erlaß von der durch Philipp genehmigten vertragsgemäßen Ausgleichung der Herzogin-Regentin der Niederlande mit dem „konföderierten" Adel, welcher mit des spanischen Königs „liebgnädiger Erklärung zufrieden sei". Hierauf erst kommt das kaiserliche Ausschreiben auf den Bildersturm und seine Exzesse „entgegen Seiner Liebden Zuversicht und aufgewendete vielfache so ernste als gütige Erinnerung" durch

---

[1] „Wir Maximilian etc, embieten etc. unnser Freundtschafft, genad und alles gueth Hoch- und Ehrwirdige auch Hochgeborn Freundt, Neuen, Veter, Schwager, Oheim, Churfürsten und Fürsten Lieb und Wohlgeborn, Edl, Ersam, Lieb, Andechtig unnd Getrewen! Uns hat der durchleuchtigst Fürst, Khunig zu Hispanien. Erzherzog zu Osterreich, Herzog zu Burgundj und Grave zu Flandern, unser freundtlicher lieber Vetter, Schwager und Bruder freundtlich zu erkhennen geben lassen, wechermaßen verweiter Zeit in seiner Lieb Niderburgundischen Erblanden" Das zunächst Folgende im Text. Es lag mir eine in der Bibliothek von Befançon (Ambassade de Chantonnay t. III fol. 161) erhaltene authentische Ausfertigung der Kanzlei vor.

eine größere „Zahl derselben ungehorsamen ehr- und pflichtvergessenen Untertanen". Wieder unter dem Schein einer Besorgnis vor der Inquisition, nach allen Anzeichen aber nur um ihrer eigenen Tendenzen („Gesuchs") und ihres Vorteils wegen haben sie sich freventlich unterstanden, Gewalt und Mutwillen zu üben. Sie haben hierbei die von der bestehenden Reichsgesetzgebung verworfenen Lehren verbreitet.

Ausdrücklich wird „die calvinische und wiedertauffische Sekte" genannt. Ausdrücklich wird bei diesen auch der politische Gesichtspunkt hervorgekehrt. Sie haben „unter Anderem die von Gott vorgesetzte Obrigkeit nicht dulden wollen, in ihren Predigten das Landesfürstentum herabgesetzt,[1] neue Ordnungen und Satzungen, ihrem ärgerlichen Leben und gesuchter Libertät" gemäß, aufgestellt. Nur als eines gleichsam gesteigerten Zeugnisses wird hierauf im Einzelnen der Frevel an Kirchen, Klöstern „und Gotteshäusern gedacht und der in diesen Ausschreitungen betätigten Mißachtung der königlichen Autorität, Hoheit und Reputation". Auch des den unschuldigen Untertanen hierbei zugefügten Schadens und der Gefahr des bösen Beispiels für die Nachbarländer wird gedacht, wenn dies „ungestraft hingehen sollte".

Ob auch widerwillig habe des Königs Liebden sich genötigt gesehen, „zu Handhabung ihrer Autorität" Gewalt anzuwenden. Mit vorgängiger kaiserlicher Erlaubnis sei für dieselbe deutsches Kriegsvolk zu Roß und Fuß in Sold genommen, zunächst auf Wartegeld gestellt worden. Bei weiterem Widerstreben in den Niederlanden müsse „zur Abwendung und Auslöschung dieses besorglichen Feuers" von Waffengewalt Gebrauch gemacht werden. Deshalb habe der spanische König um des Kaisers „vetterliche und brüderliche Erlaubnis und Begünstigung angesucht", deutsche Truppen bis zu 3000 Mann zu Pferde und 10000 zu Fuße zu werben. Sie sollen gegen der niederländischen „erblichen Untertanen Empörung, Rebellion, Ungehorsam und mutwillige Handlung" verwendet werden. Das dort Geschehene widerstreite direkt (gestracks) göttlichem und weltlichem Gesetze und aller Völker natürlichem Rechte, dazu den festen Ordnungen des Kaisers und des Reiches, dem Religionsfrieden und dem „niederburgundischen" Erbvertrag (von 1548). Aus dessen Bestimmungen bringt hierbei der Kaiser doch die ihm selbst naheliegende hohe Verpflichtung der Niederlande für den Türkenkrieg als Beispiel ihrer reichsrechtlichen Stellung in Erinnerung.

---

[1] Mit dem Gesamtinteresse des habsburgischen Hauses in dieser niederländischen Bewegung leitet den Kaiser, dessen Ängstlichkeit freilich Philipps Anwesenheit in den Niederlanden zu womöglich gütlichem Ausgange wünschte, doch auch ein stark ausgeprägtes dynastisches Gefühl. Beides scheint mir bei Ritter, Deutsche Geschichte I 393 f. doch nicht gewürdigt zu sein.

Gerade der ihm so nötigen Werbung gegen die Türken halber nimmt der Kaiser auch bei dem Ersuchen an die Reichsstände um Unterstützung des von Philipp bezeichneten Kommandierenden, des Herzogs Erich von Braunschweig-Kalenberg, alle österreichischen Erblande von der Zulässigkeit der Werbung für des Königs Dienste aus. Schließlich werden die Reichsstände ersucht, an den deutschen Grenzgebieten des bugundischen Kreises Vorkehrungen zu treffen, daß nichts die bestehenden Ordnungen des Landfriedens Verletzendes geschehe. Die kaiserliche Klausel ignoriert hierbei wiederum die Reservatbestimmung der Exekutionsordnung von 1555.

Wenn der Inhalt dieses Rundschreibens noch einen Zweifel zuließe über des Kaisers Maximilian II. gänzliche Übereinstimmung mit König Philipps Gesichtspunkten bei dem Strafbeschluß gegen Flandern, so dürfte ein vertrauliches Handschreiben des Kaisers vom 16. Februar 1567 aus Mährisch-Trübau an den spanischen Gesandten diese Zweifel lösen. Mit Rücksicht auf die dem Kaiser durch den Botschafter eben zugesendeten schriftlichen, mit Akten belegten Wünsche des Königs, die in besonders dringlicher Form gehalten seien, erklärt derselbe sich aus Liebe zu dem König und um ihn zu erfreuen bereit, in einem neuen Ausschreiben an die Reichsstände die Ausschließung der österreichischen Lande von den spanischen Werbungen[1] für die Streitkräfte in den Niederlanden wegzulassen.

## Päpstliche Einsprache gegen den Strafbeschluß

Gewahrt man, wie mit dem König Philipp, den Cortes von Kastilien und allen Äußerungen der öffentlichen Meinung des spanischen Volkes über die Notwendigkeit eines scharfen Strafverfahrens gegen die rebellischen Niederländer auch der Kaiser einverstanden und zu geeigneter Unterstützung der entsprechenden Maßregeln bereit war, so erwartet man nicht minder Billigung und Hilfe in dieser Angelegenheit für den König von Seiten der römischen Curie. Allein bei dieser walteten ganz andere Absichten und Gesichtspunkte.

---

[1] [...] mit außlaßung deß Vorbehalts unnsers hochloblichen Hauß Österreichs Underthanen. Bibl. von Befançon. *Ambassade de Chantonnay* t. III fol. 141. Ebendort fol. 146 findet sich ein Brief an den Gesandten „*Monsieur mon frère*" aus Wien 21. Oktober 1566 von einem für die niederländische Specialforschung vermutlich nicht gleichgültigen Robert de Brederode, der sein „*partement du camp de Sa Majesté*" mit Krankheit entschuldigt und um weitere Gunst des Botschafters dankbar bittet.

Der seit dem 8. Januar 1566 regierende, so mönchisch-asketische, als mutvolle Papst Pius V., welcher von seiner hohen Würde erklärte, sie trage zum Heil seiner Seele nicht bei, teilte, wie es scheint, neben dem lebhaftem Wunsch persönlichen Erscheinens des Königs in den Niederlanden auch die übrigen Gesichtspunkte der Herzogin-Regentin und der Mehrzahl des loyal-königlich gesinnten katholischen Adels der Niederlande. Diese meinten, es genüge die Repression der Unruhen an sich und eine maßvolle Handhabung der Vorschriften gegen Ketzerei, wie sie gegen Ende des Jahres 1566 der niederländischen Regierung in der Tat gelungen war. Von einer zielbewußten Leitung der so scharf ausgeprägten Tatkraft der für König Philipp in erster Linie in Betracht kommenden kastilischen Nationalität hatten sie keine Vorstellung.

Des Papstes ständiger Vertreter in Madrid, der Nuntius Johann Baptist Castagna, Erzbischof von Rossano, galt mit Recht als den spanischen Gesichtspunkten durchaus ergeben: diese seine Geistesrichtung hat im Jahr 1590 seine Wahl zum Nachfolger Sixtus' V. veranlaßt. Aber nach einem nur zwölftägigem Pontifikat ist er als Urban VII. gestorben.[1] Eben wegen dieser seiner, Spanien zu freundlichen Gesinnung dürfte er von dem Papst nur betraut worden sein, den mit den scharfen und ganz genauen[2] Weisungen desselben beauftragten neuen Bischof von Ascoli, einen Angehörigen des Adels von Arezzo, Namens Peter Camajani bei dem König einzuführen.

Dieser brachte auch eine ältere,[3] dem König unangenehme, weil seinen Pietätsgefühlen gegen seines kaiserlichen Vaters Anweisungen widerstrebende Beschwerde über die seit nun sieben Jahren in einem Kerker der Inquisition dauernde Verhaftung des, lutherischer Meinungen beschuldigten Erzbischofs von Toledo Bartholomäus Caranza, über dessen Person und Angelegenheit die Curie selbst in Rom entscheiden wollte. Philipp war ohnehin verstimmt über die auch weiter bis zum Abschluß der päpstlich-spanischen Liga von 1571, verzögerte Bewilligung der ihm für die flandrische Expedition wünschenswerten Cruzada. Es ist das eine den spanischen Monarchen oft gewährte Bulle, durch welche unter den alten Formen der Kreuzzugspredigten alle Gläubigen zu einer Art Steuer veranlaßt wurden,

---

[1] Ranke, Die römischen Päpste I³ 358, II 216
[2] Gachard, *Don Carlos II* 373 flgde. Aber die entscheidenden Briefe Philipps II. scheinen mir von dem verewigten Herrn Gachard bei der Übertragung aus dem Spanischen weder überall mit erwünschter Genauigkeit übersetzt zu sein, noch nach ihren erheblichsten Äußerungen genügend gewürdigt.
[3] *El obispo de Ascoli se disculpa con decir que tiene órden y instruccion expresa de lo que hizo y á la verdad yo lo creo asi* Randbemerkung Philipps zu Grenvelles Brief vom 22. Dezember 1566.

welche der königlichen Kasse etwa eine Million Goldstücke eintrug. Die von dem Papst zugestandene Unterstützung aus den Einkünften der Geistlichkeit betrug kaum ein ärmliches Drittel.

Nun mußte der König mit Zorn von dem ohnehin über seine Mission keineswegs diskreten Italiener gleich bei der ersten Audienz in wenig gewählten Worten[1] vernehmen, daß der Papst gerade das mißbillige, was Philipp nach so langer Überlegung, wie wir wissen: auch unter Beistimmung des Kaisers Maximilian, für unvermeidlich hielt. Es ist die Anwendung militärischer Gewalt, blutiges Strafverfahren in den Niederlanden. Der Bischof von Ascoli aber erklärte als den Rat Seiner Heiligkeit, der König möge dort nicht Waffengewalt, sondern Verhandlung gebrauchen und benützen, da aus dem Krieg so viele Übel entstehen können; nichts sei für den König so zu wünschen, an nichts müsse ihm so gelegen sein, als an der Beruhigung jener Lande ohne Blut und Zerstörung derselben, da niemand gleiches Interesse an der Sache habe.[2] Entschieden erklärt aber der König seinem klugen Botschafter zur Mitteilung an den Papst Folgendes.

> „Jetzt ist das Mittel der Verhandlung und des Vertrages mit ihnen so schlecht und verderblich für den Dienst Gottes und die Sicherstellung unseres heiligen katholischen Glaubens, daß ich mich lieber dem Zufall des Krieges habe aussetzen wollen, mit all den Unzuträglichkeiten und Schäden, welche daraus für mich folgen können, als zu einer Herablassung zu schreiben, welche ihnen ermöglichte, irgend etwas zu gestatten, was gegen den katholischen Glauben oder das päpstliche Ansehen ginge. Dergleichen wäre, wenn man zu Verträgen oder Kapitulationen kommen sollte, unentschuldbar".

Gedankengang und einzelne Ausdrücke dieses Satzes hatte schon am 18. November, gerade acht Tage, ehe der König seinem Botschafter in Rom den Brief voll Entrüstung schrieb, der französische Botschafter von dem Herzog von Alba vernommen, der sich hierbei mit erstaunlicher Offenheit über seine militärischen und politischen Absichten äußerte. Dem König müssen, wenn er in den Niederlanden erscheine, „so ausreichende Streit-

---

[1] *Este dicho obispo ha usado…en la primera audiencia…de tal manera y con tal forma y sombras quem e hizo venir en cólera.* Philipp an seinen Botschafter in Rom 26. November 1566 (Gachard, *Don Carlos* 374).

[2] *[…] que en el remedio destas cosas no quiera usar ni aprovecharme de las armas, sino de la negociacion, por los daños que de la Guerra se podrian seguir y que no hay nadie que tanto hava de dessear* (in dieser Form erscheint allerdings die Belehrung höchst unhöflich!) *ni que tanto le importe la reduccion de aquellos paises sin sangre ni destruccion dellos, como á mimismo, pues nadie tiene en ellos lo que yo.* (Man bemerke die beleidigende Wiederholung des Gedankens!) *Ya* (nicht: *y*, das keinen Sinn ergibt) *el medio de la negociacion y trato es tan malo y pernicioso […] que yo he querido ponerme antes á aventura de la guerra […] que venir á condescender en haverles de permitir ninguna cosa que fuesse contra ella (la fé catolica) ni de la auctoridad dessa sancta sede; lo qual, en veniendo á tratos y capitulaciones, no podria escusarse.* (U.a.O. 376.)

kräfte zur Verfügung stehen, daß er die Aufrührer nicht zu fürchten, noch zu bedenken hat, daß sie ihn zu einer Kapitulation zwingen können";[1] lieber als den Gang der Dinge weiter dulden, wolle der König „Staaten und Leben verlieren". Philipp sagte einmal persönlich (14. März 1572) zu demselben Botschafter:

> „sei es wegen religiöser Differenz oder wegen eines anderen Vorwandes, das Beispiel von Aufruhr und Ungehorsam der Untertanen eines Fürsten zeigt den Nachbarn den Weg, sich ebenso gegen den ihrigen zu verhalten".[2]

Er glaubte, was er jetzt an Strafe gegen die Niederländer beabsichtigte, auch dem monarchischen Prinzip schuldig zu sein. Mit Worten, welche an die so zart geformten und so furchtbar ernst gemeinten Drohungen der Gegner Athens vor dem peloponnesischen Krieg erinnern, verbittet sich diesem Gedankengang entsprechend, König Philipp von Pius V. jede andere Form der Verhandlung als die zwischen gleichstehenden Mächten üblich sei.[3] Er verlangt, daß der Papst ihm nicht in der ganzen Christenheit einen so üblen Namen bereite mit Auseinandersetzungen über das, was von Seiten des Königs geschehen müsse.[4]

Der Papst seinerseits entschuldigte bei dem Botschafter sein Vorgehen und einigermaßen das seines Spezialgesandten. Auf die scharfen Worte des Königs erfolgte jedoch keine eigentliche Antwort. Es war an der Curie unvergessen, was innerhalb des letzten Jahrzehnts geschehen war. Nicht nur Paul IV. hatte bei einem gegen die spanische Krone gewagten politischnationalen Kriegsunternehmen eine demütigende Niederlage erlitten. Auch dessen Nachfolger Pius IV., der Vorgänger des nunmehr regierenden geistlichen Oberherrn, war von der Androhung eines Vorgehens wegen häretischer Neigungen, gegen die Wahl von Philipps Schwager und Vetter Maximilian zum römischen König, auf des spanischen Herrschers Vorstellungen zur Fügsamkeit in das politisch wie kirchlich Unvermeidliche gebracht worden.[5]

---

[1] *ni doubter, qu'ils le puissent constraindre de capituler avec eulx.[...], plustôt que Sa Majesté l'endure aultrement, il veut demeurer sans Estats et sans vie.* Gachard, *biblioth. nationale à Paris* (1877) II 221.
[2] Ebendas. 359.
[3] *que aya tan buena correspondencia y un respecto y amor tan recíproco entre nosotros* (a. a. O., 378.) Ich erlaube mir auf die Bemerkungen zu verweisen, welche ich in „Poesie und Urkunde bei Thukydides" vorgelegt habe: (Denkschriften der kais. Akademie. XXXIX. Wien 1891) zweiter Teil S. 24 und 73.
[4] *Dar tan mala voz de mí per toda christiandad con hazer demostracion de que se ha menester.* (a. a. O. 375.)
[5] Maurenbrecher, Beiträge zur Geschichte Maximilians II. Sybel, Historische Zeitschrift

Daß sich die Stimmung an der Curie auch in der Frage von Philipps Verfahren in den Niederlanden änderte, dürfte aus einem der geheimen Berichte sich ergeben, welche der Kardinal Delfino mindestens zweimal im Monat dem Kaiser Maximilian II. zu erstatten Pflegte. Am 26. Juni 1568, als Albas entsetzliche Administration in den Niederlanden in vollem Gange war, schrieb dieser mit den Stimmungen der entscheidensten Personen des päpstlichen Hofs vertraute Kirchenfürst Folgendes:

"Ich spreche keinen aufrichtigen Menschen, welcher nicht des Herzogs von Alba Handhabung der Justiz in Flandern lobte, da es fast allgemeine Ansicht, es sei dies das einzige Mittel, um den katholischen König in Frieden und Ruhe die flandrischen Staaten genießen zu lassen; immerhin muß die Zeit auch diese Wahrheit ins Klare setzen."[1]

Vermutlich dürfte aber von den beiden strengen Alternativen, welche der König über die Quelle von des Papstes verletzender Mahnung aufstellte, die zweite die richtige sein. "Das kann man nach meiner Ansicht nicht guter Gesinnung, vielmehr bösem Willen entweder Seiner Heiligkeit oder der Personen zuschreiben, welchen er mehr traut als Uns."[2]

## Don Carlos' Anrede an die Cortes

Welcher unbefangene Beurteiler möchte nach unserer heutigen Kenntnis aller der Kräfte, Empfindungen und Leidenschaften, welche König Philipp II. in Rechnung zu ziehen hatte, sein Verfahren in der niederländischen Angelegenheit für ein unrichtiges zu erklären unternehmen! Nach langem, langem Zögern hat er seinen Entschluß gefaßt, bei welchem er, auch dem Papst gegenüber, verharren zu wollen erklärte. Aber wenn überhaupt jemand, so war nur die zuverlässige Hand eines kastilischen Hofmannes, Staatsmannes und Feldherrn diesen düstern Entschluß auszuführen imstande.[3]

---

Band 32, S. 283 und 295

[1] *Jo non parlo con huomo alcuno sincero, il quale non lodi l'essecutione di guistitia fatta dal Duca d'Alba in Fiandra essendo quasi commun' opione, che questo fosse unico rimedio per fare che il Rè catholico potesse goder pacifichi et quieti li stati di Fiandra; ma il tempo doverà chiarire anche questa verità.* Wiener Staatsarchiv. Romana 1568.

[2] [...] *asi ya me va paresciendo que esto no se quede atribuir á Buena intencion, sino de ruin* (in Philipps Munde ein auffallend rauhes Wort!) *voluntad ó de Su Santidad ó de las personas á quien cree mas que á nosotors.* Gachard, *Don Carlos* 374.

[3] Auch Dietrichstein hebt in der Relation vom 2. Januar 1567 hervor: bei allem Neide über Albas Ernennung zu einem mit so außerordentlichen Befugnissen ausgestatteten Amte sei es notorisch, daß sie "doch ierer Natzion sunst khainen haben" (Koch I 177).

Da trat nun der an Geist wie Körper schwache Kronerbe mit einem unerwarteten Anspruche hervor.

Längst war ihm, wie früher bemerkt wurde, in Kastilien feierlich und nach altem Herkommen als zukünftigem Herrscher gehuldigt und mindestens sein Thronrecht auch in den drei das Königreich Aragon bildenden Staaten zweifellos anerkannt worden. Anders stand es um sein Erbrecht in den verschiedenen zum römisch-deutschen oder auch zum französischen Reichsverband gehörigen Grafschaften, Herzogtümern und sonstigen Herrschaften, welche den politisch seit 1548 und kirchlich seit 1561 zu einer Sondergestaltung gebrachten niederländischen, nach spanischer Bezeichnung: flandrischen Staat bilden und hierdurch einen der Träume seines Ahnherrn des im Jahr 1477 gefallenen Burgunderherzogs Karl des Kühnen verwirklichen sollten. Hier war Don Carlos durch seine Geburt zukünftiger Landesherr nach deutschem und französischem Lehnsrechte.

Nun haben wir gesehen, wie der eine der beiden Vertreter der Hauptstadt von Altkastilien bei der Eröffnungsfeierlichkeit des 11. Dezember 1566, ob auch in einer bombastischen Umhüllung, doch ganz verständlich zu erkennen gab, wo die Cortes von Kastilien ihren „Prinzen, den durchlauchtigsten Herrn" beschäftigt wünschten. Im Falle einer Reise seines königlichen Vaters nach den Niederlanden hofften sie, ihn mit der auch einst von dem nur sechzehnjährigen Philipp in Karls V. Abwesenheit seit dem Jahr 1543 geführten Regentschaft in Spanien betraut zu sehen. In Philipps drei ersten Regierungsjahren, während dessen Abwesenheit in Belgien und England oder auf dem französischen Kriegsschauplatz, war eine solche Regentschaft, nicht eben mit kräftiger Hand, von ihres königlichen Herrn Schwester Johanna geführt worden.

Nach seiner Gewohnheit zog sich der König auch am 22. Dezember 1566 zur Feier des Weihnachtsfestes in die Stille eines Klosters zurück. Wie die momentane Situation des Reichs von kastilischem Gesichtspunkt nun einmal beschaffen war, beschäftigte in dem Hauptland desselben die kaum vermeidlich scheinende demnächst eintretende längere Abwesenheit des Königs in Flandern die Gemüter. In den nächsten Cortesberatungen kam die Frage nur, nachdem auch vormittags eine Sitzung stattgefunden hatte, am Nachmittag des 31. Dezember, soweit sich aus den Protokollen[1] erkennen läßt zur Besprechung, ohne daß doch über die Stellvertretung des Königs in Spanien bestimmte Wünsche aufgezeichnet worden wären.

---

[1] *Actes II* 75, auch einigermaßen S. 79 in einzelnen Voten ohne Beschluß. Sitzungen wurden während des hier in Betracht kommenden Zeitraumes am 22., 23., 27., 28., 30., 31. Dezember 1566 gehalten.

Man wolle nun Folgendes erwägen. Die hier zu besprechende anstößige Szene wird zuerst in einer brieflichen kurzen Benachrichtigung von Seiten des niederländischen Siegelbewahrers Tisnacq am 31. Dezember 1566 mit folgenden Worten erwähnt.

„Unser Prinz will durchaus, in irgendwelcher Form, den König seinen Vater auf dieser Reise (nach den Niederlanden) begleiten, und der wäre sein Freund nicht, der ihm das Gegenteil riete. Und er erklärte neulich (*l'autre jour*) den Abgeordneten der Cortes, daß sie sich nicht einmischen sollen, es zu verhindern, vollends nicht über seine Heirat reden, wie sie ein andermal taten".

Im Anfang eines am 2. Januar 1567 begonnenen Briefes des kaiserlichen Botschafters wird das Ereignis als „vor mehreren Tagen" und ähnlich in einem Briefe des französischen Botschafters vom 4. Januar (*ces jours passez*) stattgefunden bezeichnet. In dem Letzteren wird ausdrücklich der Abwesenheit des Königs (*l'absence du roy son père*) zur Zeit der Begebenheit gedacht. Man wird dasselbe sonach auf den 27. 28. oder 30. Dezember verlegen dürfen, von welchen die Protokolle freilich nur je in wenigen Zeilen Nachricht geben; doch wurde am 28. gerade die Übergabe einer finanziellen Vorstellung an den König durch eine Commission in der Versammlung beschlossen, so daß diese Sitzung mit Tisnacqs Datierung fast noch besser stimmt, als eine der beiden Sitzungen des 30. Dezember, welche er wohl durch „gestern" bezeichnet haben würde.

Über das, was nun erfolgte, gibt der kaiserliche Botschafter die genauesten Nachrichten und in aller Ausführlichkeit. Außer seinen eigenen mannigfachen Beziehungen zu den bestinformierten Personen des Hofs dürfte – worauf wir in einem anderen Zusammenhange zurückkommen – auch seine, dem großen Hause Cardona angehörige Gemahlin aus den Kreisen ihrer Standesgenossen, wenn nicht durch den Präsidenten der Cortes, den freilich diskreten Großinquisitor Espinosa, Einzelheiten erfahren haben. Was der französische Gesandte und noch kürzer der päpstliche Nuntius (am 7. Januar) berichten, liest sich wie ein mehrfach ungenauer Auszug. Die Erzählung des genuesischen Gesandten vom 8. Januar kennt selbst an diesem Tag die Zeit des Ereignisses nur als „neuerlich" (*l'altro giorno*), meint irrig, die Cortesberatung habe in der Palastkapelle stattgefunden und ebenso irrig, daß die 1563 in Madrid an den König geschehene Vorstellung von der Notwendigkeit der Vermählung des Thronerben bei Cortes von Toledo erfolgt sei; die hier wiedergegebenen Worte samt der Eingangsfrage, ob alle Mitglieder zugegen seien, sowie der brüske Schluß „und er kehrte ihnen den Rücken und ging davon" sollten gleich dem ganzen Schriftstück für den wichtigen Hergang unbenutzt gelassen werden.[1] So viel über das sehr einfache Quellenmaterial.

---

[1] Koch I 177 hat Dietrichsteins Erzählung, Gachard (*Don Carlos* II 390 f.) die genuesische

Der Prinz begann nach dem Eintritt in den Beratungssaal seine Ansprache mit einer Erklärung, welche doch auch ihrerseits einen förmlich gefaßten Beschluß der Cortes ausschließt. Sie legt aber die Vermutung nahe, man habe unoffiziell den Mitgliedern der zur Verhandlung mit dem König bestimmten Kommission den Wunsch auszusprechen empfohlen, daß der Thronerbe mit der Reichsverwesung in Spanien wahrend des Königs flandrischer Reise betraut werde.

Don Carlos sagte ungefähr: er habe vernommen, einige Angehörige dieser Versammlung hatten in Erwägung gezogen, seinem Vater vorzustellen, wenn er in die Niederlande ziehe, ihn, den Prinzen, „hier" zu lassen. Vor solcher Anmaßung wolle er sie gewarnt haben, da er seinen Vater zu vertreten keineswegs beabsichtige;[1] nur höchst ungern werde er zurückbleiben. Die anwesenden Cortes sollen sich überzeugt halten, daß es ihnen, wenn sie den geringsten Anlaß dazu geben, nicht zum Guten gereichen werde, sondern sie und die Ihrigen sollen es stets bereuen. So hätten sich die letzten Cortes (1563) seinem Vater eine Gemahlin für ihn vorzuschlagen unterstanden und ihn hierdurch sehr beleidigt. Sie sollen ihren Obliegenheiten nachkommen und sich derartiger Gegenstände enthalten, ihn aber „unbetrübt" lassen. Don Carlos sprach so zornig, daß die Versammelten erschraken und keine Antwort fanden. Immerhin haben sie am Schluß der Sitzung, wohl um den Prinzen zu begütigen, die Bitte an den König gerichtet, für die Vermählung desselben Sorge tragen zu wollen.

## Don Carlos' Verlangen nach den Niederlanden

Der so gut unterrichtete, wie anziehend darstellende kaiserliche Botschafter fährt in folgender Weise fort, indem er jenen wunderlichen Vorfall bespricht.

---

und französische Relation und den betreffenden Auszug aus Tisnacqs Brief vollständig abgedruckt. Bei Gachard ist seltsam genug Dietrichsteins Bericht nur zu Ergänzungen benutzt und die Depesche gerade des genuesischen Gesandten seiner Darstellung zugrunde gelegt worden

[1] „dan er mit willen unter seinen Vätern nit beleiben will; da er awer beleiben muesse, werde im solches nit zu geringer Beschwur reichen." Koch I 177. Der seit dem 10. August 1566 (Koch I 167) wiederholt vorkommende Ausdruck, daß Don Carlos „unter sein Vätern nit bleiben" wolle, legt die Deutung nahe, daß es sich um eine Entfernung aus der väterlichen Aufsicht handle; doch scheint mir der Zusammenhang an anderer Stelle zu fordern, „unter" so zu verstehen, daß es die Stellvertretung bezeichnen soll, also gleich „statt."

Des Prinzen Verlangen nach den Niederlanden erkläre sich aus zwei Momenten. Das eine sei sein Wunsch, seine Cousine, die am 1. November 1549 geborene, in der Familie wie von den fremden Gesandten gleichmäßig gerühmte ja bewunderte[1] Erzherzogin Anna, zu Heiraten. Für diese hatte er allmählich eine Art schwärmerischer Liebe gefaßt,[2] obwohl er sie eigentlich nur nach einem Bilde kannte. Es ist dieselbe, welche fast vier Jahre später (13. November 1570) den glücklichsten Ehebund mit Philipp II. schließen sollte, während ihre jüngere Schwester Elisabeth fast gleichzeitig die Hochzeit mit demselben König Karl IX. von Frankreich feierte, vor dessen Werbung der spanische König eben 1566 einen so warnenden Rat erteilt hatte. Das andere Moment für Don Carlos ist nach Dietrichsteins Meinung die von ihm erwartete Möglichkeit[3], mehr als in Spanien nach seinem Gefallen leben zu können. Nach des „nun ein und zwanzigjährigen" Prinzen eigener Ansicht – die er, wie manch andere, bei einem Menschen von einiger Erziehung kaum glaubliche, wenn auch immer wahrhafte Mitteilung, Dietrichstein vorgeplaudert haben wird[4] – stehen der Heirat keine physischen Hindernisse mehr entgegen, sondern nur des Königs Abneigung, ihm, wie nach der Heirat unvermeidlich, „mehr Gewalt geben zu müssen." Auch gebe er sich dem „Trost" hin, in Folge dieser Vermählung werde der Kaiser für ihn Partei nehmen. Von der Entfernung zwischen Wien und Brüssel scheint er keine Vorstellung gehabt zu haben.

Auf die etwaigen Beziehungen des Kronprinzen mit den irgendwie zur Vertretung ständischer Ansprüche nach Spanien von der Regentin gesendeten, freiwillig gekommenen oder gelockten großen niederländischen Edel-

---

[1] Gachard, *Don Carlos I* 178.
[2] Noch als Don Carlos verhaftet war, schreibt Dietrichstein am 22. April 1568 (Koch I 214), die Erzherzogin sei nicht mit „Unrecht" betrübt über das Geschehene; „dan ich halt aigentlich, das er kain Menschen auf Erden mit lieber gehabt hat."
[3] „ain merere Freiheit und Libertät als er bisher gehabt." Dieses Motiv dürfte am kaiserlichen Hof nicht gern vernommen worden sein. Zwei Schreiben des spanischen Botschafters in Wien – eben GranvellesBruders Chantonnay – vom 20. Mai und 30. Juni 1565 berichten, wie sehr dort die Nachricht befriedigte, daß Don Carlos die Ehe mit der Erzherzogin wünsche und daß er seit seinem lebensgefährlichen Sturz in Alcalá *havia hecho voto de no llegarse jamas á otra muger*, während Philipps Zögerung mit der Vermählung seines Sohnes den von Don Carlos' Liebe zur Erzherzogin gerührten Kaiser verstimmte. *Papiers d'Etat de Granvelle* (Dorum. Inéd Paris) IX (1862) 214 und 377.
[4] „[...] redt gern und fragt umb alle ding, awer mit thainen judicio oder in nullum finem." Dietrichstein 22. April 1564 (Koch I 122) nach allgemeinem Urtheile, ehe er den Prinzen gesehen hatte. Nach seinen ersten Besprechungen mit ihm (29. Juni 1564) (Koch I 128): „Er hat mit mier auch viel mal gredt und vill gefragt, wie sein Brauch; aber seine Fragen sein gar nit ungereimbt gewesen [...] Ist gar feintlich (d. h. ungemein) gottsforchtig, ain grosser Liebhaber der Gerechtigkeit und der Wahrheit; mag gar khein Unwarheit nit leiden und den er ainmal auf Unwarheit befunden, des mag er nimer."

leuten sollte man kein Gewicht legen. Nicht als ob ich den Gesichtspunkt teilte, die Markgrafen von Berghen und Montigny seien „während ihrer Mission in Spanien stets ebensosehr loyale Untertanen, getreue Vasallen ihres Souveräns als ergebene Bürger ihres Vaterlandes gewesen".[1] Waren doch beide religiös wie politisch in hohem Grade kompromittiert, wider Erwarten durch die versagte Erlaubnis der Rückreise bei unverhohlener Feindseligkeit ihrer spanischen Umgebung in eine peinliche Situation gebracht, welche Montignys heftige Ausbrüche und Berghens zu nahem Tode (21. Mai 1567) führende Krankheit noch verschlimmerten. Namentlich des Ersteren Unbesonnenheit sieht es ähnlich, daß er sich mit seinen niederländischen Plänen wiederholt dem Prinzen zu nähern suchte.

Aber deshalb möchte ich doch nicht die Denunziation für begründet halten, welche König Philipps Biograph vorfand und wiedergab – vielleicht gar nach aufgeregten, von dem übelwollenden Berichterstatter übertriebenen Äußerungen des über seine Heirats- und Selbständigkeitspläne in steigende Gereiztheit geratenen Thronfolgers.[2] Doch meine ich, daß auch Cabrera nicht nach kritischer Erwägung dem Grafen Egmont hierbei eine Initiative zuschreibt, welche die beiden anderen Herren nur fortgesetzt hatten. Als ein so gefeierter Heerführer wie Egmont von der Regentin die Mission annahm, dem König die bedrängte Lage der Niederlande im Jahr 1565 vorzustellen, hatte er als sehr persönliches Hauptinteresse eine Anzahl pekuniärer Vorteile und Genehmigung von großen Gütererwerbungen, darunter aus dem Erbbesitz des unmündigen Königs Heinrich (IV.) von Navarra die Herrschaft von Enghien durch des Königs Gnade oder Vermittelung im Auge.[3] Unter keinen Umständen konnte er durch eine Verhetzung des Sohnes gegen den königlichen Vater seiner oder auch nur der niederländischen Sache nützen. Immerhin konnte er aber dem gleichen Gedanken Ausdruck geben, wie der Kardinal Granvelle von seiner Heimat Befançon aus. Mit Hervorkehrung seiner, wie nunmehr zweifellos ist, den Belgiern so überaus

---

[1] Garchard, *Don Carlos II* 365. Maurenbrecher, Don Carlos (historische Zeitschrift 1864) XI 302 flg. Macht dagegen geltend, daß Cabreras allein dastehender Bericht „gar nicht außerhalb des Wahrscheinlichen" liege.

[2] Cabrera *VII* 2 *p.* 396, wo die beiden niederländischen Herren ihm nicht nur, wenn er gegen den Willen des Vaters in den Niederlanden erscheine, eine Armee zur Verteidigung versprechen, sondern auch daß er diese Armee verwenden könne um su prima, eben die Erzherzogin Anna, zu heirathen — was schon Don Carlos' kranker Phantasie ähnlich sieht. Wiederholte heimliche Gespräche mit Montigny erscheinen VII 22 *p.* 470 unter den dem König vorliegenden Vergehungen, welche zu des Prinzen Verhaftung führen, nicht eben auf gute Zeugnisse hin.

[3] Gachard, *Don Carlos I* 317 f. Dessen Zurückweisung von Brantômes Erzählung über Egmonts Beziehungen zu dem Prinzen: *p.* 166.

freundlichen Gesinnung,[1] hatte dieser in einem Brief an Philipp II. selbst im Herbst dieses Jahres bemerkt, es empfehle sich, wenn der König mit dem Prinzen seine Residenz einige Jahre in den Niederlanden nehme und diesen seinen Sohn als Statthalter dort zurücklasse.[2]

Es war doch im Sommer 1564 der kaiserliche Gesandte schon in der Lage zu berichten, daß der König beabsichtige, seinen Sohn in die Niederlande mitzunehmen und ihm dieselben nach dort hergestellter Ordnung zur Regierung „zu befehlen".[3] Und als Egmont nach etwa einmonatige Aufenthalte in Spanien sich am 9. April 1565 von dem König schriftlich verabschiedete, schrieb er in Ausdrücken der Bewunderung über dessen Bauten und Anlagen und erklärte, er kehre nach Flandern in höchster Befriedigung zurück.[4]

Daß in den Klageakten gegen Don Carlos, welche König Philipps Biograph zu benutzen hatte, auch Beziehungen desselben zu Egmont vermutet wurden, wie harmlos dieselben auch gewesen sein mochten, ist ja ganz begreiflich; Egmont wurde wegen Hochverrats enthauptet, während der Prinz Gefangener im Alcasar von Madrid geworden war. Wie sich die bösen Zungen in Madrid dieses Zusammentreffens bemächtigten, kann man aus einem Geschichtchen von Brantôme entnehmen, an welches wohl heute ohnehin niemand mehr glaubt und das ich nicht wiederholen mag. Anderseits ist schon möglich, daß mit so mancher anderen Unbesonnenheit der Marquis von Montigny auch die beging, mit Don Carlos einige Mal „geheime" Besprechungen zu haben,[5] welche bei der Natur des Kronprinzen kein Geheimnis bleiben konnten. Denn es gilt auch von ihm, was die Kaiserin Katharina II. von ihrem Gemahl versicherte: er war „verschwiegen wie ein Kanonenschuß."

Aber vollkommen wahr und zutreffend ist ja, daß die niederländische Angelegenheit die pathologisch, wie man mich von kundiger Seite versichert, ohnehin unvermeidliche Katastrophe des Prinzen beschleunigt und zunächst herbeigeführt hat.

---

[1] Dies ist treffend bemerkt in der von der belgischen Akademie herausgegebenen Fortsetzung von Granvelles Korrespondenz seit 1565 in dem vierten (nach Poullets Tode am 12. Dezember 1882) von C. Piot (1884) herausgegebenen Band *p.* XXVII: *Très dévoué à la nationalité Néerlandaise il n'amaint pas l'étranger* [...] *En vertu de ce principe il voulait constamment faire primer les Belges, en écarter autant que possible les Espagnols.* Dies geht besonders aus einem Brief aus Neapel vom 9. September 1572 *p.* 418 hervor.

[2] Gachard, *correspondance de Philippe II* t. I (1848) 371: 15. Oktober 1565.

[3] Dietrichstein 29. Juni 1564 (Koch I 126).

[4] *Il s'extasie sur l'Escurial et sur le bois de Ségovie il „retourne en Flandre l'homme le plus satisfait du monde."* Gachard. a. a. O., 349 n. 278. *Bei Theodore Juste, le comte d'Egmont et le comte de Hornes* (1862) S. 117 ist das doch nicht erwähnt.

[5] *Montiñi* [...] *le habló diversas vezes en secreto.* Cabrera *VII,* 22 *p.* 470[b].

Der Herzog von Alba wollte sich am 17. April 1567 von ihm verabschieden, um seine Statthalterschaft in Brüssel anzutreten. Dem französischen Gesandten hatte er gesagt, er wolle dort den flandrischen Rebellen so viel Böses als möglich zufügen.[1] Zunächst aber hatte er[2] selbst bei der Verabschiedung in Aranjuez von Don Carlos einen Wutanfall zu erdulden, welcher Albas Leben zwei Mal in Gefahr brachte. Ein eintretender Kämmerer fand den Prinzen, dessen Arme der Herzog hielt, noch mit gezücktem Dolche; erst bei dem Anblick dieses Zeugen lies Don Carlos ab und entfernte sich. Bei einer Besprechung mit dem König – wie es scheint, der letzten vor seiner Abreise vom Hoflager zu Aranjuez am 17. April 1567 – stellten Beide nach diesem Wutanfall fest, daß der Prinz zur Regierung unfähig sei, wie Philipps Biograph ausdrücklich versichert.

Der König Philipp II. hatte seine, an sich so vielen Bedenken unterliegende Reise nach den Niederlanden wohl ohnehin aufgegeben. Der kaiserliche Botschafter erklärte sie schon am 2. Januar 1567 in der Relation über die anstößige Szene mit den Cortes für höchst zweifelhaft. Jetzt mußte Philipp bei diesem Geisteszustand seines Thronerben selbstverständlich auf dieselbe verzichten. Zunächst wohl wiederum daß weiterer Anstoß möglichst vermieden werde, suchte der König seinen wild aufgeregten und auf die Nachricht wirklich erfreuten Sohn durch Ehren und Geld zu beruhigen. Er ließ in Don Carlos' Wohnung und unter dessen Vorsitz den Staats- und den Kriegsrat abhalten, erhöhte seine Dotation von sechzig- auf hunderttausend Goldstücke und versprach ihn mitzunehmen, „wenn er in die Niederlande reise", wie der französische Gesandte sich mit zutreffender Genauigkeit ausdrückt. Sehr irrig meinte freilich im nächsten Februar der venezia-

---

[1] *qu'il va en Flandre faire au rebelles du roy son maistre tout le mal que sera en sa puissance.* Fourquevaulx 24. März 1567. bibl. nat. à Paris II 234.

[2] Dietrichstein 21. Januar 1568 (Koch I 204) kann doch für ein Ereignis vom 17. April 1567 nicht in erster Linie in Betracht kommen, vollends da dasselbe in der Relation über des Prinzen Verhaftung nur als Beispiel neben zwei anderen Wutanfällen desseben erscheint; welchen Wert hiernach die einzelnen Worte über den Konflikt mit Alba haben, ist doch nicht sicher: „Wie er [...] gehalten [...] letzlichen den Hertzogen von Alba, das er ime den Tolch an Leib gesetzt, allein darumben, das er im seines Vaters Geheim nit sagen wollen." Dieser Grund kehrt aber bei dem Wutanfall auf Don Johann von Österreich vom 17. Januar 1568 ähnlich wieder: „wissen wollen, was [...] der Khunig mit ime tractieret". Wenn Gachard, *Don Carlos* 408 f. den Bericht Cabreras (*VII*, 13 S. 443 f.) im Texte genau wiedergibt, in den Anmerkungen aber bemerkt, es koste ihm Mühe *à en admettre tous le détails*, so scheint er den aktenmäßigen Charakter dieser Erzählung verkannt zu haben, welche in einer unmittelbar folgenden Konferenz mit dem König aufgezeichnet zu sein scheint. Beide, sagt Cabrera, waren nunmehr von des Prinzen „Unfähigkeit" tief betrübt (*se lastimaron* [...] *de la incapacidud de Don Carlos*) und berieten über das Heilmittel eines so großen Unglückes für den König und die Krone.

nische Gesandte, der in der ganzen Entwickelung der Fragen über Don Carlos' Haft und Tod, wie früher schon bemerkt wurde, niemals die entscheidenden Motive erfahren hat, der König sei von der Ansicht ausgegangen, man müsse sehen, ob eine solche Reise diene, den Prinzen zu beruhigen.[1]

Immerhin versichert der kaiserliche Botschafter nach jenem Bericht über die Szene mit Alba, der König habe seinem Sohne viel und oft gedroht, daß er seinen ungeziemenden (unbilligen) und unberechtigten (unbefugten) Mutwillen nicht dulden wolle; „denn wenn auch sein Vater, sei er doch ein König und verpflichtet, seinen Untertanen nicht Unrecht und Unbill zufügen zu lassen."

Und daß man nicht glaube, irgendeine Partei in den Niederlanden könne Don Carlos' Anlangen wirklich gewünscht haben.[2] Immerhin hat Wilhelm von Oranien nach der Katastrophe rechtfertigende Briefe seines Verhaltens nach verschiedenen Richtungen, an den Kaiser, wie an „Bürgermeister und Rat von Zürich" ergehen lassen, in welchen er des Prinzen Verhaftung als Wirkung seines Interesses für die Niederlande und seines Gegensatzes zu Albas dortigem Verfahren darstellte.[3] Im Jahr 1581 hat er sogar in seiner

---

[1] Gachard, *Don Carlos* 410 bringt die entscheidenden Worte aus beiden Depeschen, der französischen vom 21. Mai 1567 – die sich vollständiger in *bibl. nat. à Paris II* 238 mit eingehenden Nachrichten über Berghens an diesem Tag erfolgten Tod findet – und der venetianischen vom 11. Februar 1568. Sie lauten: *"le roy son père luy a promis de le mener quant et luy [va?] en Flandres"*. „*vedendo se per giornata si andasse a componerlo.*"

[2] Auch hier hat Gachard die entscheidenden Stellen gesammelt: *Don Carlos* 170. Wilhelm von Oraniens Brief an seinen Bruder 2. November 1562 über des Prinzen maßlosen Genuß von Obst mit Wasser: I 283; Alonso de Laloo 29. Mai 1566: *et haze la vida acostumbrada*, was als Warnung bei dem Adressaten Grafen Hoorne genügen konnte: II 366; Viglius an Granvelle 23. August 1566: *la venue de monseigneur notre prince au lieu du roy...ne seroit ce que convient*. Dies dürfte genügen; man sieht, was alle Parteien der Niederländer von ihm dachten.

[3] Nach gütiger Mitteilung des Herrn Staatsarchivars Dr. Paul Schweizer in Zürich befinden sich in dortigem Archiv zwei derartige Schreiben wesentlich gleichen Inhalts, das an die Züricher Regierung vom 23. Juni 1568 mit eigenhändiger Unterschrift, das an den Kaiser vom 6. August 1568 in den „Zeitungen an Bullinger." Hier liest man: „Welches auch zum Überfluß aus diesem augenscheinlich und wol ist abzunemen, daß sie [kön. Majestät von Spanien] durch ire Arglistigkeit die Sach dahin erpracticiert und gebracht haben, daß höchsterwelter kön. Majestät aigner Suhn gefengklich eingezogen und verwahrt worden ist, damit er sich der betrangten Erbniderlandt, so durch den Duca de Alba so jämerlich verwüstet und verderbt werden, so vil desto weniger annemen und dem von Alba in seinem unchristlichen Beginnen und Wüeten ja keinen Widerstand erzeigen möge." Der Kaiser konnte über diese Behauptung freilich nur traurig lächeln; in Zürich mochte man sie für wahr halten.

Apologie unter den „heftigsten Invektiven gegen König Philipp"[1] behauptet, derselbe habe diesen Sohn und seine Gemahlin Elisabeth umgebracht, um seine Nichte Anna heiraten zu können.

Ob Don Carlos in den Niederlanden nicht wilder und grausamer als Alba in jenem „Flandern" regiert hätte, für dessen oppositionelle Bewegungen er nie die geringste Sympathie oder Duldung geäußert hat, ist eine Frage, welche der geneigte Leser aus der folgenden Schilderung von des spanischen Thronerben Geistesart sich selbst beantworten möge.

---

[1] Leopold Ranke, zur Geschichte des Don Carlos (Wiener Jahrbücher der Literatur XLVI. 1829) gebraucht diese Worte in der noch unübertroffenen Kritik dieses Teils von Oraniens Apologie S. 230 bis 232. Er schließt mit den Worten: „der Historie aber würde es schlecht anstehen, ähnlichen Vermutungen Raum zu geben."

# Zweites Buch:

# Don Carlos' Geistesrichtung

## Die herrschenden Vorstellungen

Gänzlich in spanischer und vorherrschend in kastilischer Umgebung war der Thronerbe Philipps II. aufgewachsen. Er war vierzehn Jahre alt, als er im Spätjahr 1559 seinen Vater überhaupt persönlich kennen lernte. An natürlichem Scharfblick wie an gutem Gedächtnis hat es ihm nie gefehlt.[1] Da hat er denn bald bemerken müssen, was der Kardinal Granvelle seinem vertrautesten Korrespondenten über den König schrieb: „ich kenne den kalten Mann, welcher zu schweigen und zu verhehlen weiß, aber zu seiner Zeit nichts vergißt".[2] Er sah dessen persönliches, mildes, immer höfliches Benehmen, seine stete Selbstbeherrschung, die einfache Feinheit seiner Kleidung und Wohnung, seinen unablässigen Fleiß, seine vollkommene Herrschernatur, alles angepaßt der Gesinnung des kastilischen Volkes dieser Zeit.

Und wie eigenartig imposant ist uns dieses Volk entgegengetreten. Mit der ganzen Kultur der Zeit erfüllt, siegreich zu Lande und zur See, glücklich und stolz bei Entdeckungen und Kolonisationen in fernen Erdteilen, unerbittlich gegen religiöse Abweichungen wie gegen nationale Gegnerschaften, gleichgültig gegen Ströme von Blut, wenn sie seiner Herrschaft dienen. Wahrlich, ein starker und auf seinen eigenen Überzeugungen ruhender Geist, der auch einer Welt von Feinden gelassen die Stirn zu bieten befähigt war, erscheint einzig geeignet, dies spanische Volk der sechziger Jahre des sechzehnten Jahrhunderts zu führen und seinerseits als gehorsames Werkzeug seiner Gedanken zu verwerten. Eine nicht gewöhnliche Verbindung von Selbstbeherrschung und mannigfacher Kenntnis, von kalter Entschlossenheit und zarter Schonung vermochte allein die Aufgabe zu lösen. Es ist eine Summe von Eigenschaften, welche, bei mancher persönlichen Schwäche,[3] der König Philipp II. in sich vereinigte.

Eine viel schwächere und zu geringer Ausbildung befähigte Geisteskraft war seinem in allen Ansprüchen unbedingter Herrschergewalt und nur auf

---

[1] „So hat er ein treffentliches Gedechtnuß und ist, wie man sagt, in Vielen nur zu gar agudo". Dietrichstein 29. Juni 1564. Koch I 128.

[2] *Je connais l'homme froid, qui sait taire et dissimuler; mais en son temps il n'oublie rien.* An den Prévôt Morillon aus Neapel 11. Mai 1573. *Correspondance du Card de Granvelle* t. IV (*Bruxelles* 1884 *ed. Piot*) *p.* 559.

[3] Nur wenig trifft doch die Finalrelation Marino Cavallis von 1551 an den venetianischen Rath der Pregadi trotz aller Einzelheiten über den damals vierundzwanzigjährigen Philipp das Wesentliche. Albéri, *relazioni degli ambasciatori Veneti. ser.* I t. II *p.* 218. Über eine Anzahl sachlicher Irrungen in Cavallis Bericht und unrichtige Lesungen Albéris vgl. Gachard, *les monuments de la diplomatie Venitienne* (*mémoires de l'académie royale de Belgique* t XXVII. 1853) 101.

iberischem Boden aufgewachsenen Sohne beschieden. Auf diesen mochte die eigenartige spanische und speziell kastilische Mischung von hochherziger Kulturbestrebung, kriegerischer Tatkraft und Mißachtung anders gearteten Menschendaseins eine verderbliche Wirkung üben, wenn nicht eine sehr wachsame Erziehung ihn schützte. Und eben an einer solchen hat es Don Carlos gänzlich gefehlt.[1] Was an Willkür und Gewalttätigkeit einem spanischen Thronerben möglich scheinen konnte, was er an grausamen Handlungen, blutigen Verfolgungen aus religiösen, politischen, judiziellen Gründen sah und hörte, wirkte verwirrend auf sein zu aller Eigenwilligkeit neigendes Gemüt. Im Gegensatz zu seinem stets in zierlicher Einfachheit erscheinenden Vater, bemerkte man an diesem Thronerben möglichst „unsaubere" Erscheinung.[2]

Welche Richtung die Nachrichten von den Kämpfen gegen die Türken auf Malta und in Afrika, gegen die Franzosen in Florida, die von der spanischen Nation gewollten militärischen Vorbereitungen – und diese gar unter seinem eigenen Vorsitze – zur Bestrafung der Niederländer Don Carlos' Geist auch in gesunden Tagen geben mochten, bedarf kaum der Erwähnung.

## Religiöse Richtung

Nachdem des Kaisers Botschafter Adam von Dietrichstein den Prinzen wiederholt gesprochen, beobachtet und von vielen Seiten Nachrichten über ihn und seine Lebensweise erhalten hatte, bezeichnete er ihn als „feintlich", d.h. ungewöhnlich, gottesfürchtig. So erklärte auch sein Beichtvater drei Monate nach der Verhaftung feierlich, der Prinz habe sich stets und in jeder Beziehung so gut katholisch und demgemäß wahrhaft christlich gehalten, als denkbar.[3] Der betreffende Mönch Diego de Chaves war für unsern Be-

---

[1] *Multa, quae videntur peccata naturae, educatione corrigi poterant.* Nach verbreiteter Ansicht „sej auch vil versaumbt worden, das er nit anderst erzogen; dan seine naturalia sein guet, so sei er auch, wie er khliner, nit also gewest." Dietrichstein modifiziert, nachdem er den Prinzen kennen gelernt, am 29. Juni 1564 durch das hier an erster Stelle vorgelegte lateinische Urteil die verbreitete Anschauung, welche er am 22. April 1864 mitgeteilt hatte (Koch I 128 und 122).

[2] „Was er im fürnimbt, das will er das vortge und läst im sein Willen nit brechen, und ist doch die Vernunfft nit also, das er zu unterscheiden wüßte unter dem, was recht und unrecht, schedlich oder nutz ist; was acondicionade: al possibile unsauber" (Koch I 122).

[3] Die bei Koch I 214 nicht genau wiedergegebenen wichtigen Worte Dietrichsteins in der Depesche vom 22. April 1568 lauten in der Handschrift des Botschafters: „Der hat mier hoch und tewer affirmieret, das ich gewislich glauben soll, das der Printz ie und albeg ain so gueter Catolicus und davon so christlih gehalten, alls imer diser halten khunde."

richterstatter ein um so zuverlässigerer Zeuge, als er ihn genau genug als Seelsorger der beiden Söhne des Kaisers kannte,[1] welche Dietrichsteins Fürsorge anvertraut waren; der König selbst hat diesen Mönch später zum Beichtvater gewählt.

Für die richtige Beurteilung der religiösen Seite von Don Carlos' Seelenrichtung wolle man sich zunächst die Beispiele vergegenwärtigen, welche er als Knabe und Jüngling vor sich sah.

Er hatte am 21. Mai 1559 dem greulichen Fest eines Glaubensaktes mit Verbrennungen und Erdrosselungen von Menschen als fürstlicher Leiter zum ersten Mal beigewohnt. Dann mußte er, nun vierzehnjährig, bei jenem ebenfalls schon früher erwähnten zweiten Valladolider Glaubensakt dieses Jahres am 8. Oktober zugegen sein, als sein königlicher Vater den Vorsitz führte und die anwesende Volksmenge ernsthaft auf 200.000 Menschen geschätzt wurde.

## Philipp II. über etwaige Ketzerei seines Sohnes

Unter den für dieses Fest reservierten besonders zahlreichen Opfern befand sich auch ein in kaiserlichem Kriegsdienst wie als spanischer Beamter erprobter Edelmann aus Verona; als dieser zum Flammentod an dem König vorüber geführt wurde, rief er demselben heftige Worte des Vorwurfs entgegen, da er doch auch edler Abkunft sei. Philipp II. erwiderte wahrscheinlich: „Ganz recht, wenn edles Blut sich im Feuer reinigt; wäre mein eigenes in meinem Sohn befleckt, ich wäre der Erste, ihn hineinzuschleudern!" So liest man die Antwort in den freilich erst im Jahr 1639 in Sevilla erschienenen „Aussprüchen und Taten des Königs, Herrn Philipp des Zweiten des Klugen".[2] Diese Worte stimmen wenigstens am meisten mit denjenigen, welche im Jahr vor jenem Autodafé von Valladolid (1558) des Königs vertrauter Bevollmächtigter am päpstlichen Hof von ihm zu gebrauchen befehligt wurde. Dieser „Gesandte" (*orador*) war der Vorgänger jenes früher erwähnten Pedro de la Gasca unsterblichen Angedenkens im Bistum von Siguenza: Kardinal Pacheco. Als Papst Paul IV., ähnlich wie acht Jahre später Pins V., die Auslieferung des von der Inquisition wegen lutherischer

---

[1] „hert meine gnedigsten Herren auch peiht [...]." Er wird bezeichnet als ein „feiner, christlicher, frumer, geschikhter" Mönch, a. a. O.
[2] Von Balthasar Porreño, angeführt bei Adolfo de Castro, *historia de los Protestantes Espa-ñoles y de su persecucuion por Felipe II* (Cadiz 1851) p. 178. Gachard glaubte (*Don Carlos I* 56), hier eine Ausmalung zu finden (*Porreño amplifie*), wie man aus dem Texte ersehen dürfte: nicht mit Recht. Die Nachrichten über den verbrannten Karl von Sesa habe ich ebenfalls Castro entnommen.

Meinungen in Haft genommenen Erzbischofs von Toledo verlangte, mußte Pacheco die Antwort geben, über welche er dem noch in Brüssel residierenden König berichtet.[1]

„Was Eure Majestät verlangte, war, daß keine Neuerung in Bezug auf das gemacht werde, was auf das heilige Amt in Spanien Bezug hat", „weil jedes Handanlegen an dieses, namentlich in gegenwärtiger Zeit, ein großer Schaden für die Angelegenheiten der Religion sein würde. Und wenn der Erzbischof schuldlos ist, wie zu glauben steht, so würde Eure Majestät sich sehr darüber freuen. Wenn er aber nicht schuldlos wäre, so würde Eure Majestät auf ihren eigenen Sohn keine Rücksicht nehmen, vollends nicht auf eine andere Privatperson.[2] Um dies habe ich ihn von Seiten Eurer Majestät gebeten und (bemerkt), daß nichts Anderes E. Maj. bewegt, als der Himmel, wenn es sich um Angelegenheiten der Religion handelt, für welche wenn nötig Eure Majestät ihr eigenes Blut vergießen würde[3]."

Rauher und platter, als man von dieses Königs Feinfühligkeit erwarten darf, läßt ein Prediger bei der Leichenrede nach Philipps II. Tod im Jahr 1598 ihn jenem verurteilten Veroneser zurufen: „Wenn mein Sohn der katholischen Kirche entgegen wäre, so würde ich selbst die Reiserbündel herbeitragen, daß man ihn verbrenne.[4] Es ist vermutlich diese Fassung, welche nach zwei Jahrzehnten den Biographen des Königs noch gröblicher sagen läßt: „Ich würde das Holz tragen, um meinen Sohn zu verbrennen, wenn er so schlecht wie Ihr wäre!"[5]

Ähnlich wie bei jenem Autodafé äußerte sich übrigens der König etwas über zwei Jahre später dem französischen Botschafter gegenüber. Dieser verwendete sich für einen von der Inquisition wegen Ketzerei verhafteten französischen Apotheker der spanischen Königin, dem Schwager des Leibarztes Karls IX. von Frankreich. Philipp II. erklärte hierauf wiederholt, wäre es sein eigener Sohn, der in dieser Beziehung gesündigt hätte, so würde er ihn sterben lassen. Der Botschafter aber, dem er das sagte, war selbst ein hoher Geistlicher, Bischof von Limoges.[6]

---

[1] Das Aktenstück ist bei Döllinger, Beiträge zur politischen, kirchlichen und Kulturgeschichte der drei letzten Jahrhunderte I (1862) aus dem Nachlass Dr. Heines nach einer in Simancas genommenen Abschrift abgedruckt, aber kurios genug S. XIII mit einer Scheidung der einen Person des Bevollmächtigten in zwei, Pacheco und Siguenza, angekündigt.

[2] *á su hijo proprio no tendria Vuestra Magestat repeto, cuanto mas á otra persona particular* [...].

[3] *Derramaria su propria sangre.*

[4] *Si mi hijo fuere contra la Iglesia católica, yo llevare los sarmientos para que lo quemen.* Augustin Davila bei Castro, protestantes Españoles *p.* 184.

[5] Cabrera l. *IV*c 3 *p.* 236

[6] *si c'estoit son propre filz et qu'il eut en cest endroit peché il le feroit morir.* Sebastian d'Aubespine an die Königin Katharina Medicis 20. Januar 1562, zuerst von Gachard,

Die enthusiastischen Worte des Königs müssen damals in Spanien nicht eben auffallend gefunden worden sein. Es entspricht ihnen mindestens ein förmlicher Beschluß des spanischen Staatsrats aus dem November 1561: „Seine Majestät hat dem Papst und der katholischen Kirche beizustehen, und wenn sein Sohn auf der anderen Seite wäre, müßte er gegen ihn sein[1]."

Wie wenig Grund es hat, wenn aus solchen und ähnlichen lebhaften Äußerungen, gleichsam Bekenntnisworten des Königs, seiner Minister und Gesandten, ernstliche Schlüsse auf häretische, sogar lutherische Auffassungen des Königssohnes gezogen worden sind, bedarf nach der eben gegebenen Zusammenstellung keines weiteren Beweises.

Eine nur scheinbar verwandte Äußerung Philipps II. muß noch in diesem Zusammenhang berührt werden. Es handelt sich um die königliche Denkschrift über die Notwendigkeit rascher Neuordnung der niederländischen Kirchenverfassung vom 6. März 1559. Der früher erwähnte Kardinal Pacheco hatte sie der römischen Curie vorzulegen. Sie war von sehr dringlichen königlichen Privatschreiben an diesen Bevollmächtigten und an den Papst selbst begleitet.

In dem jetzt in Simancas aufbewahrten Exemplare der Denkschrift findet sich viermal die Randbemerkung: „Das mit einem Striche Bezeichnete ist von der Hand Seiner Majestät hinzugefügt." Auf diese Weise sind im Ganzen vierzehn Druckzeilen des Textes der Denkschrift hervorgehoben. Das Aktenstück in Simancas kann daher nicht als Entwurf, sondern nur als Kopie gelten. Dagegen sind die beigelegten Exemplar der königlichen Handschreiben an den Papst und den Kardinal in der Tat Originalentwürfe; man liest zur dritten Zeile des Briefes an Paul IV. die Bemerkung: ‚Von Seiner Majestät Hand': „dies schreibe ich mit meiner Hand, um zu sehen, ob es mehr Wirkung hat." Auch in der Denkschrift finden sich bei Ankündigung dieses Briefes[2] die drei mit einem Striche bezeichneten, von dem König in dem nicht erhaltenen Entwurf hinzugefügten Worte: „von meiner Hand." Ebenso liest man zu der Überschrift ‚an den Kardinal Pacheco geschriebener Brief' die Note: ‚am Rande steht': „von der Hand Seiner Majestät."

Es schien mir unerläßlich, dieses handschriftliche Verhältnis hier vorzulegen, um Entstehung und Bedeutung des Satzes zu würdigen, welcher zu den Beweisen von König Philipps Zweifeln über die Rechtgläubigkeit seines Sohnes gestellt worden ist.

---

*Don Carlos I* 57 mitgeteilt, dann von demselben mit Abdruck des ganzen auf die Sache bezüglichen Stückes der Depesche in *biblioth. nationale à Paris II* 129. Hiernach wurden alle in Spanien lebenden Franzosen von der Inquisition beaufsichtigt.

[1] Archivalische Entdeckung Wilhelm Maurenbrechers. Historische Zeitschrift XI 287.
[2] Döllinger, Beiträge I 250 und 253.

In dem inkorrekten Abdruck wird dieser Satz freilich in einer Anmerkung mitgeteilt und zwar mit den, dem Manuskript entnommenen Einleitungsworten: ‚Am Rande steht von Seiner Majestät Hand'. Aber der scheinbar ganze Satz ist von Philipp II. nur als Stück eines größeren Satzes gemeint, für welches er eine, allerdings sehr wichtige, Ergänzung bildet. Man darf hierbei nicht Anstoß nehmen an dem für uns ungewöhnlich lang und schwerfällig erscheinenden Periodenbau. Ein solcher ist auch sonst in dieser Zeit überall und recht beschwerlich in unseren „Venetianischen Depeschen vom Kaiserhof" zu finden; ganz besonders gehört aber diese Stilart zu den lästigen Kennzeichen von Philipps II. Kanzlei. Ich muß daher den ganzen Satz vorlegen und bezeichne nur die von dem König hinzugefügten Worte mit doppelten Anführungszeichen.

Es war eben auseinandergesetzt worden, wie die Neuordnung bei des Königs unvermeidlich bevorstehender Entfernung aus den Niederlanden ohne rasche päpstliche Entscheidung nicht zu Ende, ja überhaupt nicht in Gang kommen werde.

‚Überdies', heißt es nunmehr,

‚liegt eine andere Gefahr vor, und es ist die, daß da wir alle sterblich sind und es keine gewisse noch sichere Stunde gibt, so könnte mich Gott zu sich[1] rufen, und daß nach meinen Tagen „vielleicht der Prinz, mein Sohn, nicht die Sorgfalt wie ich dafür haben wird, noch auch die hiesigen Leute dafür gleich mir tätig sein würden, weil ich sehe, wie sehr es dem Dienst Gottes entspricht, da ich doch augenscheinlich keinen anderen Zweck habe", [daß auch] ‚Seine Heiligkeit verschiede und auf jenem heiligen Stuhle ein anderer Papst nicht von Seinen Verdiensten und Eigenschaften folgte, noch auch Einer, der so großen Eifer und so einzige Neigung und Hingebung für die Angelegenheiten des Dienstes unseres Herrn hätte und für Wohltat und Mehrung unserer Religion, um derentwillen Verzögerung nicht gut ist vielmehr eine rasche Entschließung erforderlich um der dringenden Notwendigkeit willen, welche größer ist, als Euch hier gesagt werden kann.'

Die Darlegung gipfelt, wie man sieht, darin, daß der nächste König von Spanien und der nächste Papst für die, nach Karls V. politischer Einigung und Selbständigkeit so wünschenswerte, von Deutschland und Frankreich und deren Ketzereien unabhängige Kirchenorganisation der Niederländer vielleicht kein rechtes Interesse haben dürften.[2]

Man wird also nicht annehmen dürfen, der König habe die von ihm hinzugefügten Worte ‚sich selbst gesagt', um der seinen katholischen Überzeugungen sich aufdrängenden ‚Notwendigkeit' zu genügen, ‚die Schöpfung seines Lebens vor seinem eigenen Sohn zu schützen'.[3]

---

[1] *á si*, nicht: *á mi*. Vorher gehört das Komma nicht nach *cierta*, sondern nach *segura*.
[2] Gerade der nächste Papst Pius IV. hat übrigens am 10. März 1561 das noch 1559 von Paul IV. begonnene, von Philipp gewünschte Werk der niederländischen Kirchenverfassung beendet.
[3] W. Maurenbrecher, historische Zeitschrift XI 286 und Vortrag über Don Carlos (zweite

Don Carlos zählte damals (März 1559) fast zwölf und drei Viertel Jahre, und sein Erzieher hatte neuerlich über dessen Arbeitsscheu und üble Neigungen berichtet.[1] Da mochte dem königlichen Vater bei Erwähnung des zu fürchtenden vorzeitigen Todes des Papstes allerdings auch der Gedanken sich erheben, wie wenig dem Prinzen, wenn er bald zum Thron gelangen sollte, an der mühsamen kirchlichen Reorganisation der niederländischen Provinzen gelegen sein würde.

Im Übrigen war ja König Philipp II. stets entschlossen,

> ‚lieber hunderttausend Leben, wenn er sie hatte, zu verlieren, als in eine Veränderung auf religiösem Gebiete zu willigen. Weder Gefahr für die eigene Person, noch der Ruin dieser Provinzen und aller meiner anderen Staaten werden mich verhindern, zu tun, was eines christlichen Fürsten Schuldigkeit für die Aufrechterhaltung des katholischen Glaubens ist'.[2]

## Die Zweifel an des Prinzen Rechtgläubigkeit

Die Worte, welche Don Carlos bei jenem Autodafé von Valladolid seinen Vater dem Veroneser Edelmann zurufen hörte, dürfte er in seiner Familie ohnehin wiederholt, auch wohl schon von seinem kaiserlichen Großvater vernommen haben. Nichts berechtigt anzunehmen, daß sie nicht gänzlich seinen eigenen Auffassungen entsprachen. Wenn ein redlicher Forscher wie Llorente dennoch behauptet hat, seit jenem uns entsetzlich scheinenden Glaubensfeste habe Don Carlos eine Abneigung gegen diese Gattung von Festlichkeiten gefaßt, so dürfte das, da jeder andere Beweis mangelt, eine Schlußfolgerung aus der Tatsache sein, daß er keinem weiteren Autodafé beigewohnt zu haben scheint. Zweifellos ist dagegen seine Schwäche und sittlich anstößige Haltung gegenüber den umfassenden religiös-politischen Plänen seines königlichen Vaters,[3] der mit gutem Recht an der Fähigkeit

---

Auflage. Hamburg 1876) S. 12 und 27, wo doch S. 28 mit Recht hervorgehoben wird, daß es dem König mit seinem religiös-politischen „Streben Ernst, heiliger Ernst" gewesen sei.

[1] Honorato Juans Bericht an den König aus Valladolid vom 30. (1.) Oktober 1558 (vermutlich am 30. September begonnen) in der *Coleccion de documentos inéditos para la historia de España XXVI* 398 f.

[2] [...] *menos tengo de consentir que haya mudanza en ella (la religion) y en que no ternße en nada perder cient mill vidas, si tantas tubiese, antes que soncentirla.* Eigenhändig in einer Instruktion für Egmont 2. April 1565 (Gachard, *Don Carlos* 316). Der zweite Satz in einer Instruktion für den spanischen Botschafter in Rom 12. August 1565. Gachard, *corresp. de Philippe II* t. I 445.

[3] Maurenbrecher, historische Zeitschrift XI 305: dagegen „*Don Carlos*" (1876) 10 f., 18 f.,

des Sohnes zweifelte, die auch für die Macht der Dynastie gebotenen Wege weiter zu verfolgen.

Von protestantischer Seite sind bei den – wie wir noch im folgenden Buche authentisch genug und im Einzelnen sehen werden – aus dringenden Gründen in tiefes Dunkel gehüllten Anlässen seiner Einsperrung, Vermutungen geäußert worden, die Haft habe wegen häretischer Ansichten des Prinzen stattgefunden. Auch der schon mehrerwähnte, seit dem Oktober 1565 bei Philipp II. eingeführte französische Botschafter Raimund von Fourquevaulx wußte, daß dergleichen Nachrichten namentlich und geflissentlich in Frankreich verbreitet wurden. Er war einer angesehenen italienischen, in Frankreich eingewanderten Familie, Beccaria von Pavia, entsprossen. Er hielt sich entsprechend[1] seiner eigenen ehrenvollen militärischen und diplomatischen Vergangenheit von dem Herbst des Jahres 1565 an, da er die Gesandtschaft in Madrid übernahm, bis zu seiner rühmlichen Abberufung nach sieben Jahren. Seine Berichte wie an die Königin-Mutter, so an den jungen König sind in den Grenzen der striktesten Wahrheit und rein sachlichen Darstellung gehalten. Selbst wo er, wie bei dem Hinscheiden der Königin Elisabeth (3. Oktober 1568), welche ihm so rückhaltlos Vertrauen geschenkt hatte, tief bewegt war, läßt er seine Empfindungen gegen seine Pflicht zurücktreten. Für manche Begebenheit haben seine Depeschen freilich nicht die Anschaulichkeit der Erzählungen seines Kollegen, des kaiserlichen Botschafters. Aber gerade seine nüchterne und unbefangene, auch durch kein spanisches Familieninteresse gebundene Zuverlässigkeit ist uns für diese Frage der Zweifel über Don Carlos' Rechtgläubigkeit von unschätzbarem Wert. Eben Fourquevaulx hatte nun seinem königlichen Gebieter die schwierige Frage darzulegen, welche auch uns noch näher beschäftigen wird, aus welchen Gründen und unter welchen Umständen dem notorisch geisteskranken, verhafteten Kronprinzen das heilige Abendmahl am Dienstag nach Ostern, also am 21. April 1568 gereicht werden konnte. Seine Information empfing er diesmal von einem ‚Herrn, welcher alles was geschehen ist, weiß und mehr von den Angelegenheiten des besagten Prinzen, als diejenigen, welche darüber reden'. Dieser Ungenannte teilte ihm das Entscheidende in Bezug auf die Spendung des Abendmahles mit, dessen Genuß zur Osterzeit der Prinz wiederholt und dringend begehrt hatte.

‚Es wurde von den Theologen geraten, man müsse es so machen, um vielen Leuten die Meinung zu benehmen, besonders den Sakramentierern' (d.h. Ketzern, speziell Refor-

---

21, 25, 39 f. die Möglichkeit unkatholischer Empfindungen bei dem Prinzen nicht für ausgeschlossen gehalten wird.
[1] Die besten Lebensnachrichten doch bei Du Prat, *Elisabeth de Valois* 382 bis 391.

mierten), ‚welche verbreiten, der Prinz gehöre ihrer Sekte an; er gehört ihr aber nicht an; er haßt sie' .vielmehr tödlich.'[1]

Das von protestantischer Seite verbreitete Gerücht häretischer Auffassungen des spanischen Kronprinzen ist auch dem Papst zu Ohren gekommen. Der Kardinal Delfino meldete schon in dem Monat vor der eben besprochenen Abendmahlfeier dem Kaiser Maximilian II. hierüber Folgendes.

‚Der Kardinal von Santa Croce erzählte mir, daß er Seiner Heiligkeit einige Nachrichten aus Lyon vorgelesen habe. In diesen befand sich unter Anderem, daß der Katholische König gegen den Prinzen Vorwürfe der Ketzerei hege. Seine Heiligkeit erhob die Hände und die Augen zum Himmel, mit dem Ausruf: „O Gott! O Gott!" und fügte hinzu: „nur zu viel Grund ist zu zweifeln, weil man Uns hat vernehmen lassen, daß dieser Jüngling keine Rücksicht weder auf Priester noch auf Mönche genommen hat und keiner kirchlichen Würde Achtung bewies."'[2]

Inzwischen muß doch auch Papst Pius V. bald erkannt haben, daß alle die Rücksichtslosigkeiten, welche Don Carlos vor seiner Verhaftung wie gegen weltliche Personen jedes Standes, so auch gegen Geistliche verschiedener Kategorie sich hatte zu Schulden kommen lassen, noch nichts für Voraussetzungen häretischer Glaubensrichtung beweisen. Vollends die Berichte über des Prinzen wiederholte Beichte, Kommunion, ganzes religiöses Verhalten im Gefängnis mußten diese französische Nachricht dem Papst als verleumderisch erscheinen lassen, wie denn auch der Kardinal Delfino in seinen Berichten nie mehr auf diesen Vorwurf zurückkommt.

---

[1] *[...] j'ay apprin d'un (ung?) seigneur qui sçait tout ce qui a passé et plus des affaires dudict prince que ceulx quie en devisent, qu'en ce qui touché la communion, il a esté avisé par les théologiens qu'il le failloit faire ainsy, pour oster l'opinion á beaucoup de gents, nomméement aux sacramentaires, qui publient que ledict prince est de leur secte; ce qu'il n'est, ains les (la?) hait mortellement.* Es folgt die Darlegung der kanonischen Gründe. Gachard, *Don Carlos* (1863) 594. Doch muß ich bemerken, daß Gachard in seinen Auszügen aus den Handschriften der Nationalbibliothek von Paris (II 1877) zwar S. 258 diesen früheren Abdruck erwähnt, aber unter Mitteilung anderer Stücke dieser Depesche vom 8. Mai 1568 doch nicht erkennen läßt, in welchen Zusammenhang sie gehören, wo Anfang und Ende zu suchen ist; nach dem Abdruck bei Du Prat 497 bis 499, der immerhin noch einen weiteren Absatz am Schluß bringt als beide Auszüge Gachards, kommt man auch nicht ins Klare über dies Verhältnis; einige Lesarten habe ich, wenn auch mit Fragezeichen, Du Prat entlehnt.

[2] *Sua Santità hebbe questa mala nova* (von Don Carlos' noch zu besprechenden Absichten des Vatermordes) *la prima volta dal secretario del Kardinale Santa Croce, il quale* (doch nicht der Sekretär?) *m'ha referito che nel leggere à Sua S$^{ta}$ alcuni auuisi da Lione neli quali fra l'altre cose si conteneva, che il Rè Catholico hauesse contra'l Principe cause d'heresia, S. S$^{ta}$ alzò le mani et gl'occhi al cielo esclamando: ,O Dio, o Dio!' et soggionse: ‚pur troppo è da dubitare, perchè a noi è stato fatto intendere che questo giovane non teneva conto nè di preti nè di frati e non faceva stima d'alcuna dignità ecclesiastica.'* 6. März 1568. Wiener Staatsarchiv.

Als daher am zweiten September (1568) die offizielle Nachricht von Don Carlos am 24. Juli erfolgten Tode bei der Curie eintraf, verfügte der Papst, der keine Menschenfurcht kannte, trotz der höfischen Zurückhaltung des spanischen Gesandten, daß am nächsten Montag, dem sechsten September, ein feierlicher Trauergottesdienst für den Hingeschiedenen abgehalten werden solle. Die Verfügung erregte doch selbst bei dem kaiserlichen Botschafter, dem Grafen von Arco, Aufsehen, welcher am vierten September nach Wien berichtete, es scheine das eine Neuerung zu sein,[1] da bisher Exequien dieser Art nur für Fürsten, die nicht unter dem Königsrang standen, abgehalten worden seien. In der Tat erschien bei dieser Feier der Papst mit dem Kardinalkollegium und allen Gesandten. Erst am Freitag den zehnten September folgte dann die Trauerfeier von Seiten des spanischen Botschafters, und der ganzen spanischen Nation', welcher die in Rom befindlichen Kardinäle beiwohnten, soweit sie gesund waren; die übrigen Botschafter fanden sich aber nicht ein, ‚um dem spanischen den ersten Platz zu lassen. Eine Leichenrede wurde dabei nicht gehalten'.

Ich denke, der in allen dogmatischen Fragen unerschütterlich strenge Papst war bei seinem dezidierten Vorgehen mit den Exequien für Don Carlos' Seelenheil hinlänglich über dessen vollkommen katholische Gesinnung unterrichtet, so daß auch die heutigen Zweifler sich beruhigen könnten.

Noch ist aber eines Aktenstückes zu gedenken, welches in unzweideutiger Weise erkennen läßt, wie entfernt der König Philipp II. selbst davon war, an den korrekten religiösen Überzeugungen seines unglücklichen Sohnes zu zweifeln. Wenn er gleichsam verächtlich und nebenher in den offiziellen, noch zu erörternden Ausschreiben selbst an seine Vettern, über die Verhaftung, und andeutend auch bei dem Tod seines Thronerben, solcher Zweifel gedenkt, so wird man aus den jetzt vorzulegenden intimsten Äußerungen des Königs erkennen, daß jene offiziellen Worte nur einfach der Wahrheit entsprochen haben.

Im Grunde gab es, vollends ehe seine Töchter heranwuchsen, bei aller Zuneigung und Anhänglichkeit, welche er seinen Blutsverwandten, selbst seinen unechten Halbgeschwistern, stets bewiesen hat, auf Erden nur ein Wesen, dem seine Liebe und Hochachtung unveränderlich stark und treu durch sein ganzes Leben gewidmet war: seine Schwester, die Kaiserin Maria. Nicht ohne Bewegung liest man noch heute in den Briefen an seine Töchter, mit welcher zärtlichen Sorge und Sehnsucht er dem Tag entgegensah, mit welcher reinen Freude er die Stunde feierte, da er diese geliebte,

---

[1] ‚*cosa par nuova.*' Arcos Berichte vom 4. und 11. September 1568 im Wiener Staatsarchiv liegen dem in diesem ganzen Absatz Gesagten zu Grunde.

nun verwitwete Schwester, zugleich die Großmutter seines nunmehrigen Thronerben Philipp des Dritten, nach sechs und zwanzig Jahren überhaupt wieder sah, vier und dreißig Jahre, nachdem sie zum letzten Mal längere Zeit vereinigt gewesen waren. Gegen seine Gewohnheit putzte er sich für das Zusammentreffen heraus: vor aller Augen hielten sich die Geschwister umschlungen. Er ließ es dann gern über sich ergehen, daß die Räume, in denen er wohnte, von der kaiserlichen Schwester bis in alle Einzelheiten durchmustert wurden. Selbst seine Zärtlichkeit für deren Sohn, seinen steten damaligen Begleiter, seinen Neffen und späteren Schwiegersohn Erzherzog Albrecht, trat neben dieser Befriedigung geschwisterlichen Zusammenseins mit dessen Mutter zurück.

Ohne den Darlegungen über des Prinzen Katastrophe, welche uns im nächsten Buch zu beschäftigen haben, hier vorgreifen zu wollen, muß ich doch bemerken, daß die Kaiserin Maria auf die Nachricht von Don Carlos' Verhaftung den unglücklichen Vater mit liebevollen Worten und mit der Zusicherung getröstet hatte, für ihn beten zu wollen. Zugleich aber hatte sie bemerkt, daß eines Sohnes Gesundheit, Bedienung und gute Pflege, sowohl für den Körper als insbesondere für die Seele, des Vaters Sorge sei und immer bleiben werde.[1] Indem der König diese Worte der Schwester wiederholt, fügt er hinzu, daß sie auch ein Gebot der Vernunft enthalten. Im Übrigen äußert er sich in diesem ganzen Brief vom 19. Mai 1568 einigermaßen herausgehend aus seinen Vorstellungen von den einengenden Verpflichtungen, welche seine hohe Würde ihm auferlege. Man glaubt bei der Lektüre vor allem, einen zugleich durchgebildeten und religiös angeregten, von Kummer niedergedrückten Geist in vertrautem fürstlichem Familienkreise sich äußern zu hören. Die Worte sind auch an den kaiserlichen Schwager und Vetter gerichtet; doch wendet diesem der König nur gelegentlich und mit einem Anfluge von mitleidiger Mißachtung seine Aufmerksamkeit zu. ‚Eure Hoheit', sagt er seiner Schwester, ‚ist eine große Dienerin Gottes; daher halte ich mich überzeugt, daß die Gebete Eurer Hoheit Seiner Göttlichen Majestät' sehr wohlgefällig sein werden. ‚Großen Widerwillen' errege ihm freilich ‚der Gegenstand', über welchen er sich ohnehin schriftlich gegen beide kaiserliche Ehegatten geäußert habe, so daß er ihn weder selbst zum zweiten Mal einnehmen, noch seiner Schwester eingeben wolle.[2]

---

[1] Das ergibt sich aus folgendem Satz in des Königs Antwort: *siendo negocio de tal qualidad y de padre á hijo, de cuyo salud, servicio y buen tratamiento se tiene y terná siempre el cuydado, que es razon y V.A. me advierte asi de lo del cuerpo como principalmente de la del alma.* Garchard,*Don Carlos II* 571. Gachards Lesart *avierte* habe ich in *advierte* geändert, wie der König früher bemerkt (*p.* 596 Anm. 1), *he querido advertir á V.A.*

[2] *Que pues la materia es de tanto disgusto, no lo he querido repetir en esta, por no le recivir*

‚Nur habe ich mich so vertraulich[1] äußern und Euch meine Brust eröffnen, wollen, um Euren Hoheiten zu genügen, wie es unsere Geschwisterschaft verlangt. Keinem Anderen habe ich mich zu erklären,[2] da es eine Angelegenheit zwischen Vater und Sohn ist.'

Und nunmehr äußert er sich unbefangen über seines Sohnes Seelenheil. Don Carlos habe am Karmittwoch (14. April) und am Dienstag nach Ostern (am 20. April) gebeichtet, auch am letzteren Tag das Abendmahl empfangen. ‚Obwohl für dasselbe weder ich, noch die dem Prinzen zugeteilten Personen sehr befriedigt von seiner Gemütsverfassung (*disposicion*) waren', d.h. wir hielten ihn für fortwährend gestörten Geistes,

‚so habe ich es ihm doch gestattet, weil es seinem Beichtvater schien, es sei eine frömmere und zuträglichere Entscheidung,[3] es ihm zu reichen, und so wurde es ihm gereicht. Daraus haben einige Personen schließen, und einen Beweisgrund machen wollen, daß in dem Prinzen kein Mangel an Urteilskraft sei.'

Es wird sich in einem anderen Zusammenhang zeigen, daß der König diese Auffassung mit unwiderleglichen Gründen als unzutreffend erklärt. Er schließt übrigens damit, ‚daß eine einzelne vernünftige Handlung dem Mangel an Verstand (*entendimiento*) nicht widerspricht, welchen, um meiner Sünden willen, unser Herr an meinem Sohn statthaben ließ.'

Don Carlos hat – wir kommen auch darauf zurück – bei schwacher Geisteskraft und einem maß- und ziellosen Verlangen in wilder Verzweiflung Mordabsichten gehegt, von denen er auch einmal redlichen Priestern gegenüber nicht lassen zu wollen erklärte; eben deshalb hat er sie zu dem Trug verleiten wollen, ihm beim Abendmahl eine ungeweihte Hostie zu spenden.

Aber diese Tatsache, vollends in Verbindung mit seiner während der Haft gezeigten Sehnsucht nach der Eucharistie und dem dortigen, uns in allen Einzelheiten begründeten Genuß derselben, dürfte die religiöse Frage schon an sich als außerhalb ernstlicher kritischer Erwägung stehend erscheinen lassen. Ich denke mindestens, daß es keinen katholischen Theologen geben dürfte, welcher nicht die zunehmende Versündigung des Prinzen durch böse Gedanken, verwerfliche Handlungen, selbst mangelnde Unbußfertigkeit feststellen, zugleich aber erklären müßte, irgendwelcher Zweifel am eigentlichen Glauben, an den Gnadenmitteln der Kirche liege nicht vor.

Von des Prinzen eigener Hand haben wir hierfür noch die Beweismittel erhalten.

---

*yo dos veces ni darlo á V.A. Charad*, Don Carlos 570.
[1] *en particular*. Gachard, *Don Carlos* 595.
[2] Wie man sieht, erklärt der König sogar seine Mitteilungen an den Papst für nicht erschöpfend.
[3] *que sia mas pio e sano consejo administrárselo* (p. 595).

## Das erste Testament des Kronprinzen

Das nach verschiedenen Seiten so überaus lehrreiche Denkmal[1] von Don Carlos' Geistesrichtung, welches uns in seinen, bei schwerer Krankheit abgefaßten letztwilligen Verfügungen erhalten ist, wurde Freitag den 24. Mai 1564 rechtskräftig unterzeichnet. Dieses Testament hat im Jahr 1854[2] und seitdem nicht wieder eine Beschreibung erhalten. Das noch jetzt im Archiv von Simancas aufbewahrte Aktenstück

> ,besteht aus zehn Pergamentblättern von Foliogröße; ,das erste dieser Blätter ist unbeschrieben. Jede Seite trägt unten die Unterschrift des Prinzen, welcher sehr schlecht schrieb und dessen Buchstaben, um einen vulgären Vergleich zu gebrauchen, wie Kichererbsen sind. Nach der Unterzeichnung fügte er sogar noch sieben andere Verfügungen hinzu, unter welchen die erste gewesen ist, der Zahl der Testamentsvollstrecker noch den Bischof von Badajoz beizufügen'.

Der, wie es scheint, gleichzeitig mit dieser Beschreibung erfolgte Abdruck[3] läßt noch manche ungelöste oder nicht bemerkte Zweifel über etwaige Korrekturen des ursprünglichen Textes, deren Feststellung vielleicht tiefer blicken lassen würde, als mir jetzt möglich erscheint.

Ich meine nicht, daß man sagen darf, es ,enthalte die bei solchen Gelegenheiten hergebrachten Äußerungen katholischer Frömmigkeit'.[4] Dazu wiederholen sich denn doch schon an sich die inbrünstigen Bekenntnisse zu oft. Vor allem ist aber das Aktenstück keineswegs von irgendwelchem formelhaften Charakter, sondern gänzlich treue Wiedergabe sich zum Teil mehrfach genau wiederholender, nicht eben auf das beste geordneter, inti-

---

[1] In dem Testament selbst wird das Material, abgesehen von der durch das nachträgliche Kodizill um eins erhöhten Blätterzahl folgendermaßen beschrieben (*p.* 544): *va escrita toda de su [doctor Suarez] mano en cuartro pliegos de pergamino de marca ordinaria de papel y van escriptas las siete hojas de ellos de ambas partes en que hay carorce planas, que todas van de mi firmadas y mas esta plana primera de la octava en que tambien firmé* – was freilich im Abdruck vergessen oder von dem Prinzen nicht geschehen ist. Anderseits erklärt der Notar, welchem das fertige gesiegelte Testament zur Aufbewahrung übergeben wurde (*p.* 548): *la cual dijo ser de cinco pliegos y que la primera foja está blanca y las ocho siguientes todas escriptas y en la décima postrera la plana primera della.*

[2] Lafuente, *historia de España XIII* 307, die einzige mir bekannt gewordene diplomatische Schilderung des Aktenstückes: *el testamento tiene dies hojas de vitela tamaño de pliego, la primera en blanco y las nueve restantes utiles,* das Folgende im Text.

[3] *Coleccion de documentos inéditos para la historia de Espana XXIV* (1854) 513 bis 549. Die Datierung S. 548. Die jedesmalige Unterzeichnung ,Yo el Principe' am Seitenende ist hier freilich getreulich wiedergegeben, aber der Mangel genauer palaeographischer Beschreibung eines für spansche Geschichte so einzig wichtigen Denkmals umso empfindlicher.

[4] Maurenbrecher, Vortrag über Don Carlos (1876) 26.

mer Gedanken, Überzeugungen und Wünsche. Es ist ein für die Zwecke dieser Darstellung unschätzbares Zeugnis der religiösen wie der politischen Anschauungen und Ziele des Erben dieses spanischen Weltreiches.[1]

Don Carlos hat das Testament vor seinen Augen mit seinem Wappen auf beiden Seiten versiegeln lassen. Hierauf hat er dasselbe vor sieben Zeugen einem zugleich ihm persönlich zugeteilten öffentlichen Notar und königlichen Kammersekretär für Angelegenheiten des königlichen Rats eingehändigt mit der von dem Notar feierlich übernommenen Verpflichtung, dasselbe erst nach des Prinzen Tode eröffnen zu lassen.

Es ist von anderen Forschern, vielleicht zu rühmlich, bemerkt worden, die Urkunde sei ‚voll von Verstand, Urteil und Gefühl', sie ‚atme die edelsten und hochherzigsten Empfindungen'.[2]

Ein Teil dieser Lobsprüche mag dem Doktor Ferdinand Suarez gebühren, dem einzigen rückhaltlosen, aufrichtigen Freunde, welchen Don Carlos gefunden hat, und der auch uns noch einmal in einem anderen Zusammenhange begegnen wird. Suarez war damals polizeilicher Vorstand des kronprinzlichen Hofhaltes und hat das ganze Testament geschrieben, nach Don Carlos' eigener Erklärung: auf dessen Befehl.[3]

Aber des feinsinnigen Suarez Mitwirkung dürfte doch wesentlich auf bestimmte Gebiete zu beschränken sein. Sie wird zunächst für die würdige und in der Tat oft edle Form des Ausdruckes in diesem uns vorliegenden Aktenstücke zu gelten haben. Vielleicht ist auch der eine oder andere Name auf Suarez' Rat noch eingefügt oder mit einer Gabe bedacht worden. Sieht man die Reihe etwa der Testamentsexekutoren durch, so findet man unter den Geistlichen, außer dem Beichtvater durchaus Bischöfe, welche auch hier nach dem König und vor den Laien genannt werden, den glorreichen Namen des einstigen Präsidenten von Peru, nunmehrigen Bischofs von Siguenza Don Pedro Gasca; er ist an letzter Stelle und gleich den anderen als Mitglied des königlichen Rats genannt; wohl möglich, daß der Kronprinz darauf aufmerksam gemacht wurde, daß ein um seiner Taten und seiner reinen Ehrenhaftigkeit willen gleich gefeierter Namen wie dieser dem Testament und

---

[1] *C'est le plus curieux et l'on pourrait dire: meme l'unique monument que nous ayons des pensées, de l'esprit, du caractère* de Don Carlos. Gachard I 126.
[2] Gachard, I 142. Maurenbrecher in der historischen Zeitschrift XI 291.
[3] *Doctor Hernan Suarez de Toledo, alcalde de su casa y corte,* sagt das Testament S. 590, dagegen bei Erwähnung desselben als ausschließlichen Schreibers der Urkunde S. 513 f.: *la cual yo mandé que escribiese el dicho doctor Herman Suarez de Toledo, alcalde de la casa y corte de S.M. que al presente reside sirviendo en la mia y va escrita toda de su mano.* Schon Garchard I 126 hat gegen Lafuente mit Recht bemerkt, daß der uns bekannte Beichtvater Diego de Chaves so wenig wie irgendein anderer Geistlicher an der Abfassung Anteil hatte.

seiner zuverlässigen Vollstreckung gleich wohl anstehe. Aber solche Vermutungen von Einzelheiten unterliegen doch auch immer Bedenken.

Der eigentliche Inhalt, das für die kritische Betrachtung Wesentliche, ist aber gänzlich als aus Don Carlos' Geistesrichtung entsprungen zu betrachten.

## Religiöser Charakter des Testaments

Eigenart und Eigenwilligkeit des Prinzen treten besonders stark im sechzehnten[1] Artikel der Urkunde hervor. Er bezieht sich auf die für uns nur wegen ihrer psychischen Folgen für die Katastrophe wichtigen, vor zwei Jahren in Alcalá, überstandenen schweren Leiden. In seiner hastigen, halb geordneten, stilistisch mangelhaften und doch sehr charakteristischen Form versuche ich diesen Artikel dem Leser vorzulegen.

> ‚Weil man mir, als ich erwähnte Krankheit hatte – von den Ärzten aufgegeben, und von dem König, meinem Vater und meinem Herrn, als tot verlassen, und Befehl für mein Begräbnis gegeben war – den Körper des besagten Pater, genannt heiliger Bruder (Fray) Diego, gebracht hat; und weil ich von dem Augenblick an, als man ihn bei mich gebracht und ich ihn berührt hatte, die Besserung und Gesundheit empfand, welche Gott unser Herr mir zu geben geruhte; und weil ich Ursache habe zu glauben, daß es wegen seiner Verdienste und seiner guten Fürsprache bei seiner Göttlichen Majestät geschehen ist und es so auch denen schien, welche sich dabei befanden; und weil seit damals meine Absicht dahin geht, so viel an mir liegt, seine Heiligsprechung zu bewirken, damit er von der Autorität unserer heiligen römischen Mutter der Kirche, wahrheitgemäß mit dem Namen eines Heiligen genannt werden könne, welchen er unter den Leuten ob seines Lebens und seiner Wunder erlangt hat; aber wenn sich das in meinen Tagen nicht bewirken lassen sollte, so flehe ich den König meinen Herrn an, er möge mir diese besondere Gnade erweisen, die gute Ausführung davon zu besorgen, wie ich vernehme, daß um dieser selbigen Sache willen Seine Katholische Majestät es begehret hat und begehrt.'

Von der wilden Form abgesehen lassen diese Ergüsse eines religiös erregten Gemütes doch, wie mich dünkt, nicht den geringsten Zweifel über die vollkommene katholische Rechtgläubigkeit des Kronprinzen. Schon an sich machen sie die früher erwähnte Äußerung des französischen Botschafters verständlicher, Don Carlos hasse die ‚Sakramentierer', die Reformierten und ähnliche Häretiker, ‚tödlich'. Freilich fehlt für die spanische Rechtgläubigkeit jener Zeit doch noch ein Stück.

---

[1] Diese das Verständnis erleichternde, auch in Gachards Auszügen (*Don Carlos I* 126 bis 140), deren Übersetzung zu wünschen läßt, gebrauchte Zählweise ist der Handschrift fremd. Art. 16 steht von S. 523 der Edition unten.

An sich kann ja der strengste Beisitzer des Glaubensgerichtes die Erklärung des Grundes, auf welche Weise er seine Gesundheit wiedergewonnen habe, nur wohlgefällig aufnehmen. Don Carlos hatte in dem vorgelegten testamentarischen Artikel seine Herstellung keineswegs dem wahrscheinlich entscheidenden chirurgischen Eingriffe zugeschrieben, welchen Andreas Vesalius' für die moderne Anatomie schöpferisch gewordener Genius den nach einstimmigem Urteil aller gebildeten Fremden durchaus unfähigen damaligen spanischen Ärzten[1] anriet. Er erklärt sich feierlich und nicht ohne Leidenschaftlichkeit durch die Gebeine des heilig zu sprechenden Fray Diego genesen. Aber gegenüber den bösen Zungen der französischen Häretiker jener Zeit und der in unserm Jahrhunderte aufgestellten Behauptung Llorentes, eines der letzten Schreiber der Inquisition, von des Prinzen Abneigung gegen dieses Tribunal seit jenem Massen-Autodafé von Valladolid möchte man auch über die spezifische spanische Glaubenslücke Sicherheit gewinnen.

Solche gewährt denn das Aktenstück in genügender Weise. Im dreißigsten Artikel werden, worauf schon oben hingewiesen ist, die Executoren des Testaments bezeichnet. An erster Stelle wird der König gebeten, diese Mühewaltung zu übernehmen; ihm zunächst wird der General-Inquisitor Erzbischof von Sevilla designiert, an vorletzter unter den Laien der Licenciat Otalora, welcher auf seine Bitte ‚von der Dienstleistung im königlichen Rat und derjenigen der heiligen und allgemeinen Inquisition enthoben'[2] worden war.

Aber die sehr ausgeprägte religiöse Geistesrichtung des Prinzen läßt sich, von jener inbrünstigen Verehrung der Gebeine Fray Diegos und der korrekt spanischen Schätzung der Inquisition noch von ganz anderen Gesichtspunkten erkennen.

Man ist zunächst erstaunt, bei einem so jungen Mann einen stark asketischen Zug entwickelt zu finden. Gleich der erste Artikel verordnet seine Beisetzung in einem Toledanischen Kloster in Franziskanergewand, und mindestens dieser Kleidungswunsch ist an seiner Leiche wie an der seines kaiserlichen Großvaters wirklich erfüllt worden. Ausdrücklich verbietet er zugleich ein prächtiges Grabmal: ‚ein einfacher glatter Jaspis ohne Skulptur' soll seine Ruhestätte bezeichnen. So will er (Artikel 2) bei seiner Leichenfeier die äußerste Einfachheit und Sparsamkeit eingehalten haben:

---

[1] Italiener, Franzosen und Engländer sind hierüber einstimmig (Gachard, *Don Carlos I* 75 Anm.) Zu ihnen gesellt sich als erwünschter Zeuge der Kardinal Granvelle bei dem, wol wirklich durch alberne Behandlung erfolgten Tod der Königin Anna (26. Oktober 1580), der geliebten Tochter der Kaiserin Maria. Gachard, *lettres de Philippe II. à ses filles* p. 11.

[2] *que fué y quiso dejar de ser de el dicho Consejo Real y de él de la sancta y general Inquisicion* p. 540.

,ich erflehe von dem König, meinem Herrn, und beauftrage meine Testamentsvollstrecker, sie mögen anordnen und Vorsorge treffen, daß alles ohne Prahlerei und Welteitelkeit gemacht werde, weil es mein Wille ist, daß diese in keiner Beziehung stattfinden.' Im Übrigen ‚befehle ich, daß alles gehalten werde, wann und wie es üblich ist.'

Es ist dem entsprechend, wenn er, bis auf die Zahl der Kerzen und Lichter, das für die herkömmlichen kirchlichen Gedenkfeiern an seiner Grabstätte Nötige festsetzt. Immerhin verlangt er (Artikel 15) die Ausführung der sehr kostspieligen Gelübde, welche er während seiner letzten Krankheit abgelegt hat.

Seine kirchlichen Sympathien gelten der einstigen neukastilischen Hauptstadt Toledo, wo (Artikel 3) 10.000 Seelenmessen im ersten, tausend in jedem folgenden Jahr für sein Seelenheil gelesen werden sollen und wohlgemerkt: ‚für die Seelen der verstorbenen Herren Könige, von denen ich abstamme.' Es ist nur dieselbe Gedankenrichtung, wenn die beiden nächsten Artikel Geschenke an die Kirchen berühmter kastilischer Wallfahrtsorte und eine Loskaufung christlicher Gefangener aus mohammedanischer Sklaverei verordnen. Von seinen eigenen Sklaven entläßt er (Art. 14) die der Freiheit Würdigen, die übrigen schenkt er seinem einstigen Erzieher Honorato Juan, nunmehr Bischof von Osma, für welchen er[1] seine Dankbarkeit, durch reiche Geschenke und besonders warme Empfehlung bei dem König betätigt. Noch in der vierten Zusatzklausel empfiehlt er demselben unter besonderem Dank für die Ernennung seinen schon erwähnten[2] Beichtvater Diego de Chaves wegen dessen ‚religiöser Gesinnung, löblichen Lebenswandels und aller guten Eigenschaften.'

Überaus charakteristisch[3] für seine spezifisch spanisch, um nicht zu sagen kastilisch geartete Glaubensempfindung ist die Fürsorge, welcher Don Carlos etwa ein Drittel seines Testaments gewidmet hat. Er wünscht, zunächst aus den allmählich frei werdenden, von ihm ausgesetzten Gehältern und Pensionen eine zugleich fromme und gelehrte Stiftung wiederum in Toledo eingerichtet. Mit genau zehnjähriger Dienstverpflichtung sollen Franziskaner zu stetem Gebete für sein und seiner königlichen Vorfahren Seelenheil[4] verpflichtet sein. Die Betreffenden dürfen nachweislich unter ihren beiderseitigen Vorfahren keinen Juden noch Mauren zählen: ‚sie sol-

---

[1] Artikel 10, 11, 15 (S. 520-522) und 37 oder fünfte Zusatzklausel (S. 547). Den Haushofmeister des inzwischen Verstorbenen empfahl er am 10. September 1566 zur Versorgung. *Doc escog.*
[2] Seine Lobesworte lauten: *por persone de mucha religion y ejemplo y todas buenas cualidades.*
[3] Artikel 21 bis 27, 35 und 36 oder 2. und 3. Zusatzklausel
[4] *Por mi anima y de los señores Reyes mis antepasados.* Art. 21 S. 530

len Christen alter, reiner Herkunft sein,' auch ausgeschlossen werden, wenn solcher Herkunftsmangel sich irgend einmal später herausstellen würde.[1] Er bemerkt (Art. 23) daß auch bei den Hieronymitenmönchen – unter welchen sein kaiserlicher Großvater in den beiden letzten Lebensjahren weilte – auf solche Reinheit der Abkunft gehalten werde. Er verlangt diese Reinheit, deren Betonung in der päpstlichen Bestätigungsbulle erwirkt werden müsse, auch in der akademischen Abteilung, welche er neben diesem Betkollegium eingerichtet zu haben wünscht.

Es mag sein, daß eben in Alcala de Henares, wo er der reinen Luft halber so oft weilen mußte und neuerlich eine gefahrvolle Krankheit überstanden hatte, ihm der Gedanke an eine solche akademische Stiftung nahe lag. Sein Testament ist in der dortigen erzbischöflichen Residenz verfaßt. Es war Kardinal Ximenez, ein so hochberühmter Vorgänger des damaligen Erzbischofs, welcher in Alcala Universität und Bibliothek gestiftet hatte. Ausdrücklich bezieht sich der Kronprinz auf mündliche Mitteilungen über eine andere von Alcala aus beabsichtigte kirchliche Stiftung, welche er mit päpstlicher Unterstützung abgeschlossen wünscht. Die Mitteilungen habe er von einem dortigen Dominikaner, dem betreffenden Spender, erhalten.

Gerade ‚wenn möglich' zwei oder nach einem Annex des Testaments drei Dominikanern wünscht er die von ihm beabsichtigte gelehrte Stiftung anvertraut, welche doch seltsamer, vermutlich unmöglicher, Weise ein integrierendes Glied des aus Franziskanern bestehenden Kollegiums bleiben soll. Es sind zwei, dann drei wohldotierte Lehrkanzeln, die eine, recht in Ximenez' Sinne, für ‚heilige Schrift', die andere oder die beiden anderen für die Lehren ‚des heiligen Herrn Thomas von Aquino'. Er meint, durch nachdrückliche seminaristische Unterweisung und Empfehlung seiner Ideen in der päpstlichen Bestätigungsbulle hier eine für den reinen, katholischen Glauben wichtige Pflanzschule errichtet zu haben.

## Politische Richtung des Testaments

Wenn schon unter den sachkundigen Zeitgenossen jeder Verdacht irgendwelcher ketzerischen Anschauung des spanischen Kronprinzen als gänzlich grundlos zurückgewiesen worden ist, so sollte eine derartige Meinung in unserem Jahrhundert außer Diskussion für Jeden bleiben, welcher das seit dem Jahr 1854 gedruckte Testament gelesen hat. Don Carlos' religiöse

---

[1] [...] *no pueda entrar* [...] *quien tuviere raza de descendencia alguna de Judío ni de Moros, sino que sean todos Cristianos viejos y limpios y descendientes por todas partes de antepasados que lo ayan sido.* Art. 22, vgl. 23, 24 und 36 = 3. Klausel.

Überzeugung stellt sich hier vielmehr als der strengsten und exklusiven kastilischen religiösen Auffassung durchaus entsprungen und gleichartig dar.

Da mußte uns wohl schon etwas an diesem Sprossen eines Hauses auffallen, welches deutscher Nation neun Könige gegeben hatte, als er seinen letzten Willen diktierte. Es ist ihm weder diese Tatsache erheblich erschienen, noch die weitere, daß unter jenen neun Königen fünf – Rudolf I., Albrecht I., Friedrich III. oder IV., Maximilian I., Karl V. – seine direkten Vorfahren gewesen sind. Er ignoriert sie an den beiden angeführten Stellen, indem er für das Seelenheil der ‚Herren Könige', seiner Vorfahren, Gebete anordnet: nur die spanischen hat er im Sinn.

Dem entspricht nun durchaus die Titulatur, welche er sich selbst gibt und auf dem letzten von ihm unterzeichneten Blatte des Testaments sich von dem Notar erteilen läßt. Er nennt sich: ‚von Gottes Gnaden erstgeborener Sohn des Königs Don Philipp, meines Vaters und meines Herrn, der ich Erbprinz bin in seinen Reichen und Herrschaften von Spanien, Italien, den Staaten von Flandern und den Inseln des Mittelmeeres und aller Indien und des Festlandes, des Ozeanischen Meeres, welches man die Neue Welt nennt u. s. w.' Nicht minder inkorrekt nennt ihn der Notar: ‚unser sehr hoher und mächtiger Herr Don Carlos, von Gottes Gnaden Prinz von Spanien, Italien und Niederdeutschland (*baja Alemannia*), der indischen Inseln und des Festlandes, des Mittelländischen und Ozeanischen Meeres.'

Ganz absichtlich, wie man sieht, ist seiner deutschen Abkunft nicht gedacht. Er muß wohl von jenen vierjährigen Verhandlungen seit 1548 zwischen seinem kaiserlichen Großvater und seinem bei Abfassung des Testaments noch lebenden Großoheim, nunmehrigen Kaiser Ferdinand I. und von dem vorläufigen Abkommen zwischen Beiden am 4. März 1551[1] gehört haben. Es hatte durch diese Verhandlungen ein regelmäßiges Alternieren der römisch-deutschen Kaiser- und Königswürden zwischen beiden Linien des Hauses Habsburg erzielt werden sollen. Im Falle ihres Gelingens wäre Philipp II. in diesem Mai 1564 im Besitz der römischen Königswürde gewesen. Nach Philipps zukünftigem Kaisertum mit Maximilians II. Nachfolge wäre dann vermutlich ihm, Don Carlos, dereinst wiederum die Ehre des römischen Königs- und Kaisertums gesichert gewesen. Und wie stark hat doch noch nach dem Scheitern dieses Planes König Philipp am 4. Dezember 1555 in einem Schreiben an die Bürgerschaft von Frankfurt am Main, welcher die Wacht für freie römisch-deutsche Königswahl vertraut

---

[1] Ranke, deutsche Geschichte V³, 98 mit den bisher nicht widerlegten Schlußfolgerungen der Echtheit.

war, seinem deutschen Gefühl Ausdruck gegeben. Nach seinem Herkommen ‚von einem löblichen Stamme und Geblüte' wolle er sich den Ständen und Gliedern des Reiches gemäß verhalten. Er hebt hervor, es seien: ‚Mir sowohl als unsere löbliche Voreltern [...] nicht weniger im Herzen als von Gepluet ain rechter guter Teutscher'.[1] Nach dem Testament kann man kaum annehmen, daß Don Carlos zu einem solchen warmen Bekenntnis zu bringen gewesen wäre.

Elfjährig hatte er seinen kaiserlichen Großvater in Verwunderung gesetzt, als er demselben zornig erklärte, nie würde er gleich Karl V. vor dem Kurfürsten Moritz geflüchtet sein. Vielleicht in der Woche darauf mußte der Kaiser das heftige Begehren seines Enkels nach einem aus den Niederlanden mitgebrachten Zimmerofen scharf abweisen.[2] In dieser hartnäckigen Weise mochte der Achtzehnjährige es auch mit Groll empfinden, daß ihm die Ehren des römisch-deutschen Reiches entgangen waren.

So nennt er sich nicht gleich seinen Vettern ‚Erzherzog von Österreich und Graf von Habsburg'. Nicht mit einer Andeutung weist er auf seine Erbrechte im Verband des deutschen Reiches und dessen Fürstenstandes hin. Als seine Gedankenrichtung sich etwa drei Jahre später immer ungestümer zu der Verbindung mit seiner Base, der Erzherzogin Anna, gewendet hatte, lernte er seit dem 1. Juli 1566 mit aller Hast Deutsch, und sein deutscher Sprachmeister Ludwig Morisot ist auch während des Prinzen Haft bis zum 30. Juni 1568 besoldet worden,[3] obwohl er ihn allem Anschein nach nicht mehr zu Gesicht bekommen hat. Aber obwohl der Prinz auch jetzt schon zu der deutschen Verbindung geneigt war, ist in seinem Testament nur einmal (Art. 7) mit einem Flamänder Just Ficte von einem Deutschen Christoph Hermann die Rede: bei Beiden wünschte er Geldschulden berichtigt; dieser Hermann ist aber der Vertreter des Hauses Fugger in Augsburg gewesen.[4] Seiner deutschen Verwandten gedenkt der Prinz so wenig, daß er im Fall seines Ablebens ohne legitime Nachkommenschaft nur (Art. 29) erklärt: ‚nach Rechten und Gesetzen dieser Königreiche' sei dann sein Vater sein Erbe. Niemand konnte aus dem Testament schließen, daß er wirklich ein Gefühl für die Blutsverwandtschaft habe,[5] deren er in einem ehrerbietigen Brief an den kaiserlichen Großoheim gedenkt. Man wird sagen dürfen: er empfand kaum, so sehr sein Antlitz ihn als dieser

---

[1] Koch, Quellen II 122.
[2] Gachard, *Don Carlos I* 22.
[3] Archivierung in Simancas bei Gachard, *Don Carlos I* 269.
[4] Von Dietrichstein am 27. Juni 1567 erwähnt: Koch I 191.
[5] *asi por lo quem e obliga la sangre.* 15. August 1562 ebenfalls aus Simancas. Gachard, *Don Carlos* 642.

Dynastie entsprossen erkennen ließ,[1] daß er dem Hause Habsburg angehörte, als dessen Glied König Philipp II. sich mit den zartesten Empfindungen bis zu seinem Tod gebunden hielt.

Noch fühlt sich der Kronprinz seinem königlichen Vater gänzlich ergeben und zugetan. ‚Er sagt (Art. 18): ich habe Willen und Verlangen, ihm in allem zu gehorchen, zu gefallen und zu dienen'. In dem vorangehenden Artikel 17 liest man:

> ‚ich flehe den König, meinen Herrn, an, er befehle, diesen meinen Willen auszuführen, wie ich das von der Größe und Hochherzigkeit (*magnificencia*) erwarte, welche er stets bewährt und denen gegenüber vollkommen anzuwenden verlangt, welche in so hervorragender Weise Gott und Seiner Majestät dienen.'

Es handelt sich um Belohnungen bei den rühmlichen Taten spanischer Truppen im vorigen Jahr im Mai und Juni 1563 speziell gegen die Mohammedaner von Algier.[2] Bei Aussetzung eines Legates wegen solcher Auszeichnung für den nach seiner Ansicht besten Kommandierenden, zum Zweck der Stiftung eines Majorats, spricht Don Carlos von Kämpfen gegen ‚Türken und Mauren' und ‚Ungläubige'. Er bedauert, daß der König bei so vielen Anforderungen (*necesidades*) nicht, wie er möchte, handeln könne. Deshalb, so fährt er mit seltsamem Selbstgefühl fort,

> ‚habe Ich, gemäße dem Willen, welchen ich immer habe, Gutes und Gnade zu üben für diejenigen, welche sich auszeichnen und hervortun in guter Dienstleistung, dem Genannten […] dreitausend Dukaten alljährlicher dauernder Rente für ihn und seine Nachkommen versprochen.'

Diesem ihn beschäftigenden Gedanken gibt er auch später noch einmal in einer der Wiederholungen dieses Aktenstückes Ausdruck: ‚es muß jeglichem Fürsten zur Befriedigung gereichen, Gnade gegen seine Diener zu üben, welche sich solche durch ihre guten Dienste erworben haben.'

Den Begünstigten seines königlichen Vaters läßt er, wohl wesentlich wiederum in der Absicht, seine Selbstherrlichkeit als Kronprinz zu zeigen, solche Gnade für ihre Dienste freilich nicht zuteil werden. Dem Geschmeidigsten und für den Gebieter Bequemsten unter allen, dem Fürsten von

---

[1] „schlecht nit aus dem osterreichischen Geschlecht" ist ein Glück des von Dietrichstein am 29. Juni 1564 gegebenen Signalelements (Koch I, 127). Gachard irrt, wenn er *I* 147 übersetzt: *rien en lui ne rappelle le sang de Habsbourg*. Koch hat schon „schlecht" durch „schlägt" verdeutlicht. Die Bildnisse, aus das der Wiender und das dem Titelblatte dieses Werkes vorgesetzte der Laxenburger kaiserlichen Gemäldesammlung bestätigen Dietrichsteins Ansicht.

[2] Die betreffenden Ereignisse finden sich in einem Bericht des Königs an seinen Gesandten in London geschildert, welchen Gachard a. a. O. I, 135 zum Abdruck gebracht hat.

Eboli, will er in demselben Artikel die Geldbezüge verschiedener Art, welche derselbe aus dem kronprinzlichen Hofhalt genossen hatte, entzogen und auf einen anderen Herrn übertragen haben. Für den Herzog von Alba, welcher Don Carlos vor zwei Jahren in den gefährlichsten Zeiten seiner Krankheit mit größter Hingebung, Treue und Aufopferung Tag und Nacht gewartet, auch die Herbeibringung jener wunderkräftigen Gebeine Fray Diegos veranlaßt hatte,[1] findet der Prinz überhaupt kein Wort der Anerkennung.

Im Übrigen, und von den Sympathien habsburgischen Fürstentums abgesehen, bewegt sich, wie man sieht, auf politischem Gebiete der Geist des Thronerben durchaus in den Bahnen des regierenden Herrn, dessen Walten er mit bewundernden Worten anerkennt. Man erinnert sich hierbei unwillkürlich, wie der König am Morgen des 16. Juni 1562 den zum ersten Mal nach seiner Krankheit unerwartet bei ihm eintretenden Kronprinzen in väterlicher Liebe umschlungen hielt. Es liegt nicht die geringste Andeutung in dem Testament vor, daß Don Carlos nach irgendeiner Seite Politik und Administration seines Vaters geändert oder auch nur irgend modifiziert gewünscht hätte. Soweit sich erkennen läßt, will auch er sich an die Regierungsprinzipien des kaiserlichen Großvaters halten, dessen Beispiel er noch bei Gebet und Haltung in der Sterbestunde nachzuahmen wünschte, und nach dessen Intentionen zu regieren auch Philipp II. sich als Verdienst und Pflicht anrechnete.

## Physische Schwäche des Prinzen

Bei beiden, Karls V. Sohne und Enkel, fällt im Gegensatz zu dem Waffen- und kriegsfreudigen Kaiser auf, wie wenig Neigung sie für militärische Bewährung, ja überhaupt für körperliche Anstrengung und Abhärtung besitzen. Schon Philipp II. ließ sich gelegentlich bei einer Berufung zum Kaiser mit seinem Bedürfnis vollkommener Ruhe entschuldigen; bei seiner zarten Gesundheit erschien im Jahr 1557 die Reise von Brüssel auf den nahen französischen Kriegsschauplatz als eine Art Wagnis, obwohl er dreißig Jahre alt war; in fortgeschrittenem Alter hat man ihn selten zu Pferde oder auf der Jagd gesehen. Das alles wiederholte sich in gesteigertem Maß bei seinem Sohne. Nur einer körperlichen Anstrengung scheint Don Carlos

---

[1] Gachard, *Don Carlos I* 80,85. Freilich schreibt Dietrichstein schon am 22. April 1564 von dem Herzog und der Herzogin von Alba: „der Prinz ist khainem Menschen feinter dan ier und irem Man" (Koch I, 123).

sich gern hingegeben zu haben: dem Schwimmen.¹ Doch war oder schien er so schwach, daß er bei der Taufe seiner zu so großer Berühmtheit gelangten Stiefschwester Isabella der Pflicht als Pate am 25. August 1566 nicht zu genügen vermochte, sondern das dreizehntägige Kind zu tragen seinem Altersgenossen, Karls V. unechtem Spross Don Johann von Österreich, überlassen mußte; ‚er ist nur stark in den Zähnen', schreibt Fourquevaulx bei diesem Anlass an die Königin Katharina Medicis.² Man begreift, daß der König unter diesen Umständen seiner Umgebung und seiner Gemahlin sagen konnte, als die Infantin geboren war, er freue sich mehr über die Tochter, als wenn es ein Sohn wäre.³ Es war ihm beschieden, daß dieses Kind, welches er nach seiner Geburt freudvoll betrachtete und dann seiner Gemahlin zeigte, seine beste Freundin und Beraterin im letzten Jahrzehnt seines Lebens und eine der besten Regentinnen Belgiens werden sollte.

Aber es wird immerhin der Zweifel gestattet sein, daß der Kronprinz doch stark genug gewesen wäre, auch in schweren Taufkleidern seine kleine Pate zu tragen, wenn er Neigung gehabt hätte, in der gespannten Stellung, in der er sich schon befand und noch mehr zu befinden glaubte, auf seinen Armen die eventuelle Erbin seiner Rechte auf die spanische Monarchie mit einem zarten kirchlichen Bande in die christliche Welt einzuführen. Bezeugt ist mindestens, wiederum durch Berichte des französischen Botschafters, mit welchen Hoffnungen sich in dieser Beziehung der französische Hof und, wie man gleich sehen wird, die französische Gemahlin Philipps II. beschäftigte, welche am 10. Oktober 1567 eine zweite Tochter, die spätere Herzogin Katharina von Savoyen geboren hatte. Schon eine Depesche vom 30. Juni 1567 brachte der Königin Mutter nach einer Mitteilung des Leibarztes der Königin und entsprechenden wiederholten Erklärungen des Prinzen von Eboli die Sicherheit, daß ungeachtet angewandter medizinischer Mittel von Don Carlos nie Nachkommenschaft zu erwarten sei: ‚das kann nur gut für die Krone Frankreich sein', zunächst freilich mit Rücksicht auf die von spanischer Seite abgelehnte Verbindung mit Katharinas jüngerer Tochter Margaretha. Aber

---

¹ Gachard, *Don Carlos* 283. Daß er aber im September in einem kalten Gewässer bei Segovia mit Don Johann von Österreich geschwommen habe, scheint ein Irrtum Gachards zu sein. In dem wörtlichen Auszug des betreffenden Briefes des französischen Botschafters vom 11. September 1566 (Gachard, *bibl. nationale à Paris II* 213) wird sein Name nicht erwähnt.

² *à faulte que le prince n'a force sinon à ses dents*. *Bibl. nat. II* 211: Fourquevaulx' Bericht vom 26. August 1566.

³ [...] *disant à tous qu'il était le plus content prince du monde et trop plus aise d'avoir une fille que sic e fût un infant*. Die Königin sagte dem Gesandten: *le roy mon mari me fait entendre qu'il en es plus content que d'un masle*. Fourquevaulx an Katharina Medicis 18. August 1566. a. a. O. 209. Gachard, *lettres de Philippe II* (1884) *p.* 19-21.

nach der Geburt jener zweiten Infantin und nach des Kronprinzen Verhaftung schreibt derselbe zuverlässige Diplomat (8. Februar 1568):

‚man wird gegen den Prinzen gerichtlich vorgehen, um ihn für unfähig zur Thronfolge zu erklären. In Folge dessen werden die Kinder der Königin Ihrer Tochter mit Gottes Hilfe succediren, welche Rücksicht allein, wenn es sonst keinen Grund gäbe, die Freundschaft und das gute Verständnis, welche zwischen Euren Majestäten bestehen, dauernd machen muß. Und obwohl der Schaden des gedachten Prinzen nützlich ist für die Königin, Ihre Tochter, und für deren Angehörige, ist sie doch so „artig", keinen Schein von Freude zu zeigen, sondern sich dem Willen des Königs, ihres Herrn, zu fügen, und bis er ihr die Tränen verbot, hat sie zwei Tage lang nicht aufgehört, die Ungnade ihres Stiefsohnes zu beweinen.'[1]

Es wäre doch seltsam, wenn Don Carlos, dem es nach allen Zeugnissen an scharfer Beobachtungsgabe keineswegs gefehlt hat,[2] diese Situation nicht unmittelbar erkannt haben sollte.[3]

Immerhin kann auch wirklich, wie ja Don Carlos' Abneigung gegen jede Unwahrheit entschieden genug behauptet wird,[4] ein Schwächeanfall ihn zum Fernbleiben von dem Taufakt veranlaßt haben. Denn jene Schwimmübungen abgerechnet, die ich persönlich doch auch nicht bei Zeitgenossen besonders hervorgehoben finde, hat er allem Anschein nach nie etwas zur Abhärtung seines Körpers versucht. Soweit meine Kenntnis reicht, hat er niemals, wie später sein Vetterssohn Erzherzog Albrecht zu des Königs Philipp II. Genugtuung nach dessen Briefen an die Infantinnen, auf Eberoder überhaupt auf Hochwild-Jagden sich bewährt. Ich erinnere mich auch nicht, irgend eine Nachricht gelesen zu haben, welche darauf zu schließen gestattete, daß er jemals einen der anstrengenden, Leib und Seele erfrischenden scharfen Ritt unternommen hätte, an welchen sein kaiserlicher Großvater in jüngeren Jahren so viel Gefallen fand. Nicht einmal an einem

---

[1] A. a. O. *II* 240 und 252. Seltsamerweise ist in der letzten Depesche der entscheidende Satz über die Thronfolge von Elisabeths Töchtern in Gachards Textauszug vergessen. Er lautet bei Du Prat 494: *Par quoi les enfants de la reine votre fille, Dieu aidant, succéderont, lequel seul repect, quand il n'y aurait autre raison, doit perpétuer l'amitié et bonne intelligence qui est entre Vos Majestés.*

[2] „So hat er ein drefenlichs Gedachtnuß und, wie man sagt, in vielen gar nur zu agudo." Dietrichstein 29. Juni 1S64. Koch I 128, doch von mir [*Büdinger, Anm. d. Bearb.*] nach dem Original verbessert.

[3] Selbstverständlich ist das erneuerte Märchen von erotischen Neigungen zwischen dem Prinzen und seiner Stiefmutter von Maurenbrecher in wiederholter Polemik (vgl. Vortrag über Don Carlos 2. Aufl. 1876 S. 40-46) mit Recht zurückgewiesen worden. Die Königin Elisabeth hatte ganz andere Geheimnisse, vgl. o.

[4] „ain großer Liebhaber [...] der Wahrheit, mag gar khein Unwahrheit nit leiden." Dietrichstein a a. O.

unblutigen Turnier¹ wie zuweilen bei solchen die überaus elegante Erscheinung seines Vaters in der Jugend sich bemerkbar machte, scheint er jemals Teil genommen zu haben.

Von seinem krankhaften Bedürfnis ungemein reichlichen Wassertrinkens wird im folgenden Kapitel am Ende der Erwägungen über die Zeichen seiner zunehmenden Schwachsinnigkeit eine Beobachtung mitzuteilen sein.

In seinem dreizehnten Jahr fand man, daß die heftige Transpiration, welche ihm, wie anderen Anfängern, das Reiten verursachte, nicht ohne Gefahr für seine Gesundheit sei, und so gab man ihm selten Gelegenheit, zu Pferd zu steigen. Für alle seinem damaligen Lebensalter entsprechenden Leibesübungen zeigte er übrigens so wenig Neigung² als für die Studien; doch meinte sein Obersthofmeister Marques de las Navas ‚durch alle diese Dinge hinlängliche Besserung' seiner Gesundheit erzielt zu haben.³ Schon damals fiel die fahle Gesichtsfarbe des Kronprinzen auf, wie sie auch die Bildnisse bestätigen;⁴ immerhin hatte auch sein Vater, wie es scheint, niemals ein blühendes Antlitz, vollends in späteren Jahren einen auffallend weißen Teint.

Hier ist nun die traurige Wandlung in der physischen Erscheinung des Prinzen zu erwägen, welche in dem Übergang vom Knaben- zum Jünglingsalter eingetreten sein muß und doch nicht nach ihren pathologischen Ursachen bekannt ist. Wie es scheint, haben die damaligen, nach einstimmigem Urteil aller Nichtspanier durchaus unfähigen spanischen Ärzte eine neben dem drei Jahre lang fast ununterbrochen andauernden Wechselfieber entstandene andere Krankheit verkannt. Nur eine solche konnte an dem ohnehin rachitischen, heranwachsenden Knaben die noch zu schildernden Mißgestaltungen bewirken. Die Disposition zur Schwachsinnigkeit zu entwickeln und zu steigern war aber⁵ das lange wirkende Wechselfieber sehr

---

¹ Von den Turnierübungen zu Fuße in Waffen, welche ihm im
   April 1558 in Vormittagsstunden gut bekamen (*Docum. inéditos XXVI*
   497), verlautet später nichts mehr.
² „braucht sich kheiner Übung nit" Dietrichstein 22. April 1564. Koch I 122.
³ Navas Bericht an den König vom 29. Juli 1557 aus dem Archive von Simancas ist bei
   Gachard, Von Carlos etwas auseinandergezogen. Er beginnt *p*. 25 Anm, 1, dann folgt *p*.
   23 Anm. 5, *p*. 26 Anm. 1. Don Garcia de Toledo klagt dem Kaiser am 13. April 1558
   über mangelnde Fortschritte des Prinzen bei jeglichem Unterricht und bemerkt auch seinerseits, daß man, weil es übel bekomme (*hacer mal*) das Reiten vorläufig einstellen
   müsse (*no* [...] *por agora lo debe usar*). *Documentos inéditos XXVI* 407
⁴ *La color no trai buena y siempre la ha tenido asi.* Navas a. a. O.: 25 [[...]] „gar blaßer
   Farb"; [...] „an Gesicht gar blaß" („bleiblau" nach Grimms Wörterbuch unter „blau" zu
   Anfang). Dietrichstein 22. April und 29. Juni 1564. Koch I 122 und 127.
⁵ Diese Erklärung über die Wirkungen des Wechselfiebers verdanke ich, wie so viele gütige
   Unterstützung, der freundschaftlichen Mitteilung meines verehrten Kollegen, Herrn

geeignet, ‚da ein solches Geisteskrankheiten aller Art erzeugen kann.' Wir werden sogleich sehen, wie früh schon bei dem Prinzen die Folgen des angeborenen, mit Aufregung verbundenen Schwachsinns sich geltend machten.

Da kommt zuerst ein Brief seiner Tante Johanna an ihren kaiserlichen Vater vom 8. August 1558 in Betracht. Drei Tage hatte sie, damals fast siebzehn Jahre alt, und der kaum siebenjährige Knabe geweint, als sie im Juni 1552 von Toro zu ihrer Vermählung mit dem portugiesischen Thronerben auszog. Als sie nach etwas über Jahresfrist als Witwe zurückkehrte, ernannte Karl V. sie zur stellvertretenden Regentin Spaniens, und sie wurde zugleich mit der Oberleitung von Don Carlos' Erziehung beauftragt. Seltsamer Weise hegte sie die Hoffnung, sich mit ihm zu vermählen, noch nach elf Jahren. Ihr kaiserlicher Vater hatte auch seinerseits kurz vor seinem Tod seinem Sohne diesen Wunsch geäußert; er hatte freilich hinzugefügt, daß wenn ‚wegen Verschiedenheit des Alters oder aus anderer Unbequemlichkeit' dieser Plan unausführbar sei, die älteste Tochter Maximilians[1] seine Enkelin Erzherzogin Anna mit Don Carlos vermählt werden solle. Und so dauerten neben den Bemühungen der Königin für ihre jüngere, später (1572) mit Heinrich IV. vor jener Bartholomäusnacht vermählten Schwester Margaretha diese Versuche einer Ehestiftung zwischen dem Kronprinzen und seiner verwitweten Tante eine Zeit lang mit König Philipps Beistimmung fort.[2] Im Sommer des Jahres 1564 wurde endlich die schon zwischen dem Königspaar und der Prinzessin so lange debattierte Frage durch einen Beschluß des königlichen Rats zur Erledigung gebracht. Die entschiedene Abneigung des nun fast neunzehnjährigen Prinzen gegen diese Ehe fand im Rat lebhafte Unterstützung, vor allem von dem ‚größeren Fürsten',[3] dem König selbst. Die Prinzessin soll das schwer empfunden haben

---

Hofrates Professors Dr. Theodor Meynert.

[1] *L'empereur dernier, mourant, avoit chargé son filz, au cas que le mariage de la princesse sa fille ne vînt, pour les ans ou aultre discommodité, à effect, que surtout l'on eust à prendre l'aisnée fille du roy de Bohesme.* Bericht des französischen Gesandten, Bischofs von Limoges: 13. Februar 1562 bei Gachard, bibl. à Paris II 136.

[2] [...] der Kunig habe ein Zusagen der Prinzessin getan des Prinzen halber [...]. Weil er (Don Carlos) awer nit zu persuadiren, kunte er im awer nit dahin bringen. Dietrichstein 19. April 1564. Koch I 119. Schon im November 1561 sagte Don Carlos seinem Hofmeister, *comme il est bizarre et capricieux, s'il y en a au monde, que plustost se laissoit il mourir, si son père l'y voulloit forcer, pur ne l'aimer en façonque ce feust.* Er wolle Maria Stuart und die Regierung der Niederlande. Bericht des französischen Gesandten an Katharina Medicis. Gachard, *bibl. à Paris II* 128

[3] *Sed vicit melior pars* (dies schon bei Koch I 130, der aber die entscheidenden nächstfolgenden Worte ausläßt); *majorem habuerunt enim principem* (wohl in heiterem Gegensatz zu Don Carlos) *ipsis omnino adstipulantem.* Dietrichstein in einer zwei Seiten lan-

und für gar lästig halten und weil sie sich in den letzten Tagen nicht Wohl befand, so vermutet man, daß ihre ganze Krankheit aus jener Geistesaufregung entstanden sei. Das ist die seltsame Erzieherin, welche sich fast sechs Jahre vor dieser Demütigung in den uns angehenden Worten an den kranken Kaiser wendet, daß er den Enkel zu sich nach Just nehme: ‚Obwohl es ein wenig Last (*trabajo*) für Eure Majestät sein würde, so wäre es doch für ihn eine Lebensrettung (*dalle la vita*) und deshalb flehe ich Eure Majestät an, Sie wolle ihm zu befehlen geruhen, sofort dahin abzugehen; denn E. Maj. kann nicht glauben, wie viel daran liegt, daß E. Maj. uns allen diese Gnade erweise.' Es handelt sich um nicht mitteilbare, nur unter der größten Autorität zu heilende Fehler oder schlimme, auf Sittenverderbnis weisende Neigungen des heranwachsenden Knaben.

Was man aus diesen Jahren aus anderen Berichten und vornehmlich aus den mir sonst so nahe liegenden venezianischen Relationen geschöpft hat, ist durchaus unbrauchbar. Ich glaube hier ein für alle Mal bemerken zu müssen, daß überhaupt die venezianischen Gesandten niemals in der Lage gewesen sind, die nur einem ganz kleinen Kreis vertrauenswürdiger Personen bekannt gewordenen Einzelheiten über des Prinzen physische und psychische Entwicklung, wie über seine Katastrophe authentisch zu erfahren.

Die nächsten authentischen Nachrichten von Erheblichkeit[1] datieren aus dem Anfang des Jahres 1561. Seitdem stand die Sendung von Maximilians II. ältestem, erst achtjährigem Sohn, des späteren Kaisers Rudolf II., nach Spanien als eventuellem dortigen Thronfolger fest, da der König schon damals auf die Successionsfähigkeit seines Sohnes, wie wir sogleich authentisch erfahren werden, nicht mehr ernstlich gerechnet hat. Im August 1561 erfolgte die förmliche Einladung seiner beiden älteren Neffen, Rudolf und Ernst, nach Spanien. Von Seiten ihres Großvaters, des Kaisers Ferdinand I., und ihrer Eltern sah man Don Carlos' Zustand noch für so wenig bedenklich an, daß seine Vermählung mit der Erzherzogin Anna wiederholt angeregt wurde. Das Wechselfieber, an welchem der nun Sechzehnjährige so lange Zeit notorisch litt, hatte doch auch seinen Großvater und Vater oft genug heimgesucht; als Ablehnungsgrund der Verlobung konnte es auf die Dauer nicht gelten. Im März 1562 eröffnete endlich auf neues Andringen

---

gen Depesche an den Kaiser vom 2. Juli 1564. Wunderliche andere Einzelheiten über diese Heiratsaffaire erzählte aus ihren intimen Gesprächen mit Philipp II. die Königin dem französischen Gesandten (Gachard, *bibl. nat. à Paris II* 135) und noch im März 1564 aus Don Carlos' Runde: *ce mariage là, qu'il montre dédaigner grandement*. *Lettres des Cathérine de Medicis II* (1885) 166.

[1] Für das in diesem un dem folgenden Absatz Gesagte verweise ich auf Wilhelm Maurenbrechers 1873 publizierte „Beiträge zur Geschichte Maximilians II." in der Sybelschen historischen Zeitschrift XXXII 286 bis 292

des Wiener Hofs der Herzog von Alba mündlich in des Königs Namen dem kaiserlichen Botschafter Martin von Guzman in unzweideutigen Worten, was er vorher auf königlichen Befehl in einer Note[1] angedeutet hat.

Schon in dieser war bemerkt, daß Guzman selbst die mangelhafte Entwicklung des kranken Prinzen gesehen habe und kenne: eben sie verhindere den König, die Verlobung zu vollziehen, welche, ‚wie Gott wisse, die Sache sei, welche er im Leben am meisten ersehne.'

Jetzt ließ er unter Beiziehung und etwas weniger emphatischer Wiederholung dieser Versicherung dem vertrauten Verwandtenkreis Folgendes eröffnen.

‚Der Gesundheitsmangel des Prinzen verbunden mit den in Seiner Hoheit Person gelegenen (Mängeln) ebenso wohl in Urteil und Wesen[2] wie in Verständnis, welches weit hinter dem zurückbleibt, was von seinem Alter verlangt wird, bereiten Seiner Majestät große Verlegenheit. Der König habe, nachdem er das Vertrauen in die Befähigung seines Sohnes verloren, die Hierhersendung seiner Neffen vorgeschlagen.'[3]

Es wird hiermit der definitive Entschluß vom August des vorigen Jahres erklärt. Die Ankunft seiner Neffen, so lautet Albas Auftrag weiter, ‚verlange der König in Zärtlichkeit und sehe doch die Stunde nicht, da er sie erblicken werde'.[4] Immerhin gibt der König die Hoffnung auf Besserung des Gesundheitszustandes des Prinzen nicht ganz auf;[5] bis zu dieser Zeit, meint er, ‚können jedoch alle sonst zwischen ihm und dem Wiener Hof schwebenden Fragen abgeschlossen und geordnet' werden. Dem hier über Don Carlos Gesagten gibt der Botschafter noch das Zeugnis, daß es ‚in Wirklichkeit der Wahrheit entspreche' und daß der Prinz, wenn seine Gesundheit sich nicht bessere ‚auch nicht in zwei oder drei Jahren so sein werde, wie sich gehöre, um verheiratet zu sein'. Am 19. Januar 1563 berichtet bereits der venezianische Gesandte[6] Don Carlos sei ‚kleinsten Wuchses, von häßlicher und unangenehmer Erscheinung, melancholischer Anlage, in

---

[1] 6. März 1362. *Documentos inéditos para la historia de España XXVI* 498 f., wo die durch lang andauerndes Unwohlsein (*indisposicion*) eingetretene große Schwäche (*aflaqueza*) als Verhinderungsgrund für seine Herstellung und seinem Alter entsprechende erkennbare männliche Entwicklung (*mostrar los otros efectos que se requerian á su edad*) angegeben wird.
[2] Die Differenzen meiner Auffassung der entscheidenden Stellen in der von Maurenbrecher (vgl. auch dessen Vortrag S. 19 f.) entdeckten Urkunde mögen nach Sach- und Sprachkunde dieser Zeit erwogen werden.
[3] *y que: despues desconfiado de su hijo avia propuesto la embiada de sus sobrinos aca.*
[4] *Cuya llegada desseava tiernamente y no via la ora de verlos.* Doch dürfte *no viea* für ein des Königs Sehnsucht ausdrückendes Wort verschrieben oder irrig gehört sein
[5] [...] *en este medio se verras y .. el Principe va mejorando en salud mejora.*
[6] Abdruck der Depesche bei Gachard, *Don Carlos I* 154.

Folge deren er an die drei Jahre ununterbrochen an Quartanfieber, manchmal mit Geistesverwirrung gelitten hat.'

## Berechtigte Empfindlichkeit

Wie sehr die von Alba dem kaiserlichen Gesandten mitgeteilten Worte des Königs den Empfindungen desselben entsprachen, zeigte sich, als am 17. März 1564 die beiden kaiserlichen Prinzen, unter des Freiherrn Adam von Dietrichstein gewissenhafter Zucht, in Barcelona landeten. Philipp II. ließ den nun elfjährigen Erzherzog Rudolf trotz des von dem Zusammenhang wohl nicht ganz unterrichteten Hofmeisters und Botschafters Einrede zu seiner Rechten in die Stadt einreiten: wie es scheint, um den Spaniern ihren eventuell künftigen König zu zeigen. ‚Wie Jedermann sagt, hat man den König lange nicht so fröhlich gesehen'; der Vater selbst hätte seine Söhne ‚nicht mit mehr Liebe empfangen können'. Dann erfuhr der getreue Abgesandte aus des Königs Umgebung, daß er mit ‚großem Frohlocken' die Nachricht von der Ankunft seiner Neffen empfangen habe und aus seinem Benehmen sich ergebe, das Bezeigen sei nicht fingiert.[1] Ausdrücklich erklärte er noch im Februar 1566 dem kaiserlichen Gesandten, wiederum durch den Mund des Herzogs von Alba, als die Königin Hoffnung auf Nachkommenschaft gab, Erzherzog Rudolf sei ohne dieses zu erwartende Ereignis ‚sein Erbe' gewesen.[2] Man sieht, wie nach fünf Jahren seine Überzeugungen von Don Carlos' Unfähigkeit für die Regierung sich nur befestigt hatten.

So ganz haben nun freilich die beiden Prinzen die allerdings hochgespannten Erwartungen des Königs nicht erfüllt und bei aller Freundlichkeit und Fürsorge ist sein Benehmen gegen sie doch allmählich kühl geworden. Die eigentümliche Vereinigung hervorragender Eigenschaften besaßen sie eben nicht, welche später ihren jüngeren Bruder, Erzherzog Albrecht, des Königs wie seiner Lieblingstochter Isabella und dann der von Beiden beherrschten Belgier volle Zuneigung gewinnen ließen: Mut mit Gefügigkeit, Frömmigkeit mit heiterem Sinn, Zartgefühl mit Kriegslust.[3]

---

[1] Koch I 117 f.
[2] „obgleich wol Herzog Rudolph on das sein Erb." Koch I 154
[3] Über die langsamen Fortschritte in den Studien beider Prinzen, namentlich des Erzherzogs Rudolf klagt Dietrichsteins Bericht vom 30. Oktober 1564 Koch I 134. Am 31 März 1566 (Koch I 159) äußert er sich freilich günstig über des Erzherzog Ernst „fürtreflich gueten ingenium" und daß er glaube, derselbe „werde ain hochverstendiger tapferer Fürst werden."

Nur zu sehr wurde der kränkliche spanische Kronprinz sich seiner physischen Schwäche bewußt und aller Folgen, welche dieselbe für die seinem Vater nunmehr als nötig erscheinende Beaufsichtigung und argwöhnische Bedienung,[1] wie überhaupt für seine Stellung und Zukunft im Gefolge hatte. Schon in Valenzia, wohin Dietrichstein mit dem spanischen Hof im April 1564 kam, und noch ehe er ihn gesehen hatte, gab er seinem Herrn eine Zusammenfassung der Urteile, welche er über den Kronprinzen vernahm. Da Don Carlos sieht, daß sein Vater seiner so gar nicht achtet und er so gar nichts vermag, so sei er halb verzweifelt.[2]

## Allmähliche Verkrüppelung

Man hob Dietrichstein gegenüber, bald nach dessen Landung, hervor, eine wie ungünstige Veränderung seit seiner Kindheit mit dem Kronprinzen vorgegangen sei.[3] Als er dann denselben gesprochen hatte, konnte er ‚ihn Ihren Majestäten nicht viel anders beschreiben, als er zuvor getan'.[4] Er fand ihn von mittelgroßem Kopf, nicht besonders hoher Stirn, stets offenem Munde, mit einer eingebogenen Brust. Eben dies Letztere hatten wir als das Zeugnis seiner rachitischen Körperanlage schon früher zu bemerken. Es folgen in Dietrichsteins Bericht noch die für des Prinzen Natur im Juni 1564 so überaus wichtigen weiteren Angaben. Er schildert des Prinzen Körper als leidend an einer erhöhten Schulter, einem Höcker in der Mitte des Rückens, einem auffallend kürzeren rechten Fuß, die ganze rechte Seite gebrauchsunfähiger als die linke – dies allem Anscheine nach erst in Folge des sogleich zu erwähnenden Sturzes von Alcala –, mit Anfangs schwerfälliger, doch ‚ziemlich verständlicher' Redeweise, ‚gar kleiner und subtiler Stimme'. Noch einmal spricht er von dieser mit einer medizinisch freilich unbegründeten Schlußfolgerung bei Erwähnung seiner nach Dietrichsteins Meinung zu einer solchen nicht berechtigenden, mangelnden sexuellen Beziehungen.[5] Ausführlich und nicht ganz billigend kommt er in zwei folgen-

---

[1] „was in der Jugent mit ime versaumt gewest, hat man hierz wollen remedieren [[...]] alle Diener, die er gehabt, ime alle wider einen Willen zugeben." Juni 1564. Koch I 127.
[2] Seine Enthaltsamkeit in sexueller Beziehung wurde von vielen hiermit in Verbindung gebracht. 22. April 1564. Koch I 122
[3] [...] „so sei er auch, wie er khliner, nit also gewest." a. a. O.
[4] Das Folgende nach der von mir schon mehrfach benutzten Depesche vom 19. Juni 1564; nur wegen des Mundes die vom 4. Juli. Koch I 127 f., 130; die dann erwähnten Dinge: S. 132 und 134
[5] Die von Gachard (I 149 ff. unbesehen auch übersetzten Worte Dietrichsteins bei Koch I 128 in jener Depesche vom 29. Juni 1564, welche im Original 26 Quartseiten füllt, sind

den Depeschen vom 11. Juli und 24. November auf diesen bedenklichen Gegenstand zurück. In ausführlicher Unterredung hat ihn des Prinzen Leibarzt beruhigt. Er referiert doch zweifelnd, wenn auch unter Mitteilung von Äußerungen, welche bei Don Carlos einen keuschen Sinn voraussetzen ließen; aber auch von einer üblen Erfahrung, die er gemacht habe, ist dabei die Rede.

Der Prinz hatte, wie bemerkt, in Alcala de Henares im Frühling 1562 sich wieder einigermaßen erholt. Er war ganz erschöpft, ja dem Tod nahe dahin gekommen. Beinahe drei Jahre lang hatte er fast ununterbrochen am Wechselfieber gelitten.

Wir müssen seinen Ärzten danken, daß sie die Tage der eingetretenen Fieberfreiheit zählten. Am fünfzigsten[1] dieser Tage, Freitag am 19. April 1562 erlitt der Prinz eine schwere Körperverletzung. Gleich nach Tisch, um halb ein Uhr, eilte er in den Garten zu einem Stelldichein mit einer Tochter des Portiers. Da stürzte er auf der fünftletzten Stufe einer steilen und schadhaften Nebentreppe. In seinem Blute besinnungslos liegend wurde er bald gefunden. Er hatte sich jene gefährliche, früher erwähnte Wunde zugezogen. Sie befand sich an der linken Seite des Hinterhauptes und reichte bis auf die Beinhaut. Nach einer Zeichnung in der nächsten französischen Gesandtschaftsdepesche ‚hatte die Wunde die Form eines Dreiecks, dessen Schenkel etwa fünf Zentimeter Länge betrugen'.[2] Wir haben des Prinzen Herstellung und der Pflege gedacht, welche er auch von Seiten seines tief bekümmerten Vaters und Albas fand, sowie des chirurgischen Eingriffes durch Trepanation nach Vesalius' Angabe. Diesen hatte der König selbst in nächtlicher Fahrt in seinem Wagen nach Alcala gebracht.[3] Eben dieser gro-

---

gerade her besonders fehlerhaft. Sie lauten in Wirklichkeit: „So vill das Puelen betrifft, hat er bisher von kein Prob getan, und is Khainer, der da khunt in Grundt, *quod impotens sit, aliquid affirmare. Sie mihi indicium esset faciendum, vox* (nicht **nox** mit Kochs und Gachards Schlußfolgerungen und Überlegungen) *tantum mihi aliquam suspicionem praeberet.* Dietrichstein ließ damals die beiden Erzherzog Terenz lesen (Koch I 129) und denkt an dessen Adelphi IV 4 (Vers 617 Fleckeisen): *id anus mihi indicium fecit.*

[1] Nach dem auch für die Art des Falles authentischen ärztlichen Bericht (*coleccion de documentos inéditos* XV 554, besser XVIII 538): *cincuenta dias justos, que le faltaba la cuartana.*

[2] Gachard, *Don Carlos* 77. Die chirurgische Erklärung verdanke ich der freundschaftlichen Mitteilung meines verehrten Kollegen, Herrn Hofrates Professors Dr. Theodor Villroth.

[3] *Moy estant en la chambre de Sa Majesté et le duc d'Alve aussi elle se résolut de partir la nuict, ce qu'elle feit en poste dedans ung coche, menant avec soy le dict duc et (le?) prince d'Evoly seuls et le docteur Vesalius.* Depesche des Botschafters de l'Aubespine 10. Mai 1562. Gachard, *Don Carlos II* 634. Der englische Gesandte Chaloner verhöhnt Fray Diegos Hilfe, weiß aber auch nicht von der durch Vesalius gebotenen: *I believe that Gods minister Nature hath in despite of the surgeons ...doone more fort he prince than they ware of.* Gachard II 640

ße Forscher hat wahrend der Rekonvaleszenz des Prinzen denselben durch Anraten eines eiterentleerenden Einschnittes über dem Auge auch von einer mit starkem Fieber verbundenen Augenentzündung befreit. Wie sehr von dem Kronprinzen und seiner Umgebung die Herstellung durch die Berührung der Gebeine des Franziskaners Fray Diego erklärt wurde, ist ebenfalls früher erörtert worden. Psychisch und physisch erschien er nach seiner Genesung unverändert, wenn man aus dem Mangel jeder Aufzeichnung über eingetretene Veränderungen schließen darf. Die oben erwähnte halbe Lähmung seiner rechten Körperhälfte durch die Verletzung der linken Schädelseite mag erst allmählich bemerkt worden sein.

Aber bei aller wieder erwachten Liebe des königlichen Vaters haben wir die Ansichten desselben über die Unfähigkeit seines gleichsam Kind gebliebenen und verkrüppelten Sohnes zur Regierungsnachfolge wie zur Vermählung seit dem Anfang des dem Unfall von Alcala vorangegangenen Jahres 1561 feststehend gefunden.

## Heiratsgedanken

Es ist ja menschlich ganz begreiflich, wenn der König, trotz seiner Überzeugung von der Schwachsinnigkeit des Kronprinzen, durch sieben lange Jahre immer von Neuem Hoffnung hegte, daß doch noch irgendeine Besserung an Leib und Seele seines einzigen Sohnes eintreten könne. Schwer genug hatte sich dem Vater im August 1561 das furchtbare und beschämende Geständnis von seiner traurigen Überzeugung in tiefstem Geheimnis für die Kunde der allernächsten Verwandten entrungen.

Gar scharfsinnig und argwöhnisch, wie das herangewachsene Königskind war, zeigte es nach seiner Herstellung eine Art systematischer Betriebsamkeit, zu einer standesgemäßen Ehe und mit derselben zu einer möglichst unabhängigen Stellung als Landesherr, womöglich in den Niederlanden, zu gelangen.

Als erste Frucht dieser seiner Bemühungen und ‚einigen Trotzes gegen seinen Vater und dessen Befehl'[1] mochte es Don Carlos betrachten, daß die durch seine gefährliche Krankheit wieder mächtig erregte väterliche Liebe des Königs ihm, wenn auch erst nach zwei Jahren, einen Sitz im königlichen Staatsrat gewährte. Am 16. Juni 1564 erschien er zum ersten Mal in demselben und empfing von da an regelmäßige Berichte von allen Staatsangelegenheiten.[2]

---

[1] – *lequel commence à se monstrer assés rebours à luy et à ce qu'il luy ordonne*. Saint Sulpice an Katharina Medicis 12. Juni 1564. Gachard, *bibl. nat. à Paris II* 172

[2] „Relazion von allem, was gehandelt wierd". Dietrichstein bei Koch I 128 f.

Gleichzeitig – die Ernennungen datieren vom 14. Mai 1564 – erhielt er seinen eigenen Hofstaat[1] ganz der großen Stellung des Erben eines Weltreiches entsprechend. Den äußeren Anlaß hierzu scheint der König in dem zu Beginn dieses Jahres eingetretenen Ableben des tadellosen, wenn auch etwas zornmütigen Hofmeisters Don Garem de Toledo ergriffen zu haben, welcher des Prinzen Erziehung und Haushalt seit dessen Knabenjahren geleitet hatte. Da war es nun freilich zunächst ganz und gar nicht nach Don Carlos' Sinne, daß der Fürst von Eboli, Ruy Gomez de Silva, dem neuen Hofstaat vorgesetzt wurde und bis zu des Prinzen Tode vorgesetzt blieb. Altadliger Portugiese von Geburt war er als Kind mit seiner Mutter im Gefolge von Karls V. Gemahlin nach Spanien gekommen, als kaiserlicher Page mit Philipp II. aufgewachsen, in dessen voller Gunst er bis zu seinem Ableben verblieb. Freilich haben wir schon früher gesehen, daß seine Geschmeidigkeit weit genug ging, um unerlaubte Beziehungen des Königs zu seiner Gattin nicht zu bemerken. Es ist doch nur ein neues Zeichen seiner Gewandtheit, daß er zu Zeiten, wie im Sommer 1566, und vollends im Laufe der Haft und Todeskrankheit, wie man auch aus den letztwilligen Verfügungen sieht, Don Carlos' Zuneigung gewann.

Über des Königs Absicht bei dieser Ernennung sind wir durch eine vertrauliche Mitteilung desselben an seine Gemahlin und durch diese, wie so oft, an den französischen Botschafter aus dem März 1565 unterrichtet. Er lehnte deren, von französischem Interesse befohlenen Wunsch ab, daß Eboli sie zur Zusammenkunft mit ihrer Mutter zu Bayonne begleiten möge. Philipp II. erklärte, während der Reise seiner Gemahlin solle der Prinz eine Wallfahrt nach Guadalupe unternehmen; nur Ruy Gomez wolle er ihn dabei anvertrauen; ‚wenn dieser nicht immer ganz nahe bei ihm ist, so findet man ihn bei der Rückkunft nicht mehr, wo man ihm beim Weggehen gelassen hat.'[2] So unverblümt äußerte der König sein Mißtrauen in die Berechenbarkeit der Entschlüsse seines Sohnes, den er übrigens mit verändertem Entschluß auch nicht nach Guadalupe wallfahren ließ.

Noch andere Gesichtspunkte machte jedoch Ruy Gomez selbst dem französischen Gesandten gegenüber Anfangs Oktober 1564 geltend. Er habe sein neues Amt bei dem Prinzen dem Vertrauen des Königs zu danken, er solle bei demselben bis zu seiner Verheiratung bleiben; ‚denn dann werde seine Frau die Sorge für ihn übernehmen. Wenn jedoch, um die Leu-

---

[1] Für das zunächst Folgende beziehe ich mich auf Gachard, *Don Carlos I* 155-160.
[2] Bei Abfassung seines Don Carlos hatte für Philipps und Ruy Gomez so wichtige Äußerungen Gachard nur ungenügende Stücke aus des Botschafters St. Supice Depeschen zur Verfügung. Die volleren Auszüge gab er selbst 1877 in ‚*bibliothèque nationale à Paris II.*' Zunächst zeigte sich, daß Philipp II. zu Elisabeth und nicht zu dem Gesandten sprach: *La reine a parlé à son mari. Le roi lui réponda etc. p.* 183

te in Flandern zufrieden zu stellen, sein Vater, der König, ihn dahin schicke und selbst in Spanien bleibe, so werde er (Ruy Gomez), ihn begleiten, um sein Haus zu beaufsichtigen; die Reise werde aber nicht lange Zeit dauern.'[1] Man wird annehmen dürfen, daß – natürlich mit Weglassung der letzten Worte von der Kürze der Reise – der gewandte Höfling dieselbe Mitteilung dem Prinzen zuteil werden ließ, welcher sie in diesem Fall als das ersehnte Ziel seiner Wünsche mit kindlicher Freude und Dankbarkeit begrüßt haben dürfte.

Allein die Äußerung des Günstlings und zwar Anfang Oktober 1564 über die Ehe erregt ein weiteres Bedenken, falls der keineswegs ganz genaue Botschafter sie richtig wiedergibt. Damals war, wie wir sahen, die Ehe mit des Kronprinzen Tante, der Infantin-Witwe Johanna, schon seit einem Vierteljahr definitiv aufgegeben, die mit der erst am 1. November 1564 fünfzehnjährigen Erzherzogin Anna in ernstliche Verhandlung genommen. Von dieser aber konnte doch nicht wohl gesagt werden, daß sie die Fürsorge zu übernehmen habe, welche Ruy Gomez nach seiner eigenen Darstellung aufgetragen war. Daß das Eheprojekt mit der Tante aufgegeben war, hatte St. Sulpice freilich erst am 31. Juli gemeldet, die Bedeutung dieses Projektes aber am 12. Juni 1564 mit allem Nachdruck hervorgehoben:

> ‚ganz Spanien wünscht es wegen der ziemlich imbezillen Eigenschaften des Prinzen, welche durch die Vollkommenheiten, die in ihr sind höchlich gestützt und gefördert werden können.'[2]

So bleiben des Günstlings Worte und des Botschafters Bericht Zweifeln unterworfen.

Aber mochte der Zauber eines Ehebundes und einer flandrischen Reise dem aufgeregten Kronprinzen von seinem neuen Oberstholfmeister geschildert worden sein oder nicht, eine handgreifliche Tatsache war die Anwesenheit der Erzherzog und mit ihnen des eventuellen spanischen Thronfolgers auf spanischem Boden seit dem März dieses Jahres. ‚Viel mehr als gegen seinen Sohn zeigte' der König sich gegen sie gütig, leitete sie auf der Jagd an, bis jeder von Beiden einen Hirsch geschossen hatte. Don Carlos zeigte ihnen, ‚obwohl er zur Eifersucht Grund gehabt hatte, große Liebe'. Der kaiserliche Botschafter fügt hinzu: ‚ich glaube: alles der Schwester halber.'[3]

---

[1] [...] *car lors sa femme prenoit le soing de luy et si pendant, pur contenter ceulx de Flandres, le roy son père le leur envoyoit et luy demeurast en Hespaigne, qu'il l'accompagneroit pour prendre garde à sa maison; mais le voyage ne seroit pour beaucoup de temps. p. 177*
[2] Gachard, *bibl. nationale à Paris II* 172.
[3] Koch I 148. Depesche vom 18. August 1565.

In der Tat hatte er[1] nach seiner Krankheit unter steter, ob auch höflicher Ablehnung der mehrerwähnten französischen Prinzessin Margaretha nach dem Rache seines Beichtvaters und des Nuntius einige Zeit Liebhaberei für eine Verbindung mit Maria Stuart geäußert, welche ihrerseits noch 1564 denselben Wunsch hegte.[2] Don Carlos äußerte dabei auch Interesse wegen dieser Königin Ansprüche auf England. Der spanische Staatsrat faßte aber ‚mit Rücksicht auf die Beschaffenheit (*disposicion*) des Prinzen und weil Seine Majestät die gewünschten religiösen und politischen Vorteile nicht aus dieser Verbindung ziehen könne' im Herbst 1563 einen entschieden ablehnenden Beschluß. Etwa gleichzeitig, vielleicht auch etwas später sah der Kronprinz ein Bild der Erzherzogin Anna und erklärte sich definitiv für diese. So viele Achtung und schickliche Scheu er vor der edlen Weiblichkeit der ihm fast gleichaltrigen und immer gegen ihn gütigen, um nicht zu sagen mitleidvollen Königin empfand und äußerte, so hat er doch auch ihr gegenüber seine lebhafte Neigung für die Erzherzogin und hiermit vollends die Ablehnung ihrer Schwester Margaretha fortan bei jedem Anlaß offen bekannt.

Erwünscht an sich und der Eventualweisung Karls V. entsprechend war die Verbindung; aus den früher erörterten Gründen zögerte doch der König, sich und seine Wiener Verwandten durch eine mindestens zur Zeit unmögliche, ja lächerliche Verlobung mit einem solchen Wesen, wie sein Sohn war, bloßzustellen.

Nun geriet aber Don Carlos, da er den Grund der Zögerung erkannte, auf die anstößigsten Auskünfte. Mit keiner Andeutung wird, so viel ich sehe, vor dem Ende des Jahres 1563 von Ungehörigkeit des Prinzen gegen Frauen berichtet; wir sahen vielmehr, wie er alle Ausschreitungen mied; selbst das beabsichtigte Stelldichein mit der Pförtnertochter in Alcala macht davon kaum eine Ausnahme. Es wird aber schon richtig sein, was Brantôme erzählt, welcher sich im Herbst 1564 in Madrid aufhielt.[3] Don Carlos hielt, von einer Anzahl junger Herren des hohen Adels begleitet, nicht nur bei den schon damals wie heute dem Klima gemäß in der guten Gesellschaft üblich gewesenen nächtlichen Spaziergängen, sondern auch bei Tag

---

[1] Gachard ist im achten Kapitel seiner Biographie 173 flgde diesen Eheprojekten mit großem Fleiß nachgegangen, hatte aber den von Maurenbrecher schon in der historischen Zeitschrift XI mitgeteilten, dann im „Vortrag" (1876) 17 und 42 wiederholten Beschluß des spanischen Staatsrats vom 18. November 1563 gegen die schottische Ehe übersehen.

[2] *Lettres de Cathérine de Medicis II* (1885) 106 und 186. Ich bemerke, daß die an der ersteren Stelle zitierte Depesche St. Supices vermutlich dem Oktober 1563 angehört.

[3] *A la reine. Madrid 9. Novembre 1564. II (St. Sulpice) profitoit ü passage par Madrid du seigneur de Bordeille* (Anmerk.: *Brantôme*), *reventant du Portugar, pour lui annoncer* sc. Gachard, *bibl. nat à Paris II 179*, von demselben schon: *Don Carlos I 162* bemerkt.

hübsche Frauen, selbst Damen hohen Ranges, auf der Straße an und insultierte sie mit Worten und Umarmungen. Mit einer zu allen Zeiten in einem hochgebildeten Volk unter nicht schwachsinnigen Menschen kaum begreiflichen Unbefangenheit trug er dann dem Botschafter auf, er solle insgeheim dem Kaiser melden, daß er seine Befähigung zur Ehe mit der Erzherzogin erwiesen habe.[1] Barbier und Ärzte wurden dann auch reichlich belohnt. Mit oder ohne Recht wurde des Königs Billigung des ganzen, in westeuropäischer Fürstengeschichte ziemlich singulären Verfahrens von dem Prinzen, wie es scheint, auch am Hof verbreitet, ja schmähliches Stadtgespräch. Auf diesem bedenklichen Weg ging aber der seltsame Patient weiter: bis kurz vor seiner Verhaftung wurde er Nachts wohlbewaffnet in den verrufensten Häusern von Madrid gesehen.[2] Schon im Februar 1566 äußerte sich ein kaiserlicher Courier, welcher Don Carlos' Treiben aus eigener Anschauung kannte, gegen den französischen Gesandten betrübt, daß ein Prinz von so übler Gestalt und Sitte die Erzherzogin heiraten solle; er wolle dem Kaiser selbst erzählen, was er gesehen habe.[3]

Zu dieser zuchtlosen Gedankenrichtung gesellten sich in zunehmendem Maße Ausbrüche von maßloser Heftigkeit nicht nur gegen sein Gefolge und seine Dienerschaft; auch der Vorsitzende des königlichen Rats Diego d'Espinosa hatte wegen Verbots einer von dem Prinzen beabsichtigten Schauspielaufführung, Tätlichkeiten von ihm zu besorgen.[4] Wie er den Herzog von Alba am Leben bedrohte, haben wir früher gesehen.

Dabei gingen die Verhandlungen wegen des Kronprinzen Vermählung mit gegenseitigen Geschenksendungen immer fort. Am 14. Mai 1657 empfing der beiden Souveränen gleich genehme und beiden vielbewährte

---

[1] [...] „hat er mier solihes alles selber bekennt und anzaigt wie er die jungist Prob [...] getan hab, [...] wolle sie (sich?) auch hinsueran vor allen unordentlichen Ezces hueten, Hab auch Wein wieder angefangen zue trinken. So hat er dem Madama ain aigen Haus gekhaufft [...]. Weil der Khunig es darzue khumen lassen" – sollte die väterliche Schwache wirklich so weit gegangen sein? im Juli 1564 hatte Philipp eine solche Zumuthung abgelehnt (Koch I 132) – „und er an der Prob bestet, halt ich, er werde die Sachen nunmehr bas als bisher treiben." Dietrichstein 5. Juni 1567. Koch I 190. Über die Verführung eines anderen Mädchens durch den Prinzen berichtete derselbe schon am 11. Februar 1566 nach Gerücht: „man sagt." Koch I 155, nach der späteren Mitteilung: wol ohne Grund.
[2] Die Beweise bei Gachard, *Don Carlos II* 420, gleich nach dem guten Resumé von Venegas' Instruktion
[3] [...] *qu'il ne les célera point à son maistre, étant bien marri qu'il faille que madame la princesse Anne de Bohesme espouse un prince si mal compose de personne et de moeurs comme il est.* Fourquevaulx an Katharina Medicis 11. Februar 1566. Gachard *bibl. nat. à Paris II 202*
[4] Cabrera *VII 22 p.* 469. Die erst dem Jahr 1568 gehörigen geistlichen Titel Espinosas hätten Gachard 271 nicht zweifeln lassen sollen, wo so viel Analoges vorliegt.

Obersthofmarschall Ludwig Venegas de Figueroa seine Instruktion für eine außerordentliche Gesandtschaft an den Kaiser mit neuer Versicherung der Vermählungsabsicht, mündlichen Aufträgen und Rückweisen auf des Königs frühere Briefe über die Gründe der Verzögerung. Nur bei einer persönlichen Besprechung beider Monarchen könne die Angelegenheit zu einem Ziel gebracht werden. Im spanischen Interesse wünschte daneben Philipp die Vermählung der Erzherzogin Elisabeth mit seinem Neffen, dem jungen König Sebastian von Portugal, welchem französischer Seits die von Don Carlos abgelehnte Prinzessin Margaretha angetragen wurde. Der Kaiser aber meinte, in eigenem Interesse und für die Zukunft des habsburgischen Kaisertums die Heirat jener Erzherzogin mit dem französischen König doch nicht ablehnen zu dürfen.

Unter diesen, auf so vielfachen Erwägungen beruhenden Heiratsgedanken wurde der Strafbeschluß gegen Flandern ausgeführt, dessen Folgen auch die Katastrophe des spanischen Kronprinzen herbeigeführt haben.

**Drittes Buch:**

**Die Katastrophe**

## Die authentischen Berichte

Es sei mir gestattet, den Gang der Darstellung im Beginn dieses letzten Abschnittes mit einer zusammenfassenden Erörterung über die echten Quellen unserer Kunde von den hier zu schildernden Begebenheiten zu unterbrechen.

Wer diesem seit mehr als drei Jahrhunderten aufgehäuften Material mit den Handhaben der seit Thukydides' Muster erwachsenen historischen Kritik näher tritt, wird immer mit Dankbarkeit Leopold Rankes vor zweiundsechzig Jahren, im sechsundvierzigsten Band der Wiener Jahrbücher für Literatur, erschienene Abhandlung über Don Carlos zur Hand nehmen. Durchaus entspricht sie der Forderung, welche der Verfasser hier für jede historische Darstellung erhebt: ‚daß die Vollendung in Klarheit und Wohlgestalt ist'. Unter der bescheidenen Form, ‚sich mit einer genetischen Aufzählung der vorgetragenen Meinungen, der mitgeteilten Nachrichten begnügen' zu müssen, bringt er eine für die Kunde des Jahres 1829 erschöpfende und noch heute in einer Reihe von Fragen unübertroffene Kritik. Nach seinen Darlegungen konnte von Brantômes' Geschichtchen über den Prinzen nur nebenher und nicht mit Achtung, von des sonst so verdienten Llorentes halber Forschung und ganzer Schlußfolgerung auf diesem Gebiet aber gar nicht die Rede sein.

Allen seinen Nachfolgern bei diesem Problem[1] hätte, wie ich gleich bemerken will, die Lehre in Erinnerung bleiben sollen, welche er über Don Carlos' Tod gibt (S. 249), nachdem er sein damals noch ungedrucktes Material genannt hat.

> ‚In allen diesen Schreiben so verschiedener Menschen habe ich niemals auch nur eine leise Andeutung von einem schriftlichen oder mündlichen Spruche, nirgends auch nur eine geringe Spur von einer gewaltsamen Herbeiführung dieses Todes gefunden; sie wissen vielmehr sämtlich nur von einem sehr erklärlichen Verlaufe der Krankheit, auf welche ein natürliches Verscheiden folgte.'

Noch konnte er keine Kunde von den Cortesverhandlungen haben, welche erst so viel später und von den Korrespondenzen des Königs mit seinen Verwandten, welche teils neuerlich, teils überhaupt noch nicht publiziert

---

[1] „Andere Stimmen haben andere Dinge in die Welt geschickt. Nach den Einen ist Don Carlos stranguliert, nach den Anderen vergiftet, nach Anderen wiederum förmlich enthauptet worden. Es sind Gerüchte, die von ihren Urhebern wenig Beglaubigung herleiten können [...] Welcher Bericht die historische Wahrheit enthalte oder ihr wenigstens nahe komme, ich gestehe, ich weiß es nicht." W. Maurenbrecher, Vortrag (1876) 34 f. Die positiven Ergebnisse von Rankes Abhandlung habe ich 1856 in den österr. Blättern für Literatur und Kunst (5. Juli) S. 209 f. zusammengestellt.

sind, endlich von den geheimen mündlichen Eröffnungen, welche das Königspaar durch die Botschafter nach Wien und Paris gerichtet hat. Dennoch hat Rankes Intuition erkannt (S. 260 f.), daß zu dem ‚gewaltsamen Schritt' zu der ‚Katastrophe des Prinzen die niederländischen Verhältnisse geführt haben, die in der Geschichte dieser Monarchie überhaupt von so überwiegender Bedeutung sind.'

Es lag nur in dem Stand des damals erreichbaren Wissens, daß Ranke noch den Berichten des italienischen Gesandten in Madrid in mehreren Fragen einen entscheidenden Wert beimaß. In der Tat aber haben sich die auf anderen Gebieten unentbehrlichen venezianischen Relationen für die unseren Gegenstand betreffenden Geheimnisse ganz unbrauchbar erwiesen. Was der Beichtvater des Königs mit vielleicht befohlener, doch kaum entschuldbarer Indiskretion dem venezianischen Gesandten Sigismund Cavalli erzählte und dieser seiner Regierung am 3. Februar 1568 schrieb, ist keineswegs ‚eigentlich wichtig'. Diese Schilderung beruht vielmehr, wie jeder jetzt von der Sache Unterrichtete sofort erkennt, in allem Wesentlichen auf sonst notorischer oder auf unzureichender Kunde. Der mitteilsame Bischof nannte: ‚mehr als drei Jahre' vor der Verhaftung, seit der König an die Regierungsunfähigkeit seines Sohnes glaube, ja daß er ‚keinen Erben seiner Staaten habe'. Wir haben gesehen, daß jene Meinung sieben Jahre lang, seit dem Anfang des Jahres 1561, in allem Wesentlichen bei Philipp II. feststand, und daß er nur die väterliche Schwäche hatte, sich von Neuem Illusionen hinzugeben, obwohl er vertraulich über die Thronfolge keinen Zweifel ließ. Ruy Gomez hat freilich etwa gleichzeitig (am 28. Januar 1568) dem französischen Gesandten auch von ‚etwas über drei Jahren, gesprochen,[1] jedoch nur in dem Sinne, daß ‚man' seit dieser Zeit das Gehirnleiden des Prinzen immer mehr als bleibend und der König die Unmöglichkeit seiner Thronfolge immer deutlicher erkannt habe.

Ähnlich in Bezug auf eindringende erhebliche Kunde wie mit dem Venezianer steht es mit den florentinischen Depeschen: sie sind für nebensächliche Dinge brauchbar, wie man sie eben von untergeordneten Personen auflesen konnte. Von dem Nuntius Castagna, späterem Papst Urban VII., haben

---

[1] Bei Gachard, *Don Carlos II* 658 vom 5. Februar 1568: *qu'il y a plus de trois ans qu'il s'avercevoit bien, que le dict prince estoit encore plus mal compose de son cerveau que de sa personne,* [...] *la dicte Majesté* [...] *a perdu entièrement l'espérance que le dict prince devienne jamais sage nidigne de la succession de ces royaumes et états.* Das entspricht genau der Wahrheit und ist doch etwas anderes, als was der königliche Beichtvater sagte: *che era più di tre anni que sua Cattolica Maestà stava con questo pensiero per causa del principe suo figliuolo, parendole che dalle operationi che faceva e dal cervelo che conosceva in lui potesse di non haver herede de li suoi stadi.* Cavalli 11. Februar 1568 a. a. O., *II* 672.

wir früher gesprochen. Mit seinem sicheren Takt erkannte Ranke die bleibende Wichtigkeit der auf Castagna zurückgehenden Mitteilungen über den Inhalt von Don Carlos' konfiszierten rebellischen Ausschreiben; für Anderes ist er nur halb oder gar nicht unterrichtet, vielleicht weil er sich zu sehr mit der spanischen Eigenart verschmolzen fühlte und Indiskretionen scheute. Auch für die Mordabsicht des Prinzen gegen den Vater, mit der es sich doch nicht gerade nach Rankes Schlußfolgerung verhielt, gewinnt man aus Castagnas mir bekannt gewordenen Depeschen nicht den richtigen Weg.

Denn durchaus schien mir zu einer die Wahrheit fördernden Darlegung dieser politisch wie ethisch und psychologisch gleich schwierigen Katastrophe das Vordringen zu den bezeugten Ansichten der Hauptpersonen erforderlich. Am vollkommensten liegen diese vielleicht in den Briefen der dem habsburgischen Herrscherhaus selbst ungehörigen Fürsten zutage, wenn ich auch nur bei einem Vetter des Königs, dem Landesherrn zu Innsbruck, Erzherzog Ferdinand, den Gedankengang aus Diktaten und Korrekturen bis in alle Einzelheiten zu erkennen vermochte. Neben diesen fürstlichen Briefen kommen in erster Linie die Berichte der Botschafter des kaiserlichen und des französischen Hofs in Betracht.

Frankreich vertraten von Philipps II. Rückkunft nach Spanien bis über Don Carlos' Tod hinaus drei Gesandte. Zuerst diente als solcher Sebastian de l'Aubespine, der nicht sehr gewandte Bischof von Limoges, bis zum Juni 1562. Dann folgte der wenig bedeutende und nicht ganz zuverlässige, wenn auch von seinem Nachfolger gerühmte Johann von Ebrard, Herr von Saint Sulpice. Seit dem Oktober 1565 war der Hof der Valois durch den früher geschilderten, von beiden Höfen gleich hochgeschätzten und für unsere Unterweisung sachlich wie formell erfreulichen Herrn von Fourquevaulx repräsentiert. Wie verschiedenen Wertes und Charakters nun auch diese drei Vertreter Frankreichs gewesen sind, sie haben gleichmäßig von der Königin die intimsten Nachrichten politischer wie persönlicher Art erhalten. Seit den ebenfalls berührten Erfahrungen ist der König freilich gegen seine Gemahlin mit seinen Mitteilungen aus guten Gründen zurückhaltender geworden, während sein Vertrauen zu Fourquevaulx immer gleich blieb, sogar mit den Jahren eher zunahm.

In weit höherem Grad war das aber doch bei dem seit 1564 fungierenden kaiserlichen Botschafter der Fall. Dessen früher erwähnter Vorgänger Martin Guzman war am Ende doch geborener spanischer Untertan und ist als solcher behandelt worden.

## Adam von Dietrichsteins spanische Beziehungen

Es ist sehr zu wünschen, daß die in dem Wiener kaiserlichen und königlichen Haus-, Hof- und Staatsarchiv so sorgfältig aufbewahrte, in ihrer Art unvergleichliche, nach allen Seiten instruktive Korrespondenz dieses Botschafters mit ausreichenden Erklärungen in nicht zu ferner Frist von kundiger Hand publiziert werde.

Er gehörte dem jüngeren, Nikolsburger, später in den Fürstenstand erhobenen Zweig seiner Familie an. Sein Leben verlief, soweit dies bei einem im öffentlichen Leben tätigen Edelmann des sechzehnten Jahrhunderts denkbar ist, ohne sonderliche Fährlichkeiten vom 7. Oktober 1527 bis zum 5. Februar 1590.[1] Nach Kastilien gelangte er als Mundschenk des mit ihm gleichalterigen Erzherzogs, späteren Kaisers Maximilian, als dieser im Jahr 1548 bei Gelegenheit seiner Vermählung mit Karls V. ältester Tochter die Statthalterschaft in Spanien übernahm. Dort vermählte er sich mit Margaretha von Cardona. Nun war der Urgroßvater dieser Dame, Friedrich Henriquez durch seine ältere Tochter auch Großvater des Königs Ferdinand des Katholischen gewesen. Er war somit ein Ahnherr wie der nunmehrigen Freifrau Margaretha von Dietrichstein, so des Königs Philipp II. und des Kaisers Maximilian II.

Bei solcher Verwandtschaft begreift man es leicht, wenn die vier Töchter des Ehepaares sich mit Herren des kastilischen hohen Adels vermählten. Bei einer dieser Vermählungen im Jahr 1582 hatten auf Weisung des Königs[2] auch dessen beide ältere Infantinnen zu erscheinen. Adam von Dietrichstein selbst war schon 1569 in dem Jahr nach Don Carlos' Tod mit einer Komturei des Calatravaordens belehnt worden.

Im November 1563 wurde in Wien seine Ernennung zum Obersthofmeister der beiden jungen, zur eventuellen Thronfolge nach Spanien gesendeten Erzherzog und zugleich zum kaiserlichen Botschafter in Madrid beschlossen. Er empfing hierdurch schon an sich die beste Empfehlung bei der Verehrung, welche Philipp II. besonders damals seinem kaiserlichen Oheim Ferdinand I. widmete und bei der zärtlichen Liebe, welche ihn mit seiner Schwester Maria, der Mutter der beiden Dietrichsteins Obhut vertrauten Prinzen, verband. Immerhin mußte dem spanischen Monarchen Beruhigung gewähren, was sein Gesandter bei Ferdinand I., der Graf von Luna, schon am 30. März 1562, als die Sendung der Erzherzog unter solcher Leitung prinzipiell beschlossen war, über den designierten Vertreter

---

[1] Ersch und Gruber, Enzyklopädie XXV, 156 f.
[2] Gachard, *lettres de Philippe II. à ses filles* 162.

des kaiserlichen Hofs berichtete. ‚Er ist katholisch, scharfsinnig, sehr sachkundig, sehr ehrenhaft, vermählt mit Donna Margaretha von Cardona und dem Dienst Eurer Majestät sehr zugetan.'[1]

Dennoch glaubte der neue Botschafter Anfangs einiges Mißtrauen bei dem König gefunden zu haben.[2] Wir dürfen nach unserer jetzigen Kunde des Zusammenhangs dieser Dinge wohl sagen: die Annahme geht von einer Unterschätzung der schwierigen, ja geradezu peinlichen Situation aus, in welcher sich der König seinen Neffen gegenüber befand. Wir wissen ja, daß er sie auf das denkbar Beste empfing, ihnen alle Beweise von Liebe und Zuvorkommenheit gab, dem älteren Knaben, dem Erzherzog Rudolf, den Ehrenplatz auf seiner rechten Seite bei seinem Einreiten trotz Dietrichsteins Vorstellung anwies: da wollte er ihn, seiner Zusage gemäß, als künftigen Monarchen anerkannt sehen. Aber wir wissen auch, daß er immer noch gleichsam Lichtstrahlen von Hoffnung auf die Herstellung seines Sohnes zu sehen meinte. Je mehr diese schwanden und vollends als ihm die Königin Elisabeth eine Tochter geboren hatte, zeigte er dem gesinnungsvollen deutschen Botschafter zunehmendes Vertrauen.

Wie an einem Leitfaden kann man in Dietrichsteins ungeschminkt wahrhaften und in alle Einzelheiten eingehenden Depeschen Vorbereitung und erste Stadien der Katastrophe des Kronprinzen verfolgen. Sie unterscheiden sich von Fourquevaulx' Berichten – ganz abgesehen von den unerlaubten Indiskretionen der Königin – ganz wesentlich dadurch, daß dieser Don Carlos' Verderben eher dem französischen Interesse gemäß findet. Nach der schwer empfundenen Ablehnung der Vermählung mit der Prinzessin Margaretha von Valois trat ihm der aus dem Verschwinden des derzeitigen spanischen Kronprinzen für die Nachkommenschaft der französischen Königin erwachsende Vorteil immer von Neuem vor die Seele: er ist ein erfreulicher Erzähler und zuverlässiger Zeuge, aber keineswegs, wie wir ja auch schon früher sahen, wohlwollend für den Prinzen. Er erklärte Don Carlos' Verhaftung für ein Zeichen der göttlichen Liebe für Katharina Me-

---

[1] *Coleccion [...] para la historia de España XXVI* (1885) 439.
[2] In der zwei dichte Quartseiten langen Depesche vom 2. Juli 1564, deren wegen der definitiven Ablehnung der Verlobung mit der Infantin Johanna schon oben gedacht ward und von der Mathias Koch (I 130) nur einen für ihn selbst charakteristischen kurzen Auszug gibt, beklagt sich Dietrichstein, daß der König nie mit ihm von Carlos' Verlobung mit der Erzherzogin Anna spreche. „Ist das also, wie man sagt, mueß ich es dahin versten, das mier der Khunig wenig vertrawt oder awer, das er villeiht meint, das ich des Vertrawen bei Ewheren Maiesteten nit (fehlt etwa: würdig sei), das mier solhes zu vertrawen und nimbt mich frembd". Der leidenschaftlich geschriebene, etwas stilwidrige Satz beweist neben vielen Korrekturen in der ganzen Depeschenreihe, daß die uns vorliegenden Brief ohne Konzept geschrieben sind.

dicis und deren fromme Absichten; die Zeichen von Zuneigung derselben für die Königin Elisabeth findet er wundersam.[1]

Dem deutschen Botschafter standen, abgesehen aber von seinem Wohlwollen für den Verlobten der Tochter seines kaiserlichen Gebieters, in Folge seiner kastilischen Vermählung noch ganz andere, oft ohne Namennennung von ihm angegebene Verbindungen zu Gebote, als dem französischen Gesandten. Nach Albas Abgang in die Niederlande versagte ihm freilich eine Hauptquelle seiner Informationen; denn der nächst diesem Bestunterrichtete, der Fürst von Eboli, selbst Nichtspanier, zeigte dem französischen Botschafter mehr Vertrauen als dem Verschwägerten der kastilischen Aristokratie, der ja freilich auch Ebolis treulose Gemahlin angehörte. Mit Albas Abreise tritt aber auch die Entzweiung zwischen König und Kronprinz in ein immer bedrohlicher werdendes Stadium. Da hat denn etwa vom Mai 1567 an Dietrichsteins freundliches Vorurteil für Don Carlos durch keine weitere intime Mitteilung über des Königs Absichten gegen denselben eine Erschütterung erfahren.

## Entzweiung zwischen König und Kronprinz

Die Anfänge des auch universalhistorisch so bedeutend gewordenen Zwistes haben wir und zwar von dem französischen Gesandten erwähnt gefunden, als der nach schwerer Krankheit der vollen Liebe seines königlichen Vaters wieder sicher gewordene Prinz auch nach mehr als Jahresfrist noch keinen eigenen Hofhalt erlangt hatte. Als ihm dieser in glänzender Weise gewährt war, richteten sich seine Gedanken noch stärker als früher auf das ihm einzig begehrenswerte und gleichmäßig immer unerreichbarer werdende Doppelziel: Ehe mit der Erzherzogin Anna und in den Niederlanden oder sonst irgendwo möglichst unabhängige Herrschergewalt. Dann waren die nächsten Zeichen der beginnenden Entzweiung die Zornworte gegen die Cortes, gegen den von dem Vater mit der Bewältigung der Niederlande betrauten Herzog von Alba und gegen den Höchstgestellten der eigentlichen Vertrauenspersonen im königlichen Beamtenstand, den späteren Kardinal Espinosa. Als ein weiteres Moment für dessen Erbitterung gegen den König hat trotz zeitweiser Gunst des Kronprinzen Ruy Gomez' Ernennung zu bleibendem Vorstand seines endlich eingerichteten Hofhaltes abgege-

---

[1] *Dieu vous ayime, Madame, et il lui plaira conduire vos sainctes intentions à bon port.* Gachard, *Don Carlos II* 567 [...] *la reine* [...] *en pleure pour l'amour de tous deux* (Vaters und Sohnes), *veu qu'aussi le prince l'aime merveilleusement. Bibl. nationale à Paris II 251.* Beide Briefe Fourquevaulx' sind vom 19. Januar 1568.

ben. Wie schmerzlich der Prinz es immer empfand, von seinem königlichen Vater wegen seiner Unbrauchbarkeit so ganz zurückgesetzt, ja mißachtet zu werden, erfuhr, wie wir bemerkten, der deutsche Botschafter gleich nach Betreten des spanischen Bodens.

Niemals war noch im habsburgischen Hause ein offener Zwist zwischen Vater und Sohn eingetreten, wenn auch, wie noch neuerlich zwischen Kaiser Ferdinand I. und Maximilian II., scharfe Meinungsdifferenzen, hier wesentlich religiöser Art, nicht ohne väterliche Drohungen ausgeglichen worden waren. Offene Widersetzlichkeit, ja Kriege von Königssöhnen gegen ihre Väter hatte man bis in das dreizehnte Jahrhundert im germanischen wie romanischen Europa und noch im fünfzehnten in Frankreich und auf der iberischen Halbinsel erlebt. Es berührt heutzutage seltsam genug, bei Philipps II. Biographen ein von dem König verlangtes juristisches Gutachten zu finden, in welchem auf die Empörung des klugen Dauphin, späteren Königs Ludwigs XI. gegen seinen Vater exemplifiziert wird.[1]

Der viel ältere, aus ganz ebenbürtiger Ehe entsprossene Bruder des Urgroßvaters Philipps II., Ferdinand des Katholischen, der Prinz Carlos von Viana, führte mehrmals Krieg gegen seinen Vater, fiel in dessen Haft und ist auch einmal vor demselben in das Ausland geflüchtet. Dann ist er aus neuer, von seinem Vater über ihn verhängter Gefangenschaft durch die Tapferkeit und Treue der Katalonier befreit worden und etwa hundert Jahre vor den uns jetzt beschäftigenden Ereignissen, am 23. September 1461, gestorben.[2]

Das verlockende Beispiel mag Don Carlos, so gering sonst seine Kenntnisse waren, doch durch Tradition bekannt gewesen sein. Sein Vater, welcher Pietätspflichten gegen seine Familie nie außer Acht ließ und eine tiefe Scheu empfand, die Welt über die Entzweiung mit seinem kranken Sohn aufzuklären, hat sich doch gleich nach der Verhaftung desselben über das Verfahren gegen den Prinzen von Viana informiert. Es ist wohl denkbar, daß er in Don Carlos' konfiszierten Papieren eine Hinweisung auf dieses gefährliche Beispiel gefunden hatte.

## Testamentarisch verbrannte Akten

Hier ist nun der Ort eines seltsamen Mißverständnisses und einer noch seltsameren archivalischen Schlußfolgerung zu gedenken, an welcher Forschung und Darstellung des uns beschäftigenden Gegenstandes seit langer Zeit, insbesondere aber seit etwa vier Jahrzehnten, leiden.

---

[1] Cabrera *VII* 22 p. 471
[2] W. Prescott, Ferdinand und Isabella die Katholischen (Deutsche Übersetzung 1842) I 111

Auf Philipps II. Biograph Cabrera und dessen Eigenart sind wir in der Besprechung von Rankes Carlos-Studien schon gewiesen worden. Eben er hatte denn auch bei der Schilderung Cabreras darauf aufmerksam gemacht, daß derselbe der großen Förderung gedenkt, welche ihm für das von ihm zu Erzählende dadurch gewahrt wurde, daß sein Vater, und dann er selbst von der Kindheit an und wie er heranwuchs, Zutritt bei ‚mehreren Ministern des Königs, besonders bei Ruy Gomez und Christoph Moura gefunden habe'. Selbstverständlich ist dies so zu verstehen, daß er als Knabe noch in des am 22, Juli 1572[1] gestorbenen portugiesischen Günstlings Ruy Gomez' Gemächern verkehrte, herangewachsen aber mit dem zweiten Portugiesen, mit Moura, in nahen Beziehungen stand. Dieser war nun freilich bald nach Übernahme der Gesamtgeschäfte durch den Kardinal Granvelle im Sommer des Jahres 1579 in König Philipps Diensten einflußreich und vermutlich für die Erwerbung Portugals nützlich geworden. Oberster und überaus mächtiger Ratgeber des Königs wurde er aber erst, als Granvelle am 21. September 1586 gestorben war. Mit aller Behaglichkeit schildert denn auch Cabrera[2] das rasche Aufkommen des Fremden: wie die kastilischen Großen ihre Empfindlichkeit besonders über den goldenen Kammerherrn-Schlüssel zu erkennen gaben, welcher Moura oder kastilisch: Mora als ‚einfachem Ritter' nicht zukomme; da übt der Geschichtsschreiber die Pietätspflicht, die alte und vornehme Abkunft seines Gönners zu erweisen. Es braucht wohl kaum besonders hervorgehoben zu werden, daß er eine verdächtige oder gar nur auf Gerüchten beruhende Angabe über eine wichtige Handlung dieses Ministers unter keinen Umständen in sein Werk aufgenommen haben würde: Mouras Vertrauen veranlaßte die Verwendung des Geschichtsschreibers und vor ihm seines Vaters im königlichen Dienst, in welchen der letztere durch Gomez gekommen war: so erscheinen seine Mitteilungen als Folge dieser intimen Beziehungen.[3]

Nun wurde seinem Bericht zufolge nach der Beeidigung der für Wache und Bedienung des verhafteten Kronprinzen Ernannten eine Dreierkommission zur Rechtfertigung des königlichen Verfahrens gegen denselben eingesetzt, deren Arbeiten bei dem bald zu erwartenden Ableben des Gefangenen natürlich zu einem Ergebnisse nicht geführt wurden, welches unter diesen Umständen nur einen gehässigen Charakter haben konnte. Für die Arbeiten dieser Kommission ‚schickte der König nach Barcelona' wegen der Akten

---

[1] Ranke, Fürsten und Völker von Südeuropa [2] 166, 192 ff.
[2] *XII* 17 *p.* 1043 ff.
[3] *Cuya resultancia en mi padre Juan Cabrera de Cordoba i en mi i la acceptacion de Su Magestad de nuestros servicios nos hizieron mas comunicables i allegados. VIII 5 p.* 497

über das Verfahren gegen jenen Prinzen von Viana ‚und befahl dann, dieselben aus dem Katalanischen in das Kastilische zu übersetzen, um zu sehen, wie er unschädlich und ihm der Prozeß gemacht worden sei. Beide befinden sich im Archiv von Simancas wo sie Herr Christoph de Mora aus seinem Schlafgemach ‚in einem grünen Kästchen, in welchem sie aufbewahrt werden, niederlegte.'[1]

Das Wort ‚beide' läßt sich ja bei flüchtiger Lektüre auf beide ‚Prozesse' beziehen und es muß sich wohl in jüngeren Abdrücken von Cabreras Werke dieses Wort hinzugefügt finden. Nur dadurch wird sich doch erklären lassen, daß ein so besonnener Gelehrter wie Modesto Lafuente in seiner Geschichte Spaniens (*XIII* 334) das betreffende Zitat mit diesem entstellenden Zusatzwort aus Llorentes Geschichte der Inquisition wiederholte.

Gachard hat in seiner Geschichte des Prinzen (S. 519) sich vor einer Wiederholung des formellen Irrtums gehütet, indem er den Wortlaut der Originalausgabe wiedergab. Aber die sachlichen Schlußfolgerungen behielt er bei. Er bemerkte also nicht, daß Cabrera für das wohl Wenigen bekannt gewordene Geheimnis der Einsetzung dieser zur juristischen Begründung der Prinzenhaft eingesetzten Kommission eine archivalisch noch 1619, als sein Werk erschien, nachweislich gewesene Tatsache anführte: sein Gönner Moura habe eigenhändig Original und kastilische Übersetzung des gegen den Prinzen von Viana angestrengten Prozesses im Reichsarchiv niedergelegt. Es liegt hierin allerdings eine Mißachtung des Landesarchivs von Katalonien zu Barcelona. Aber man muß erwägen, daß in dem betreffenden Jahr 1592 König Philipp II. eben beschäftigt war, die Verfassung des mit Katalonien staatsrechtlich so eng verbundenen Königreiches Aragonien umzugestalten. Und diese Umgestaltung fand nach einer militärischen Besetzung des Landes im vorangegangenen Jahr statt; ihrerseits war diese in Folge gewaltsamer Befreiung des einstigen Sekretärs und nunmehr bittersten Feindes des Königs, des nach Frankreich geflüchteten Perez, durch das Volk von Saragossa eingetreten. Des Prinzen von Viana Akten brachten aber den früher geschilderten siegreichen Kampf des Volkes von Katalonien gegen Philipps II. königlichen Ahnherrn in Erinnerung. Wenn der Minister Moura diese Akten im Jahr 1592 nicht mehr in seiner Wohnung aufbewahren mochte oder sollte, so war das Reichsarchiv der passendste Platz für dieselben.

---

[1] [...] *i mandóle traduzir de Catalan en Castellano, para ver como estaba fulminado i causado. Anbos estan en el archive de Simancas, donde en el año mil i quinientos i noventa i dos los metió Don Christóval de Mora de su camara en un cofrecillo verde en que se conservan.* VII 22 p. 477[b].

Eine andere und nicht mehr zu lösende Frage ist, wie sie in seinen Besitz, aus dem der Dreierkommission, gekommen sein mögen. Die beiden Hauptmitglieder derselben, Espinosa und Ruy Gomez, waren seit zwei Jahrzehnten tot. Der Dritte, der königliche Kammerrat Birviesca dürfte beide überlebt haben, und nicht ganz undenkbar ist, daß die Akten eben im vorangegangenen Jahr bei Gelegenheit der aragonischen Unruhen dem leitenden Minister übergeben wurden. Moura selbst erscheint zwar nicht in der ursprünglichen Zusammensetzung des kronprinzlichen Hofhaltes vom Mai 1564, wohl aber im Sommer 1565 unter Don Carlos' Kavalieren[1] und hatte ihn sonach gut genug gekannt.

Die Frage, ob die Akten ordnungsmäßig oder gewaltsam aus dem Archiv zu Barcelona entnommen waren, läßt sich so wenig beantworten, als die zwei weiteren, ob sie dem Reichsarchiv etwa nur gegen Bescheinigung, mit Verbot der Registrierung, als Depositum übergeben und in oder nach dem Jahr 1619 wieder samt ihrem ‚grünen Kästchen' ordnungsmäßig zurückverlangt worden sind. Gewiß ist, daß Herrn Gachards Fleiß nach dessen ausdrücklichen Erklärungen (S. 516 und 519) von der einstigen Existenz dieser Akten in den Archiven von Barcelona und Simancas gleichmäßig keine Spur zu entdecken vermochte.

Aber die Vermengung dieser zwiesprachigen judiziellen Stücke mit den nach Don Carlos' Verhaftung konfiszierten Papieren hat andere üble Folgen gehabt. Man vermutete die kuriosen Schriften des angeblich gegen den unglücklichen Kronprinzen angestrengten Prozesses in einem wirklich in Simancas befindlichen fest verschlossenen Koffer. Als dieser während der napoleonischen Kriege auf Befehl eines französischen Generals geöffnet wurde, fanden sich nur Prozeßakten, welche von einem im Jahr 1621 Hingerichteten spanischen Staatsmanne handelten. Cabreras Bericht, noch dazu in einer Frage, welche Ehre und Pietät desselben berührte, erschien aber fortwährend unglaubwürdig, vollends in der verbreiteten interpolierten Form. Bei dieser Annahme blieb Herr Gachard sogar mit dem neuen Argumente eines Kodizills von König Philipps II. Testament, welches die Verbrennung jener auf den verstorbenen ältesten Sohn desselben bezüglichen Schriftstück den Exekutoren seines letzten Willens zur Pflicht machte. Die Folgerung war nämlich, daß kein Teil derselben in des Minister Moura grünem Kästchen gewesen sein könne, was ja Cabrera auch ganz und gar nicht behauptet hat.

Bei aller Hochachtung für Gachards gewissenhafte Forschung hat Don Modesto Lafuente doch bei der Mitteilung von dessen Zweifelergebnissen

---

[1] Cabrera *VI* 24 *p.* 361 vgl. Gachard, *Don Carlos I* 159.

seine Beistimmung nur unter kritischen Bedingungen gegeben. Vor allem hat er aber in seiner Geschichte Spaniens (XIII 340) alle Forscher auf diesem Gebiet durch vollen Abdruck der in jedem Betracht merkwürdigen vierzehnten Klausel vom 24. August 1597 aus König Philipps Testament verpflichtet.

Zunächst fällt hier die Sorgfalt auf, daß alle unter des Königs eigenem Verschluß gebliebenen Papiere zu sicherer Verwahrung gelangen. Unter denselben befinden sich eben viele,

> ‚welche meinem Wunsch nach wieder durchsehen zu können meine Unpäßlichkeiten und Beschäftigungen mir keine Möglichkeit gegeben haben. Ich befehle, und es ist mein Wille, daß, wenn ich es nicht bei meinen Lebzeiten getan habe, nachdem ich gestorben bin, alle Schlüssel, welche ich besitze, dem Herrn Christoph von Mora übergeben werden.'

Man sieht, welch unbedingtes Vertrauen der König diesem Minister schenkte.

Einen bestimmten Teil dieser Schlüssel soll Moura dem Königssohn geben, welcher damals den Titel Prinz schlechthin führte, wie einst Don Carlos und dann der vierten Gemahlin Philipps, der Königin Anna älterer, im Knabenalter an Krankheit gestorbener, hochbegabter Sohn Diego. Jetzt ist als ‚Prinz' der jüngere Sohn, der wirkliche Nachfolger Philipp III., gemeint. Die anderen Schlüssel soll Moura behalten, um die Schreibfächer (*escritorios*) in Gemeinschaft mit seinem Kollegen, dem Basken Idiaquez, und dem königlichen Beichtvater zu eröffnen und zwar ‚mit der größten Beschleunigung, welche möglich sein wird'. Die drei haben einen gewissen Velasco zuzuziehen, ‚welcher sie in Kenntnis setzen können wird, wo sich gewisse Papiere befinden'; denn wir erfahren, daß der König einen Teil dieser Papiere auf seinen Reisen mit sich führte, die übrigen in Madrid ließ, d. h. in einem Gemach des dortigen Alcasar.

Ausdrücklich wird nun verordnet, daß

> ‚alle die geöffneten oder versiegelten Papiere, welche sich von dem verstorbenen Mönche Diego de Chaves, bekanntlich meinem Beichtvater, vorfinden' – er war ja vorher Don Carlos' Beichtvater in dessen letzten Lebensjahren – ‚seien sie von ihm an mich oder von mir an ihn geschrieben, dort sogleich in ihrer Gegenwart verbrannt werden. Zuvor sollen sie, ohne sie zu lesen, festgestellt haben, ob sich darunter irgend ein Breve oder anderes Papier von Wichtigkeit befindet, welches aufzubewahren geziemend ist; in solchem Falle soll das betreffende ausgeschieden werden.'

Man sieht doch, wie der König das archivalische Staatsinteresse selbst in diesen ganz persönlichen Dingen gewahrt wissen will. Nunmehr folgen die, von den Briefen des Beichtvaters abgesehen, speziell auch auf Don Carlos' literarischen Nachlaß sich beziehenden Worte.

‚Und verbrannt werden sollen dort ebenso andere Papiere von anderen Personen jederlei Art, welche von Gegenständen und Geschäften der Vergangenheit handeln, welche keine Wichtigkeit mehr haben,[1] insbesondere von Verstorbenen, auch versiegelte Briefe.'

Den drei Herren, welche mit der Ausführung dieses Kodizills beauftragt waren, ist, wie man sieht, volle Freiheit der Auswahl nach verschiedenen Seiten hin gelassen, wie sie eben das Interesse des Staates und des jungen Königs auffassen mochten. Es braucht kaum bemerkt zu werden, daß die Exekutoren es den Empfindungen und Wünschen auch des neuen Souveräns unmöglich entsprechend finden konnten, gegen den sichtlichen Wunsch seines Vaters die schmerzlichen dokumentarischen Einzelheiten der Katastrophe des vor dreißig Jahren gestorbenen Kronprinzen der Neugierde preiszugeben.

## Zeichen zunehmenden Schwachsinns

Dies ist das Wort, mit welchem der schon mit Dankbarkeit erwähnte, gefeierte Psychiatriker nach Erwägung der entscheidenden Zeugnisse über physisches und geistiges Dasein den Zustand des unglücklichen spanischen Kronprinzen bezeichnet hat, da man von neuen Kunstworten wie moralischem Irrsinn (*moral insanity*) durchaus absehen müsse. So trifft, was die heutige ärztliche Kunst in Bezug auf Geisteskrankheiten lehrt, durchaus überein mit der Bezeichnung, welche vom März 1562 an bis nach Don Carlos Tode der König über die Geistesmängel desselben, wenn er das schmerzliche Thema überhaupt berühren mußte, mündlich und auch schriftlich, sowohl in offiziellen wie in den intimsten Schreiben gleichmäßig geäußert hat: er leide an Schwachsinn, an mangelhaftem Verständnis (*entendimiento*). Niemals wären Zeitgenossen und Spätere, Publikum und Forscher auf alle die Abwege der Phantasie und Darstellung verfallen, welche diese einfache Tatsache aus den Augen verlieren ließen, wenn man sich ohne Vorurteil an des so scharfsinnigen, wie bekümmerten Vaters Worte gehalten hätte.

Die früher erwähnten Zeugnisse der beginnenden Entzweiung zwischen Sohn und Vater haben wir oben noch einmal zusammengestellt. Man kann sich denken, daß eine weit bessere Übersicht in den Papieren enthalten gewesen sein wird, welche im September 1598 im Palast von Madrid verbrannt wurden.

Wir dürfen aber nach all den pathologischen Tatsachen, welche uns entgegengetreten sind, die Äußerungen eines beginnenden und sich steigern-

---

[1] ‚*que no sean menester*', sagt eigentlich etwas weniger.

den Hasses des Sohnes gegen den königlichen Vater überhaupt nicht mehr vom politischen Gesichtspunkt betrachten. Nur ihre letzten Ausläufer, die Aufrufe zur Empörung und die grausigen Mordgedanken berühren wieder das staatliche Gebiet. Im Übrigen tut man gut, was von wegwerfenden oder auch mäßiger kritischen Äußerungen des Kronprinzen über des Königs Handlungen berichtet wird, als Unarten eines körperlich wie geistig Leidenden zu betrachten. Die ganze Summe von Exzessen und Gewalttätigkeiten, welche zwischen der Errichtung seines selbständigen Hofhaltes im Sommer 1564 und seiner Einsperrung im Januar 1568 liegt, muß neben und über jenen persönlichen Unarten gegen den Vater zu den Erwägungen gezogen werden, welche diesen endlich zwangen, zu den Mitteln zu greifen, deren sich auch die gerichtliche Medizin unserer Tage[1] nicht entschlagen kann. Ich darf gleich hier sagen, daß die Form ihrer Anwendung durch König Philipp gegen seinen Sohn von einem der hervorragendsten Fachkenner auf diesem Gebiet als allen Forderungen entsprechend bezeichnet worden ist.

Nun muß man unter die Symptome dieser, mit der wunderlichen Gegnerschaft gegen den königlichen Vater wachsenden Geistesschwäche auch all die häßlichen Exzesse hauptsächlich sexueller Art zählen, welche wir am Schluß des vorigen Buches kennengelernt haben. Derlei ist ja auch sonst oft genug in fürstlichen Familien vorgekommen, unter Erben großer Reiche vielleicht am ärgsten, am Ende des achtzehnten Jahrhunderts in England bei dem späteren König Georg IV. Aber die damalige spanische Monarchie mit ihrer von der Nation gebieterisch auferlegten Richtung katholischer Universalherrschaft verlangte von ihrem Herrscher ein den Forderungen der Religion und königlichen Würde durchaus entsprechendes Bezeigen. Für des Königs eigene Autorität, wie er das in jenen früher erwähnten Worten nach des Prinzen wilder Szene mit dem Herzog von Alba auch offen aussprach, lag eine Gefahr in seines Sohnes wie dem Anstand, so dem Recht eines zivilisierten Staates und einer auf ihre exklusive Religiosität stolzen Nation gleichmäßig zuwiderlaufendes Benehmen.

Nun wäre es so ermüdend als unter der Würde der Geschichtschreibung liegend, wenn ich die so erzählten bestbezeugten, schon einmal angedeuteten Akte regel- wie zuchtloser Gewalttätigkeit, törichter Zerstörungslust und lange unterdrückter Rachsucht des Prinzen hier im Einzelnen wieder vorführen wollte. Einige Beispiele mögen genügen.

Anfang März des Jahres 1567 gab er einem seiner Kämmerer, dem Sohn jenes getreuen und nur zu ängstlichen Hüters seiner Jugend des Marques de

---

[1] Eduard von Hofmann, Lehrbuch der gerichtlichen Medizin[4] (1887) 878 bis 898.

las Navas, Alfons de Cordova, ohne Ursache eine Maulschelle; ‚sein königlicher Vater war darüber höchst unzufrieden und nahm denselben als Kammerherrn in seinen eigenen Dienst'.[1] Der florentinische Gesandte versichert charakteristisch, wenn auch erst am 24. Juni,[2] der Prinz habe bei dem Schlage hinzugefügt, seit mehr als sechs Monaten habe er diese Absicht mit sich getragen. Im Staatsarchiv von Simancas ist aus dem Oktober 1566 eine Zahlung von hundert Realen an den Vater junger Mädchen verzeichnet, welche der Prinz hatte schlagen lassen. Aus einer von einem Testamentsexekutor veranlaßten Zeugenaussage aus dem Jahr 1583, abgegeben von einem Bediensteten in der Kammer des vor fünfzehn Jahren gestorbenen Don Carlos ergibt sich, daß der Prinz plötzlich, zu Anfang des Jahres 1567, wegen eines ihm fehlenden königlichen Handschreibens (*billete*) gegen seinen Garderobe- und Kleinodienhüter einen Abscheu faßte. Don Carlos wurde von einigen Cavalieren zurückgehalten, ihn zum Fenster hinaus zu werfen; er entließ ihn aber, erklärte ihn einer Ma-jestätsbeleidigung schuldig und ließ eine Revision der Rechnungen über alles dem durchaus ehrlichen Mann anvertraut Gewesene vornehmen.

Unter dem zum Teil nachweislich ungenauen Nachrichten über des Prinzen Exzesse, welche seines Vaters Biograph lieferte oder zusammengestellt fand, finden sich gerade diese beiden zuletzt erwähnten für den zunehmenden, mit Aufregung verbundenen Schwachsinn des Prinzen charakteristischen Zeugnisse nicht. Aber es wird ein anderes angeführt, dessen Genauigkeit man bezweifelt hat, ohne zu erwägen, daß der königliche Oberstallmeister, und indirekt der König Philipp selbst, als Zeugen genannt sind.[3] Von diesem Vorstand des königlichen Marstalles verlangte der Kronprinz ein königliches Lieblingspferd zu sehen, indem er ‚bei dem Leben seines Vaters' schwur, ihm nichts zuleide zu tun; mit dem edlen Ross allein gelassen, richtete er es so zu, daß es zu Grunde ging, wie er ja dreiundzwanzig, wohl seiner eigenen, Pferde irgendwie absichtlich verletzt hatte.[4] Man sollte glauben, daß er dadurch auch zeigen wollte, wie wenig ihm an dem Leben seines Vaters gelegen sei. Es bedeutet daneben nicht einmal für sein Herz etwas, daß seine verschwenderische Hand gelegentlich Geld für die Erziehung verlassener Kinder oder eines zu Schuldhaft Verurteilten gab.[5]

---

[1] Dietrichstein 10. März 1567.
[2] Gachard, *Don Carlos II* 394 f., wo sich auch der Text der Eintragung über die Bezahlung für die Mädchenmißhandlung findet, sowie die ganz unbefangene und fachliche Zeugenaussage von 1583.
[3] Cabrera *VII* 22 p. 470 a.
[4] *Hace mal à veinte y tres caballos* wirft ihm Dr. Suarez im März 1567 vor (Gachard *II* 403).
[5] *Adolfo de Castro, protestantes Españoles* 377

Aber besser als alle solche Einzelheiten zeugen für die uns hier beschäftigende Frage die Warnungen, welche der bei der Abfassung des Testaments (S. 114) beteiligt gewesene aufrichtige und furchtlose Freund des Prinzen, der Jurist Suarez an ihn richtete.

Schon nach jener die Entzweiung mit dem Vater offen ankündenden, so anstößige Ansprache des Prinzen an die Cortes (S. 116) hatte derselbe unter Hinweis auf die Ehrfurcht, welche Philipp II. immer seinem kaiserlichen Vater bewiesen hatte, den Thronerben, unter Anführung der Fabel von Icarus' Sturz bei dem versuchten Himmelsflug, vor weiteren ähnlichen Handlungen zu warnen, die zu seinem Verderben führen müßten. Ausdrücklich bezeichnete er in einem zweiten warnenden Briefe schon nach wenig über zwei Monaten die Lage des Kronprinzen als eine dem Vernehmen nach gefährliche.[1] Ganz ausdrücklich und mehrmals spricht er davon, daß der Prinz sich auf dem Weg der Feindschaft (*enemistad*) und des Ungehorsams gegen seinen Vater befinde. Er begeht deshalb die Sünde, sich der Beichte und Kommunion zu enthalten. Mit den stärksten, feierlichsten, der Religion und der Diensttreue entnommenen Ausdrücken beschwört er ihn, durch Ehrerbietung und unbedingten Gehorsam gegen seinen Vater sich zu Gott zu bekehren und so den wohlgefälligsten Sieg zu erringen. Alltäglich wachse die Zahl der erklärten Feinde des Prinzen. ‚Schreckliche Dinge' treibe er – man sollte meinen: unnatürliche Sünden – daß man zweifeln könne, ob er ein Christ sei oder nicht und bei einem Anderen die Inquisition eine Untersuchung anstellen müßte. ‚Endlich erkläre ich Eurer Hoheit', so wagt der hochherzige Gelehrte zu sagen, ‚daß sie Gefahr um Ihre ganze Stellung (*estado*) läuft'.

Wenn nun Don Carlos mit seinem Kindertrotz sich im Jahr 1564 den eigenen Hofstaat erstritten zu haben meinen mochte, so hat er im nächsten Jahr sich zuweilen berechtigt gehalten, eine möglichst auffallende und wegwerfende Kritik über alle Handlungen seines Vaters zu üben.[2] Wohl

---

[1] *Teniendo sus negocios en tan peligroso estado como entiendo que están.* Gachard, *Don Carlos II* 339 f. hat die entscheidensten Stellen schon in Original und Übersetzung gebracht.

[2] *Quand au prince il est aujourd'huy le plus honneste et obéissant du monde; car bien qu'il resprouve et mesprise communément toutes les actions du roy son père et qu'il n'aye agréable chose que la princesse ny que les petis princes de Hongrie facent ou disent, il faict néaumoins semblant de trouver bon tout ce que la royne vostre fille fait et dit et n'y a personne qui dispose de luy comme elle et c'est sans artifice ny faincte; car il ne scait feindre ni dissimular. VOilà, Madame, ce que S.M.m'a respondu jusques icy.* Es sind also die Spottworte der Königin über den törichten Stifsohn, die er wiedergiebt! Fourquevaulx an Katharina Medicis 3. November 1565. Gachard *bibl. nat. à Paris II*, 198. hierzu Dietrichstein 24. Januar 1566 (Koch I 151): Nun trawt ime der Vater nit, derss ime auch nit zu vill Gewalt geben; so ist der Printz feintlich (=überaus) frey mit Reden und

möglich, daß er sich ausgedacht hatte, der König werde ihn, wenn er sich in der Nähe so unangenehm mache, zu einer Statthalterschaft in die Ferne senden.

Eine andere Reihe von Beweisen dieser unkontrollierbaren Quer- und Abwege des Prinzen bringt am 24. August 1567 eine Depesche des französischen Botschafters Fourquevaulx.[1]

Noch waren die Vorbereitungen für die flandrische Reise des Königs in vollem Gange. Dietrichstein freilich bemerkte wiederholt, daß man an der Ausführung derselben zweifle, der König und die Seinigen aber wünschen, daß man daran glaube.[2] Fourquevaulx hat, obwohl er noch am 16. Juli alle Abfahrtsvorbereitungen für Verstellung zu halten geneigt war, keine erheblichen Bedenken mehr:

‚dieser ganze Hof ist wegen dieser Reise im Unklaren mit Rücksicht darauf, daß die Vorbereitung von Vorräten und Ausstattungsstücken fortdauert. Man verfertigt karmoisinrote Damastflaggen mit dem Andreaskreuz für den König, den Prinzen und den Prinzen von Böhmen. Der König erwartet, welchen Sprossen ihm Gott bei der demnächstigen Niederkunft der Königin geben wird. Denn wenn es ein Sohn ist, so wird die erwähnte Heirat mit der Erzherzogin Anna in Gefahr sein, sich noch einige Sommer als Verlöbnis hinzuziehen, weil der König unzufrieden mit dem Prinzen ist und wohl sieht, daß derselbe sich ihm entziehen will. Denn er geht darauf aus, Goldstücke anzusammeln und er verlangte vor Kurzem, daß ihm Ruy Gomez 200,000 ohne Vorwissen seines Vaters durch Darleihen verschaffen solle. Das wurde entdeckt, und Ruy Gomez fiel sehr in Ungnade bei dem Prinzen, dessen Fortgehen nach Portugal oder sonst irgendwohin diese Majestät sehr fürchtet. Aus diesem Anlaß und wegen anderer Jugendstreiche seines Sohnes empfindet er großes Herzeleid und es gibt Leute, welche meinen, wäre es nicht um das Gerede der Welt, so würde er ihn in einem Turm unterbringen, um ihn gehorsamer zu machen. Überdies sieht dieser König voraus, daß der Prinz, wenn er einmal verheiratet ist, alle Stunden des Tages in Streit um Geld sein wird.'

Das Letztere dürfte keine Mitteilung von Ruy Gomez wiedergeben. Es könnten ganz wohl des über Don Carlos' Schwachsinnigkeit beschämten Vaters Worte an die Königin sein, obwohl er, wie wir Spätgeborenen, nicht zweifeln konnte, daß der Prinz in einer unmöglichen Ehe zu Streit und Wut noch geringere Anlässe als pekuniäre Wünsche gefunden hätte.

Der Botschafter fährt wohl selbständig fort:

‚Er würde statt hunderttausend Goldstücken, welche er jetzt jährlich seinem Stande gemäß empfängt, das Drei- oder Vierfache wollen und Mailand, Neapel oder Flandern für seinen Unterhalt verlangen; denn sein Vater ist weder in dem Alter noch der Körperbeschaffenheit, um ihm auf lange Zeit hin seine Krone abzutreten. So ist auch zu fürchten,

---

passieret sein Vattern auch nit Alles.

[1] Gachard, *bibl. nationale à Paris II* 249 bis 289 für diese und die nächstfolgenden Nachrichten, wo keine andere Quelle zitiert ist.

[2] 10. und 29. August 1567. Koch I 192, 194

daß der Prinz, nach den Erzählungen über seine Ausbrüche, der Mann wäre, einige Unordnung anzustiften,[1] mit Rücksicht darauf, daß er ein unruhiger, bizarrer Geist und mit seinem Vater sehr unzufrieden ist.'

Nach drei Wochen (12. September 1567) schreibt der Gesandte ferner an die Königin Katharina Medicis:

,Herrin, Sie können glauben, daß ein wundersamer Unwillen und üble Befriedigung zwischen dem katholischen König und dem Prinzen, seinem Sohn, besteht, und wenn der Vater ihn haßt, so tut es der Sohn nicht weniger, so daß, wenn Gott keine Hilfe schafft, daraus ein großes Unglück entstehen kann.'

Eben ein solches wäre dem Gesandten wie der Königin-Mutter ganz erwünscht.

,Allein so sehr der Prinz seinen Vater haßt, eben so sehr vermehrt er seine Zuneigung der Königin, seiner Stiefmutter, gegenüber und Ihre Majestät ist so verständig, daß sie sich mit Diskretion dem entsprechend halt, ihrem Gemahl und ihrem Stiefsohn zu Gefallen.'

Das entspricht ganz der florentinischen Klugheit ihrer gefürchteten Mutter, welche bei der Lektüre die schönsten Früchte für ihre spanischen Enkel keimen gesehen haben dürfte. Auf das inständigste bittet wohl deshalb Fourquevaulx seine Gebieterin um Geheimhaltung seiner Mitteilungen, ,da so Viele auf spanische Würden und Einkünfte hoffen'.

Noch bessere Nachrichten konnte der eifrige Diener der französischen Krone nach zwei Wochen geben: (23. September) ,Der Prinz von Eboli hat mir gesagt, ich solle nur die Niederkunft der Königin erwarten und je nach der Frucht, welche sie bringt, werde man eine Entschließung fassen.' Nach der Verhaftung des Prinzen hat Ruy Gomez die hier erwähnte Äußerung so gefaßt: ,Man werde darüber lauter schöne Dinge beschließen'[2] was er damals doch nicht auf die Absicht einer Einsparung des Prinzen gedeutet hatte. Damals fuhr er daher in seinem Bericht fort:

,diese Äußerung läßt mich denken, daß, wenn die Königin einen Sohn bekommt, man hier meint, dem König(Karl IX.) die ältere Tochter des Kaisers zu geben, so daß der Prinz leer ausgeht, von dem man ohnehin denkt, daß er keine Nachkommenschaft haben werde.'

---

[1] *Pour remuer quelque ménage,* was freilich auch auf die Erregung von Unordnung im Hause gehen kann, aber wohl auf Rebellion deuten soll.

[2] *Et ne sçaurois dire, si Ruy Gomès entendoit parler de ce qui est avenu ... peu de jours avent les dernières couches de la royne votre fille, me disant qu'il fallout voir ce que Dieu donneroit à la dicte dame, pour résoudre là – dessus tout plein de belles choses.* 19. Januar 1568. Gachard, *Don Carlos* 657

Mit Erstaunen liest man in einem Bericht desselben Botschafters vom 5. Februar 1568, daß Philipp II. nach der Einsperrung seines Sohnes das Projekt der Vermählung der Erzherzogin Anna mit dem KönigKarl IX. nachdrücklich empfahl, wie das auch der Nuntius billigte.[1] Gleichzeitig mit jener Ankündigung vom 23. September 1567 hatte aber Eboli dem französischen Gesandten doch auch mitgeteilt, daß die königliche Fahrt in die Niederlande auf das Frühjahr verschoben sei.

Am 10. Oktober genas dann die Königin jener zweiten früher erwähnten Tochter. Nach dem definitiven Aufgeben der Reise nach Flandern und vielleicht noch vor diesem Geburtsereignis dürfte der Kronprinz den Entschluß zum Aufstand gefaßt haben: als ein ‚Verzweifelter', wie er sich selbst seinem Vater gegenüber bei der Verhaftung genannt hat.

Die für unsere Zwecke, des Prinzen Haft und Tod vornehmlich nach den Gesichtspunkten seiner Familie zu erklären, erheblichen Nachrichten über Don Carlos' Schwachsinn konnten wir, nächst den Familienbriefen, in erster Linie Dietrichsteins Depeschen von dessen Landung in Spanien bis zu Albas Abgang nach den Niederlanden entnehmen. Für diese Zeit wurde seine eingehende Kunde zum Teil, wie gleichzeitig hervorgehoben worden ist, aus den kastilischen Verbindungen seiner Gemahlin geschöpft. Da wurden seine Berichte als der rechte Leitfaden eines wohlgesinnten Führers für die vorliegende Darstellung benutzt.

Vom Mai 1567 an, wie ebenfalls bemerkt, versiegt diese beste Quelle der authentischen Information. König Philipps Scharfblick konnte nicht entgehen, wie der getreue Botschafter bei der Beurteilung des spanischen Königssohnes eben nur diesen einen Gesichtspunkt seiner großen Herrschaftsansprüche[2] und der königlichen Zukunft der ältesten Tochter seines kaiserlichen Herrn im Auge habe. Das ist ja auch in solchem Maß der Fall gewesen, daß derselbe Dietrichstein nach des Prinzen Verhaftung, da jede Aussicht auf seine Thronfolge verschwand, die Erzherzogin Anna, wie König Philipp selbst und der Papst ebenfalls meinten, dem französischen König zu verloben riet, nach dem Ableben der Königin Elisabeth aber

---

[1] Gachard, *bibl. nationale de Paris* II 252 ausdrücklich *avec la princesse aisnée de Bohesme*. Ebenso der Nuntius am 4. Februar 1568: *Il parentato con la figlia dell'imperator è espedito tal che, se'l rè di Francia fa quello che deve et resta vero padrone del suo regno, sarà facilmente sua*. Gachard, *Don Carlos* 666. Denselben Gedanken äußert auch DIetrichstein als nunmehrige Auskunft am 19. Mai 1568. Koch I 217. Der Papst billigte diesen Ehebund höchlich, weil dann *le cose de la religione in quel Regno (Francia) dovesero sempre andare di bene in meglio* nach einer Depesche des Kardinals Delfino vom 26. Juni 1568 an Kaiser Maximilian II. im Wiener Staatsarchiv (Romana 1568).

[2] [...] Don Carlos ein prestenhaffter schwacher Herr, aber hinwiederum eines großen Khunigs Sun. 29. Juni 1564: Koch I 129.

glücklich genug war, die Werbung des Königs Philipp selbst um des ebenfalls toten Don Carlos' einfüge Verlobte bis zur Vermählung fördern zu können. Für die furchtbare psychische und, wie wir gleich sehen werden, die nicht ungefährliche politische Situation des Königs seinem kranken Sohne gegenüber, hatte Dietrichsteins Eifer kein Verständnis.

Immer von Neuem findet man in seiner Korrespondenz, nachdem einmal das Heiratsprojekt mit der Tante Johanna aufgegeben war, Ausdrücke des Erstaunens über die Verzögerung der Verlobung des Prinzen mit der Kaisertochter und Mahnungen an seinen Gebieter, Maximilian II., die Sache ernstlich zu betreiben.[1] Erst am 10. März 1567 verhehlt er sich nicht, daß keine größere Ungleichheit denkbar sei, als zwischen diesem Vater und Sohn, obwohl er schon im Januar des vorangehenden Jahres die Unbotmäßigkeit und die unziemlichen Äußerungen[2] des Prinzen über den König referiert hatte. Erst gegen Ende April 1567 wird er über Don Carlos' Zurechnungsfähigkeit bedenklich; er führt eben nur an, Viele meinen, wegen der Verzögerung der Heirat sei er ‚so seltsam'. Zum ersten Mal fügt er aber hinzu, es sei über ihn ein Urteil abzugeben keine leichte Aufgabe;[3] dennoch halt er die Heirat gleichsam für das kleinere Übel.

Dietrichstein hatte von dem kaiserlichen Großvater vor zwanzig Jahren doch genug gesehen und glaubwürdig gehört, um zu wissen, daß Karl V. überaus unmäßig im Speisengenusse war. Auch die Neigung der habsburgischen Regenten zu übermäßigem Obstgenuss[4] die ja schon von Kaiser Friedrich III. bemerkt wird (ja für diesen vermutlich tötlich geworden ist und noch nach der portugiesischen Eroberung durch zu reichliche Verzehrung von Melonen auf das Krankenlager warf),[5] wird ihm bekannt gewesen sein. So mochte er Manches mehr als wir begreiflich finden. Noch ehe er Don Carlos gesehen hatte, erzählte man ihm, daß derselbe zu nichts ‚incliniere als zum Essen'; das betreibe er mit größter Gier und immer von Neuem; ‚solches Überessen sei die Ursache aller seiner Kränklichkeit; daher man allgemein besorge, er werde bei solchen Gewohnheiten nicht lange am Leben bleiben'.

---

[1] Besonders am 31. März 1566, 10. März, 26. April und 18. Mai 1567: Koch I 159, 183, 185, 189

[2] ‚Feintlich frei mit Reden' Vgl. o.

[3] ‚Es ist beschwerlich von ime zu judicieren'.

[4] Ein gutes Beispiel, wenn auch nur aus Wilhelms von Oranien Korrespondenz (*Groen van Prinsterer, archives* I 434 vom 2. November 1565) bringt schon Gachard, *Don Carlos* I 470, wie der Prinz wieder erkrankte, nachdem er sechzehn Pfund Obst, dann einmal vier Pfund Trauben gegessen und Wassermengen (‚zwen Wassertrunck') dazu verschlungen hatte.

[5] Gachard, *lettres de Philippe II à ses filles* p. 109 n. VII

Es möge doch gleich hier bemerkt sein, was ich der mehrfach schon erwähnten Kunde der hervorragendsten Autorität auf diesem Gebiet unter unseren Zeitgenossen danke. Von diesem ‚Überessen' und dem gleich zu erwähnenden durch ‚Angstgefühl' veranlaßten massenhaften Trinken von Wasser,' verbunden mit Intoleranz gegen Alkohol' gilt nach Theodor Meynerts Auffassung wie von anderen, bei solchen Schwachsinnigen und daher auch bei Don Carlos, vorkommenden Excessen, daß sie ‚Symptome reizbarer Schwäche sind, nicht Krankheitsursache nach einer auch unter den Psychiatern verbreiteten Anschauung'. Ferner wolle der Leser vornehmlich für alles in diesem Abschnitt von den Zeichen zunehmender Schwachsinnigkeit des Prinzen zu Erörternde die Tatsache im Auge behalten, daß der Mensch ‚schwachsinnig' sein ‚kann, ohne verworren zu sein'. In diesem Sinne folgen wir den immer möglichst günstig gehaltenen Berichten des kaiserlichen Botschafters über die Exzesse in der Ernährung des Thronfolgers des spanischen Weltreiches.[1]

Im April 1564 gilt er, fast neunzehnjährig, als ‚in Vielem einen guten Verstand zeigend, in Anderem noch so kindisch wie ein Kind von sieben Jahren, so daß er nicht zu unterscheiden weiß, was recht und unrecht, schädlich oder nützlich ist'. Im Juni dieses Jahres hat man ihn zu einiger Diät gebracht, so daß er sich mit einem ganzen Kapaun begnügt, er trinkt auch dazu ‚nur einmal und Wasser, weil ihm der Wein gänzlich widersteht'. Im Oktober 1565 ist der Prinz wieder leidend

> ‚und bei dieser höchst ungeordneten Lebensweise desselben ist wahrlich zu besorgen, daß er nicht alt werde. Jetzt will er nur einmal täglich essen, nimmt Morgens wenig, Abends so viel zu sich, daß es Anderen für zwei, drei Mal genügen würde; trinkt nur Wasser, welches durch Schnee geseiht und gekühlt ist, und doch erscheint es ihm nicht kalt genug'

– wie uns ja nach den oben gegebenen Aufklärungen ganz verständlich ist.

Ende März 1567 ist der ‚sehr gelangweilte', geplagte Prinz ‚ganz wohlauf und, wenn er seines Appetits Meister wäre', hätte Dietrichstein Hoffnung auf bleibendes Wohlsein, ‚aber er kann nicht an sich halten'. Nach

---

[1] Den 22, April und 29. Juni 1564, 22. Oktober 1565, 31. März 1566, 18. Mai und 23. Juli 1567 Koch I 122, 128, 149 f., 159, 189, 192. Die Vergleichungen mit den Originalien haben hier nur unerhebliche Varianten ergeben Immerhin glaube ich bemerkt zu haben, daß Dietrichsteins Depeschen aus dem Sommer und Herbst 1567 in gedrückterer Stimmung und wohl in dem deutlichen, wie wir jetzt sehen, nur zu begründeten Gefühl geschrieben sind, daß ihm im Gegensatze zur früheren Mitteilsamkeit des Königs und seiner Vertrauten in Bezug auf Don Carlos Manches verheimlicht werde. Doch scheint er sich – wenn mir nicht etwa eine Wendung entgangen ist – nicht wieder, wie drei Jahr früher bei dem König beschwert zu haben.

einem Monat faßt der Gesandte seine Beobachtungen dahin zusammen, Don Carlos ‚sei schon ungezogen und werde sich nicht ändern, bis ständig ein guter Einfluß', wie etwa von ‚der Erzherzogin Anna, auf ihn geübt werde. Er hat viele böse Sachen an sich, andrerseits auch viele gute und hat sich fest vorgenommen, seinen Willen auf nichts Unrechtes mehr zu lenken'. Dietrichstein meint, wenn das eintrete, dann könne man hoffen, er werde noch ganz anders werden, als man erwarte. Aber wir haben aus den französischen Berichten gesehen, wie rasch der geistesschwache Thronerbe solche Vorsätze vergaß.

Und welchen Eindruck mußte es, trotz der von Fourquevaulx gemeldeten Flaggenstickerei auf ihn machen, daß, wie Dietrichstein Ende Juli 1567 schreibt, bei den letzten scheinbaren Vorbereitungen für die Königsfahrt nach den Niederlanden ‚kein Hofstaat für ihn angeordnet ward und sein weniges Hofgesinde' keine Anweisungen für Reisevorbereitungen erhielt, so daß es als unbekannt angesehen werden mußte, ob der Kronprinz überhaupt mitreisen werde.

Wir haben früher bemerkt, daß um den 20. September 1567 bei der definitiven Absage der Reise ‚bis zum Frühjahr' und den Erwartungen über die am 10. Oktober erfolgte Niederkunft der Königin, der Prinz seinen verzweifelten Entschluß zu offenem Bruch mit dem Vater faßte.

## Aufruf zur Empörung

Als die Königin Elisabeth im August 1565 von der Zusammenkunft mit ihrer Mutter in Bayonne zurückkehrte, wurde sie, mit ihrem Gemahl schon früher wieder vereinigt, einige Stunden von Segovia von Don Carlos begrüßt, der ehrerbietig vom Pferde stieg. In der Begleitung desselben befand sich sein etwas jüngerer Jugendgenosse, des Königs unechter Halbbruder Don Johann von Österreich. Dieser hatte sich insgeheim mit einigen Rittern nach Katalonien begeben, um auf Malta gegen die Türken zu fechten. Durch sein Beispiel hatte er eine größere Zahl von Edelleuten in Bewegung gebracht, um gegen des bedächtigen Königs Wunsch an dem ruhmvollen Kampf Teil zu nehmen. Feierlich, unter Anrufung von Gottes Zeugenschaft, erklärte Philipp II. noch im Oktober desselben Jahres einer kaiserlichen Anforderung gegenüber die Beschränktheit seiner Mittel zum Kampf gegen die Türken:[1] er durfte Spanien sich nicht nach dieser einen Seite erschöpfen lassen. So waren denn seine und auch seines Sohnes mündliche

---

[1] Dietrichstein bei Koch I 149

und schriftliche Weisungen zur Rückkehr an den Halbbruder und die Edelleute ergangen; ausdrücklich erklärte ihm der König im Falle des Ungehorsames seine Ungnade; dennoch wurde Don Johann nur mit größter Mühe durch Zureden von allen Seiten[1] dazu gebracht, an den Hof zurückzukehren. Jetzt

> ‚lief er direkt auf den König zu, um ihn um Verzeihung zu bitten. Der König empfieng ihn lachend mit großer Liebe und umarmte ihn. Dann schickte er ihn, die Hand der Königin zu küssen, welche nach der Begrüßung ihn lachend fragte, ob die Türken und Mauren keine rechten Kriegsleute seien. Da antwortete er, man habe ihm nicht das Glück zuteil werden lassen, es sehen und erproben zu können.'[2]

Diese heitere Szene, welche sich vor Don Carlos' Augen abspielte, mochte in seinem guten Gedächtnis[3] wieder aufleben, als er seinerseits nach etwas über zwei Jahren, im Herbst 1567, sich entschloß, weite Kreise der spanischen Bevölkerung zur Hilfeleistung bei einem zunächst auf Flucht aus Spanien, eventuell auf Gewaltanwendung abzielenden Unternehmen aufzurufen und sich für ein solches die nötigen Geldmittel irgendwie zu verschaffen. Im schlimmsten Falle mochte der Sohn wohl auf eine ähnliche königliche Gnade rechnen, wie sie dem unechten Halbbruder seines Vaters zuteil geworden war. Ich erwäge die Schwierigkeit der damaligen Kommunikationen und unter welchen Hindernissen doch zunächst die Bemühungen um Geldbeschaffung in spanischen Landen an ihre Adressen gelangen konnten, auch daß deren Erledigungen an den Prinzen in der Nacht des 18. auf den 19. Januar 1568 mit dessen übrigen Papieren der König in sein Kabinett bringen ließ. So wird man etwa Ende September oder Anfang Oktober 1567 als die Zeit zu bezeichnen haben, in welcher sich Don Carlos entschloß, in offenem Widerspruch mit dem Willen seines Vaters das Doppelziel seines Lebens, die unabhängige Regentenstellung zunächst in den Niederlanden oder Italien als Gemahl einer Kaisertochter, zu erreichen, da es nun einmal nicht anders gehe: mit Gewalt. Es ist ein gewöhnlicher Prozeß, wie ihn die fixen Ideen der Schwach- und Irrsinnigen durchmachen.

Unabhängig von dieser Berechnung der Antwortsfristen haben wir oben denselben entscheidenden Termin aus der Abkündung der flandrischen Reise und der Niederkunft der Königin gewonnen.

---

[1] Nicht übel bei Cabrera *VII* 24 Seite 360 f. geschildert.
[2] Nach dem nur teilweise wörtlichen Auszug aus des keineswegs genauen St. Sulpice Depesche an Katharina Medicis vom 11. August 1565 bei Gachard. *bibl. nat. à Paris II,* 188
[3] Noch einmal sei erinnert, wie Dietrichstein des Prinzen treffliches Gedächtnis rühmt. Koch I 128

Ausgefertigt liegen im Archiv von Simancas die Rechnungen über Geldbeträge, ausgezahlt auf Befehl des Prinzen an zwei Kammerjunker. Man weiß aus seinem eigenen späteren Beglaubigungsschreiben vom 1. Dezember dieses Jahres, daß er sie wegen ganz geheimen Abschlusses eines Anlehens von sechshunderttausend Goldstücken aussendete. In Simancas ist die Datierung der von Don Carlos selbst am 31. Oktober 1567 unterzeichneten ersten Vollmacht für den einen der beiden Beauftragten ausdrücklich bemerkt.[1]

Zum ersten Mal begegnet uns seltsamer Weise unter den bis in den Januar 1568 fortgehenden Vorbereitungen zu Flucht und Empörung dieses gegen seine deutsche und speziell habsburgische Herkunft so gleichgültigen Erben des spanischen Weltreiches ein von ihm ebenfalls unterzeichnetes Aktenstück in deutscher Sprache, in welchem er seiner Abstammung offiziell zu gedenken hatte. Nicht nur als Prinz von Hispanien, sondern auch als ‚Erzherzog von Österreich, Herzog von Burgund, Graf von Habsburg, von Flandern' lehnt er gleich seinem königlichen Vater die Einladung des Herzogs Albert von Bayern zur Vermahlung seines Sohnes höflichst ab. Es geschieht doch mit einer Wendung, welche auf des Prinzen gedrückte Lage hinzuweisen scheint. Er könne ‚den Festlichkeiten nicht beiwohnen aus gewichtigen Gründen und wegen Verhinderungen, welche Euer Liebden nicht verfehlen kann, hinlänglich zu würdigen.'

Wenn nun auch diese finanziellen Unterhandlungen, sei es keinen,[2] sei es nicht ausreichenden[3] Erfolg hatten, so blieb doch der kranke Prinz bei seiner Absicht gewaltsamer Lösung des ihm unerträglich gewordenen Zustandes.

---

[1] Gachard, *Don Carlos II* 455 bis 459. Vgl. oben S. 181 und 126. Ich habe nur Gachards französische Übersetzung des auf S. 192 besprochenen, in Brüssel aufbewahrten deutschen Schreibens vor Augen.

[2] Allen anderen Angaben gegenüber steht die Fourquevaulx' vom 5. Februar 1568 (Gachard, *Don Carlos* 659), man habe bei dem Prinzen nur gefunden: *trois mil escuz d'or et un nombre de désirez de Portugal; voylaà tout son trésor.*

[3] Cabreras Angabe (*VII* 22 S. 474^), er habe 150 000 Goldstücke bar und für den Rest, also 450000 Escudos, Wechsel erhalten, wird von Gachard für ‚*certainement inexacte*' erklärt, wie sie denn, von Fourquevaulx abgesehen, auch zum Teil urkundlichen Berichten über Don Carlos' Mangel an baarem Gelde bei seiner Verhaftung nicht entspricht; aber Minister, wie Ruh Gomez und Moura, müssen doch wohl als Hauptzeugen Cabreras für diese Finanzfrage gelten, so daß vielleicht die Auskunft möglich ist, der aufgeregte Prinz habe das Geld vergeudet und die Wechsel für ein nicht ausreichendes Zahlungsmittel gehalten. Übrigens meldet doch auch der Nuntius von dem Prinzen: *già haveva insieme una sommetta di denari. 30. März 1568.* – circa 30000 scudi nennt der florentinische Gesandte: 25. Januar 1568. Diese Summe könnte aber auch aus dem Darlehen von 40,000 Scudi entstanden, von welchem der venetianische Gesandte am 22. Januar 1567 schreibt. (Gachard, *Don Carlos* 667, 676 und 669).

Hier kommt nun als zeitlich ältestes Zeugnis in Betracht ein, schon von Ranke in seiner Wichtigkeit als Excerpt bemerktes, Aufmahnungsschreiben des Prinzen, welches sich in der Relation des päpstlichen Nuntius vom 30. März 1568 findet und uns jetzt freilich vollständiger und genauer als Ranke vorliegt.[1] Auch diesmal zeigt sich wieder, wie mangelhaft bei den anderen italienischen Gesandten, dem venezianischen, floren-tinischen, genuesischen, die Kunde über den Inhalt der nur den Vertrautesten kund gewordenen aufrührerischen Papier des Prinzen gewesen ist. Den florentinischen Gesandten Nobili hat – wenngleich mit dessen: ‚sagt man' – auch Gachard (S. 460) unter den klassischen Zeugen für die Flucht- und Rebellionsgedanken aufgeführt; in der Tat bezieht sich aber derselbe einerseits auf die bessere Information, welche der kaiserliche Botschafter aus des Königs eigenem Munde ‚am frühen Morgen' des 19. Januar über die mit der Verhaftung des Kronprinzen zusammenhängenden Umstände empfangen habe oder dessen kaiserlicher Herr nach des Königs Erklärung erhalten werde. Anderseits gibt er sein ‚man sagt' doch nur in folgendem Zusammenhang in einer stilistisch keineswegs musterhaften Nachschrift vom 25. Januar 1563 an seinen Herzog Cosmo von Mediä. Der König habe sechs Kavaliere, welche dem Prinzen noch nicht dienten, zu dessen Wache bestimmt ‚und alle früheren Diener desselben verabschieden lassen, ohne sie irgendwie zu versorgen,' was übrigens keineswegs richtig ist.[2]

> ‚Deshalb denkt man, daß viele von diesen mit ihrer Hand ein Versprechen geschrieben haben, ihm Dienstfolge zu leisten, ohne zu wissen wohin oder wie. Man sagt auch, daß ebendasselbige versprochen haben: der Herzog von Sessa, der Graf von Medina, nunmehr Herzog von Medina di Ruhseco (Rioseco) und der Marchese von Pescara, und man spricht auch davon, daß sich unter den fortgeschickten und entlassenen Dienern Ludwig Chissiada befinde'.[3]

Unter dem Letzteren ist der in dem Dienst Karls V. vielbewährte, getreue und entschlossene Quijada gemeint, welcher seit dem Tod des Kaisers dem

---

[1] Gachard a. a. O., 666 bis 668, vorher 663 bis 666 des Nuntius Depeschen vom 24. Januar und 6. Februar. Diese authentischen Nachrichten werden in einigen Einzelheiten bestätigt und ergänzt durch den vorsichtigen kleinen Auszug bei Cabrera *VII* 22 *p. 470* $^b$ *C: i le convenia armarse* [...] *Infanta Doña Anna.* Näheres hierüber S. 196 bis 198.

[2] *Delli suoi gentilhomeni che lo servivano alquanti sono stato accettati dal rè in quelle gradi et carichi che con lui tenevano* schreibt am 11. Februar der venezianische Gesandte, welchem doch auch nicht viel bessere Quellen als dem florentinischen zu Gebote standen.

[3] Depeche vom 25. Januar 1568 bei Gachard, *Don Carlos* 676 und 678, wo der genuesische Bericht folgt; die venezianischen finden sich S. 668 bis 673 vom 22. und 27. Januar und 11. Februar 1568. Über ein anderes Zeugnis etwa gleichen Wertes in den *doc. Escog. p.* 416 vgl. den Anhang.

129

Prinzen als Oberststallmeister zugeteilt, und welcher von dem König unmittelbar nach des Prinzen Verhaftung neben Ruy Gomez vielleicht in erster Linie mit der Hut desselben betraut wurde. Pescara und Rioseco werden am 30. März übrigens wirklich vom Nuntius als durch ein Don Carlos, jedoch mit Vorwissen des Königs und Vorbehalt ihrer Pflichten, geleistetes Versprechen gebunden genannt. Ich meinerseits wage daher überhaupt nicht, das von Nobili als Gerücht Gemeldete unter die historischen Tatsachen einzureihen. Immerhin bietet sein Bericht etwas mehr, als der seines genuesischen Kollegen Spinola.

Von den drei, anmutig geschriebenen Depeschen des venezianischen Gesandten Cavalli gewinnt der zuverlässige Tatbestand gar keine Aufklärung. Dazu trägt freilich auch bei, daß dieser Gesandte Irrungen in einem früheren Brief in einem späteren zu verbessern nicht sonderlich beflissen ist. Die ganz allgemeinen Angaben, welche ihm Ruy Gomez am 27. Januar – und ähnlich lautend dem englischen, ausführlicher dem französischen Gesandten – auf königlichen Befehl mündlich zukommen ließ, hatten nur die besondere Höflichkeit, den Venezianer als Vornehmsten des diplomatischen Corps (*principal ministro in questo corte*) zu bezeichnen.

In dem dritten erheblichsten Bericht wird zunächst die aus Rankes Erörterung schon früher, und in abweichender Auffassung, besprochene indiskrete Erzählung des königlichen Beichtvaters mitgeteilt, welche dazu als eine vertrauliche (*con confidentia*) bezeichnet wurde; sie endet mit einem Lobe des Königs über seine Konsequenz in einmal gefaßten Entschlüssen. Hierauf folgt eine Darstellung, wie der Prinz jetzt (*hora*) bewacht werde. Dann liest man ganz unvermittelt – wie auch in gar mancher venezianischen, einige Jahrzehnte älteren Depesche – die für unsere gegenwärtige Aufgabe erhebliche Mitteilung:

> ‚Genannter Prinz hatte vor seiner Verhaftung Briefe an einige (*alcuni*) Granden von Spanien geschrieben, in welchen er ihnen zu verstehen gab, daß er sich ihrer bei einer Reise von Wichtigkeit bedienen wolle; deshalb bat er sie, sich in Bereitschaft zu halten. Der größere Teil von diesen zeigte alles und auch die von ihnen gegebene Antwort der Majestät des Königs an. Die Übrigen hatten zwar erwähntem Prinzen vorsichtig geantwortet, indem sie sagten, daß sie jedesmal bereit sein würden, sofern es nicht gegen die Religion und den Dienst ihres Königs wäre; nichts desto weniger bleibt Seine Majestät übel zufrieden mit ihnen, weil sie ihn nicht davon verständigt haben.'

Nach der Fassung geht auch diese Darstellung auf Personen der königlichen Umgebung zurück. Ich meine aber, wie gesagt, nicht, daß die ganze Provenienz dieses letzten Drittels der Depesche auf den königlichen Beichtvater zurückzuführen ist. Ich vermute eine untergeordnetere Beziehung Cavallis.

Berichtigt und ergänzt werden seine Mitteilungen durch andere, welche vielleicht auf des hierbei genannten Ruy Gomez Aufzeichnungen ober auf Mouras Erzählungen vor Cabreras Vater oder vor diesem selbst über den Aufruf, in dem Werk dieses Biographen Philipps II. zurückgehen. Noch einmal führt Cabrera des Prinzen Gemütszustand vor. Er sei besorgt gewesen, daß sein Vater ihn gefangen halten könne, vollends nach jenen geheimen Besprechungen mit Montigny (S. 85). Er habe die Vergeblichkeit alles kaiserlichen Drängens auf seine Vermählung erkannt, auch die Verzögerung wegen seiner nur vorgegebenen Mängel für die Ehe.

,Und es paßte ihm sich zu rüsten (*armarse*), sowohl gegen dieses, als gegen die verdeckte Absicht, welche wider ihn nach seinem Dafürhalten der Kardinal Espinosa habe, als auch gegen den Bericht seiner Taten an seinen Vater von dem Fürsten Ruy Gomez. Er schrieb an alle Granden und Würdenträger (*titulos*), indem er sie um Unterstützung bei einem Geschäfte ersuchte, welches sich ihm darbiete. Sie antworteten ihm mit Versprechen, ihm zu dienen und die Meisten: sofern es nicht gegen seinen Vater sei. Der Admiral schickte seinen Brief dem König und bat ihn, den Inhalt desselben zu prüfen. Und das Sichere war, sie zu verpflichten, daß sie ihm mit Geldern zu Hilfe kämen, um von dem Hof zu fliehen und nach Deutschland zu reisen, um sich mit seiner Base, der Infantin Donna Anna, zu vermählen.'

Man sieht leicht, daß vor diesem letzten Satz, welcher nur ,das Sichere' darlegen soll, eine Erörterung des königlichen Kabinetts über die Absichten des Prinzen ausgefallen ist, wie sie sich aus seinem Aufruf ergeben und vor allem Gomez bekannt sein mußten.

Nunmehr erst wird der volle Wert der Aufschlüsse einleuchten, welche der, auch hier von Cabrera vorzeitig mit dem Kardinaltitel geschmückte Präsident des königlichen Rats, Espinosa, dem Spanien so freundlich gesinnten und so klugen Nuntius Castagna gegeben hat. Wir sahen eben, wie Espinosa nach dem Biographen der eine der beiden von Don Carlos bestgehaßten Minister des Königs gewesen ist. In der Tat hat er in den uns hier angehenden Jahren 1567 und 1568 wie kein anderer in Kastilien Lebender, und mit weit höherer Achtung als Ruy Gomez, des Königs Vertrauen besessen. Noch in einem anderen Zusammenhang haben wir Espinosas die Verhaftung begründende Eröffnungen zu erörtern. Für das uns jetzt Angehende hörte Castagna allem Anschein nach nur nebenher Äußerungen, deren Bedeutung diesem Nuntius erst klar geworden war, als er seine nächste Depesche vom 4. Februar schrieb. ,Sie sagen, es erhelle aus des Prinzen eigenen Schriften, daß er die Absicht gehabt habe, sich der Flotte und der Staaten zu bemächtigen oder ähnliche Dinge. Und weil der Präsident mir sagte' – fährt er seine Quelle nennend in der Erörterung der Haftfrage fort. Unter den ,Staaten' versteht er die dem König gehörigen italienischen und niederländischen Gebiete.

Zu voller Übersicht aller Momente ist dieser, nächst den Angehörigen des Kaiserhauses und dessen Vertreter bestunterrichtete päpstliche Botschafter doch erst Ende März gelangt. Wir haben bei der Erwägung einer florentinischen Depesche schon bemerkt, daß der Nuntius zwei Granden zwar als durch ihre Briefe dem Kronprinzen zur Folgeleistung auf einer Reise verpflichtet erklärt, aber nur unter Vorbehalt ihrer Treue gegen den König und mit Benachrichtigung desselben.[1] Er fügt hinzu, ‚vielleicht' sei außer jenen Herren noch ‚irgend ein anderer' beteiligt gewesen; er nennt auch an erster Stelle ganz richtig Don Johann von Österreich.

Man sieht schon hier, wie unvollständig Cabreras immerhin wichtiger Auszug aus Gomez' oder Mouras Mitteilungen für unsere Information erscheinen muß. Schlimmer ist, daß er nicht erkannt hat oder überliefert fand, wie es sich um zwei ganz verschiedene Aufrufe handelt. Der eine, welcher uns bisher beschäftigt hat, gilt der Beihilfe zur Flucht, eventuell mit Gewalt, mindestens nach Don Carlos' eigener Meinung. Seine Abfassungszeit genau zu bestimmen, scheint mir nicht möglich; es ist keineswegs notwendig, mit Gachard anzunehmen, sie falle erst nach der Abreise des Königs aus Madrid zur üblichen Festtagsruhe im Escurial am 20. Dezember. An diesem Tag meldete freilich der französische Gesandte seinem König ‚großen Unwillen' des Prinzen über die Verzögerung seiner Heirat;[2] aber das ist eine seit Jahren sich wiederholende Klage. Die nur finanzielle zweite Sendung des Kronprinzen ist vom 1. Dezember 1567 datiert. Vielleicht gehört der erste Aufruf in dieselbe Zeit. Man begreift sonst nicht, wie, abgesehen von der bei Cabrera gemeldeten jederzeit möglichen Anzeige des Admirals von Kastilien, zwei oder gar mehr Granden, bei Abwesenheit des Königs von Madrid, nach ausdrücklicher Versicherung des so gut unterrichteten Nuntius, die königliche Genehmigung zur zustimmenden Beantwortung einholen konnten.

Nur bei diesem findet man in der Tat[3] eine ausreichende Darlegung des Inhalts der von Don Carlos für den Fall seiner gelingenden Flucht zu hinterlassenden versiegelten und am 18. Januar konfiszierten Briefe. Der an seinen Vater gerichtete besagte offen, was ihm ‚seit vielen Jahren' zu Leidegeschehen sei, und daß er aus den Reichen desselben gehe, weil er so große Kränkungen nicht länger ertragen könne. Den Granden, Räten, Provinzialbehörden und vornehmsten Stadtgemeinden schrieb er noch außerdem, Seine Majestät verzögere seine Heirat, um die Nachfolge der Kinder

---

[1] *Dove promettevano di servierlo in un viaggio andando in sua compagnia. Questi non fecero cosa senza saputa del rè o con altra riserva per la quale savassero la fedeltà et debito a Sua Maestà, la quale, essendo informata del tutto etc.*

[2] *bibl. nationale à Paris II, 251.*

[3] *Vgl. Oben S. 193.*

aus des Prinzen Ehe zu Gunsten der eigenen Kinder des Königs – d. h. der beiden Infantinnen der Königin Elisabeth – zu verhindern; er erinnerte sie an ihre Eidespflicht gegen ihn selbst, von der sie sich nicht abbringen lassen sollen; er bittet sie um ihren Rat, in welchem Ort der Welt, fern von den Reichen seines Vaters, ihm auch zu residieren genehm sein werde. Den Getreuen und im Eid fest Bleibenden verspricht er: den Granden Begünstigungen, namentlich Herstellung des ihnen angeblich durch den König entzogenen Steuerrechtes in ihren Gebieten;[1] den Stadtgemeinden Beseitigung der ihnen angeblich neuerlich aufgelegten Lasten. ‚Kurz, er versprach Jedem, was er wußte, daß ihm angenehm wäre.' Den sämtlichen unabhängigen, katholischen Fürsten, auch von Italien, gab er Rechenschaft, wie er diesen Entschluß zu fassen genötigt gewesen sei, bat sie, denselben gut aufzunehmen und suchte mit guten Worten und vielen Anerbietungen um ihre Freundschaft nach. Was der ebenfalls vorgefundene Brief an den Kaiser enthalten haben mag, wird nicht mitgeteilt. Er war doch schwerlich nach Don Carlos' Absicht der Beförderung durch Philipps II. Hand oder Diener überlassen.

Das ist nach den Worten des Nuntius, was er über die Briefe hat erfahren können. Er nennt hier seine Quelle nicht ausdrücklich; doch scheint das Wesentliche wieder auf Espinosa zurückzugehen.

‚Von anderer Seite' (*d'ailleurs*) als von Ruy Gomez hat der französische Gesandte erfahren, daß der Prinz nach Genua zu reisen beabsichtigte.

‚In Italien würde es nicht an Leuten gefehlt haben, welche ihn angetrieben hätten, alle Dinge zu verwirren. Wenn er dort angekommen wäre, wollte er gedachte Majestät auffordern und zwingen, ihm gewisse ganz unvernünftige Dinge zu bewilligen'.[2]

## Mordabsichten

Der Nuntius berichtet nach seiner genauen Information über den Inhalt der konfiszierten Papiere des Prinzen, daß sich unter denselben auch eines befinde, ‚auf welches er mit seiner eigenen Hand seine Freunde und die Feinde geschrieben, von denen er sagte, er habe sie immer bis zum Tod zu verfolgen. Unter diesen war als der erste geschrieben: der König sein Vater[3]

---

[1] *renderli la gabella, che diceva che il rè gli ha tolto nelli stati loro*, das hieße etwa eine Herstellung der Zustände vor Isabellas der Katholischen Thronbesteigung!

[2] [...] *de luy accorder certains articles hors de toute raison*. Fourquevaulx an Karl IX bei Gachard, *Don Carlos* 659.

[3] *Vi è ancora una lista, dove scriveva di sua mano gli amici et li nemici suoi, li quali diceva di havere a perseguitare sempre fino alla morte; fra li quali il primo era scritto il rè suo*

hierauf Ruy Gomez und Frau, der Präsident (Espinosa), der Herzog von Alba und gewisse Andere. Die Freunde: an erster Stelle die Königin, von welcher er sagte, daß sie am liebevollsten (*amorevoglissima*) gewesen sei, Don Johann von Österreich, sein teuerster und geliebtester Oheim, Don Luis Quijada, wenn ich mich gut erinnere,' ein jetzt in Rom Lebender und Andere, die er nicht wisse. In dem früheren, langst bekannt gewesenen Bericht des Nuntius vom 4. Februar erhält man die einzige ganz authentische Nachricht über die von uns früher bei der Betrachtung der religiösen Richtung des Prinzen erwähnte vergebliche Zumutung an Priester. Sie sollten ihm, ‚damit das Volk seine Kommunion sehe', eine ungeweihte Hostie reichen, da er gegen jemand einen Haß habe, wegen dessen ihm die Darreichung einer geweihten verwehrt sei, da er in Bezug auf dieses Sakrament stets sehr gewissenhaft war.[1] Es ist übrigens ganz richtig, daß hierbei der König nicht genannt wird.[2]

Ein ausführlicher Bericht über diese Sache[3] geht auf einen Kammerdiener des Prinzen zurück, dessen Mitteilungen nach den Einleitungsworten wiedergegeben werden sollen. Diese Erzählung stößt schon wegen ihrer zu allen Zeiten bedenklichen Dienerquelle und wegen der wörtlichen Wiedergabe der Gespräche mit den Geistlichen wenig Vertrauen ein. Wenn hier der Prinz endlich um zwei Uhr nachts, von dem Prior von Atocha gedrängt, den zu nennen, welchen er umbringen wolle, sagt, es sei der König, sein Vater, mit welchem er schlecht stehe, so ist das gewiß nicht beweiskräftig. Selbst Ranke, der das ganze Aktenstück doch nicht für unglaubwürdig halten mochte, kam auf die Auskunft, daß der Kammerdiener nur gehört haben dürfte, der Prinz habe den Haß gegen seinen Vater bekannt, daß der Horcher wegen früher geäußerter Mordabsichten, ‚auch dies auf eine Absicht, den König morden zu wollen, deuten mußte'. Allein diese Auskunft ist doch eine solche der Güte.

---

*padre.* Depesche vom 30. März 1568.

[1] *[...] porque en esto hasido siempre escrupulosissimo.* Zayas an Alba 24. April 1568 in Doc. escog. 416. (s. Anhang).

[2] So kann man, und man fühlt sich zufrieden dabei, nicht anders, als den Prinzen von dem bestimmten Vorhaben des Vatermordes freisprechen'. Ranke, Don Carlos 258. Es war ihm doch entgangen, da der königliche Beichtvater dem venetianischen Gesandten (Depeche v. 11. Februar 1568) ausdrücklich sagte, der Prinz habe *diversi religiosi* vergeblich dahin zu bringen gesucht, ihm eine ungeweihte Hostie zur Kommunion zu reichen *per celar questo mal animo che aveva contra i ministri et contra il padre;* denn selbst bei einem Schwachsinnigen ließe das Verlangen ohne eine Tatabsicht sich nicht erklären.

[3] Bei Bachard nach einem 1841 in Madrid erschienenen genauen Abdruck reproduziert: Don Carlos 684 bis 686. Die von Llorente benutzte und in einer Wiener Handschrift von Ranke übereinstimmend gefundene Fassung (a. a. O. 253) steht dagegen zurück.

Auf alle Weise hat der König selbst den Greuel der Absicht eines Parricida von seinem Sohn und hiermit von sich und von dem Hause Habsburg abzuwenden gesucht. Dessen Ahnherr König Albrecht I. war ja durch einen sohnesgleich gehaltenen Neffen umgebracht worden. Entsetzlich für alle Zeiten, an die direkte Absicht des Vatermordes von Seiten eines Erzherzogs und Infanten glauben zu lassen! Es war doch Don Carlos' Schwachsinn, Mangel an Verstand, fehlende Einsicht, mit Fug und Recht von dem königlichen Vater oft genug seit dem März 1562 behauptet worden, und dieses Gebühren hatte seitdem nur zugenommen. Die Gerechtigkeit, wie sie vollends die heutige Psychiatrie und gerichtliche Medizin verlangt, stehen König zur Seite, wenn er trotz aller wilden Reden desselben seinen kranken Sohn wie jedes anderen ernsten Vorsatzes so auch desjenigen des vorbedachten Vatermordes unfähig erachtete. Am Sankt Antoniustag (17. Januar) von 1568 wollte er freilich nach einem noch zu erörternden unverwerflichen Zeugnisse seinen königlichen Vater umbringen. Noch einmal hat er aber dem Vater – auch das werden wir gut bezeugt finden – gerade an diesem Tag die Hand geküßt; noch einmal ist er mit ihm zur Messe am folgenden Tag, einem Sonntage (18. Januar) erschienen. Am Abend dieses Tages, zwischen 10 und 12 Uhr erfolgte die Katastrophe seiner Verhaftung.

Ganz ausdrücklich sprach sich nach des Königs Auftrage der Fürst von Eboli Ruy Gomez da Silva in dem die Attentatsabsicht leugnenden Sinn gegenüber den vornehmsten Gesandten aus. Es sei nicht wahr, daß der Prinz den Gedanken gehabt habe, Seiner Majestät nach dem Leben zu stellen, schreibt der Venezianer. Der Nuntius meldet:

> ‚der König hat Befehl gegeben, daß in den an alle Fürsten und Reiche zu schreibenden Briefen gesagt werde, daß das verbreitete Gerücht, der Prinz habe Seine königliche Person selbst verletzen wollen, falsch ist. Dasselbige läßt er durch Ruy Gomez den Gesandten der Könige und von Venedig, welche hier sind, sagen; aber der Präsident (Espinosa) sprach mit mir in eben der Form, welche ich oben aufschrieb'.[1]

Diese letztere in der Tat sehr abweichende Mitteilung erfolgte am 24. Januar und wurde von dem Nuntius noch an demselben Tag aufgezeichnet. Er teilte

---

[1] Insidar alla vita di Sua Maestà. Cavalli 27. Januar. – In questo mezzo (zwischen dem 24. und 27. Januar) Sua Maestà ha dato ordine, che nelle lettere, che si scrivonno a tutti li prencipi et regni, si dica che la voce ch'è uscita che'l prencipe havesse cercato di offendere la real persona sua propia è falsa; et questo medesimo fa dire a bocca da Ruy Gomez all' ambasciatori dir è et di Venetia, che sono qu'ì (Vermutlich geht dieser Relativsatz auf das Fehlen der Gesandten von Schottland, Ravarra, Schweden und Dänemark am spanischen Hof im Januar 1568; denn alle anderen königlichen Gesandten waren in Madrid); ma il presidente parlò con me nella medesima forma che io scrivò di sopra. Castagna 27. Januar 1568. Beides bei Gachard, *Don Carlos II* 671, 665

zuerst, wie es scheint, geflissentlich meist nach Espinosas Worten die Aufträge mit, welche diesem der König zur Übermittlung an den Papst über einiges Don Carlos Verhaftung Betreffende erteilt hatte. Dann fährt der bei all seiner freundlichen Gesinnung für Spanien doch sehr nüchtern überlegende Botschafter der Curie fort:

> 'Dies hat mir im Wesentlichen der Präsident gesagt und als ich ihm sagte, daß mir eine seltsame Sache zu sein scheine, was man überall erzählt, nämlich: daß jener Jüngling sogar Gedanken gegen die Person des Königs, seines Vaters gehabt habe, da antwortete er, das würde das Geringste sein; denn, wenn nicht andere Gefahr gewesen wäre, als wegen der Person des Königs, so würde man sich gehütet und dem auf andere Weise abgeholfen haben; aber es sei Schlimmeres, wenn Schlimmeres sein könne, dem Seine Majestät schon seit zwei ganzen Jahren abzuhelfen gesucht habe'.

Dem hier gegebenen Zugeständnisse des Vertrautesten unter allen Räten des Königs, daß gegen denselben von dem Prinzen wirklich ein Attentat beabsichtigt war, werden wir sogleich von unerwarteter Seite eine Bestätigung gegeben finden. Doch dürfte es sich empfehlen, zuvor noch zwei andere in den erhaltenen Depeschen des Nuntius sich findende Sätze in Erwägung zu ziehen, der eine in der eben erwähnten vom 24. Januar 1568, der andere im Anfang der vom 6. Februar datierten.

> 'Das ist, so viel ich in Bezug auf das sagen konnte, was mir der Präsident gesagt hat. Aber der Dinge, welche in den Gesprächen am Hof umlaufen, sind viele und eher Einbildungen als Wissen. Immerhin hält man für sehr klar und allgemein, daß, wenn der Gelegenheiten viele und seit langer Zeit gewesen sind, nichts desto weniger Don Iohann von Österreich sich zuletzt pflichtmäßig gezwungen gefunden habe, Seine Majestät von einigen Dingen in Kenntnis zu setzen, welche diese Execution beschleunigt haben; das kann ich jedoch auf keine andere Weise als nach der allgemeinen Stimme des Hofs behaupten'.

'Ich war nicht sicher, daß die Briefe nicht gelesen und die Chiffren beseitigt wurden; deshalb schrieb ich mit der letzten (Sendung) nicht das Folgende'. Er erzählt nun von den Beschlüssen über des Prinzen Zukunft, namentlich auch, daß er seine Freiheit nie erlangen werde (*non lo liberaranno mai*).[1]

Die Depesche vom 6. Februar, deren Anfangsworte eben angeführt wurden, brauchte sehr lange Zeit, um nach Rom zu gelangen. Diese Tatsache kann nicht Wunder nehmen, wenn man erwägt, daß die Benachrichtigung des spani-

---

[1] Die wichtigsten Stellen lauten im Original: *che questo giovane havesse pensato etiam contra la persona del rè suo padre, rispose che questo saria il manco [...], ma che ci era peggio, si peggio può essere.* – *Don Giovanni d'AUstria si sia trovato necessitado dal debito suo d'avvertire Sua Maestà di alcune cose che hanno accelerato quest' essecutione.* – *Non era sicuro che, le lettere non fossero apperte et le cifre brusciate* (doch nicht verbrannt, *brusciate*? Ich denke: *brucate*); *però non scrissi questo per il passato.* A. a. O. 663 bis 665.

schen Botschafters bei der Curie von dem Ableben des Prinzen, welches gegen ein Uhr Morgens am 24. Juli 1568 erfolgt war, erst zwischen dem 28. August und 4. September in Rom eintraf. An dem ersteren Tag meldete nämlich der kaiserliche Botschafter am päpstlichen Hof, Graf Prosper von Arco, daß er mehrere Briefe aus Burgos und Lyon gesehen habe, welche das wichtige Ereignis erwähnten; bis zu der Stunde dieser Aufzeichnung habe aber der spanische Gesandte noch keine Nachricht erhalten.[1] Und doch war weder Grund, noch bei irgendjemandem in Madrid Neigung, die Todesnachricht geheim zu halten. In der nächsten, am 4. September geschriebenen und am 19. in Wien angelangten Depesche des Botschafters berichtete derselbe, daß der spanische Gesandte zuverlässige Kunde empfangen und Trauer angelegt habe.[2]

Am 24. Juli 1568, gerade dem Todestag des Prinzen, schrieb aber in einem am 10. August in Wien angelangten Brief der vertrauliche, regelmäßige Korrespondent des Kaisers bei der Curie, Kardinal Delfino, nichts als das Folgende:

> ‚Geheiligte Kaiserliche Majestät! Das was ich der Kenntnisnahme Eurer Kaiserlichen Majestät würdig gehalten habe, ist in diesem kurzen Schreiben in Chiffren. Daher fällt mir nicht bei, etwas Anderes zu sagen, als daß ich Dieselbe bitte, mich in Ihren guten Gnaden zu befestigen.'

Die jetzt beiliegende Chiffrenlösung enthält zwei Sätze; der erste betrifft des Prinzen zweifellose Rechtgläubigkeit. Der zweite Satz lautet:

> ‚die andere Sache ist, daß der Papst für höchst gewitzt ‚hält, daß der Prinz von Spanien niemals von seinem Vater frei gelassen werden und im Gefängnis sterben wird, und er scheint hierüber solche Sicherheit zu haben, daß ich Eure Majestät davon benachrichtigen zu sollen meinte.'[3]

Die Mitteilung des Papstes war eine geheime, wie denn der Kardinal dem Kaiser einen Monat früher, am 26. Juni 1568, berichtet hatte, der Papst wünsche nunmehr höchlich die Vermählung der Erzherzogin Anna mit dem König von Frankreich und habe bei diesem Anlaß über viele Angelegenheiten vertraulich mit ihm gesprochen, ihrer früheren Differenzen vergessend.[4] Das Geheimnis über den Beschluß ewiger Einschließung des Prinzen erfuhr der Papst von seinem Nuntius in der Depesche vom 6. Februar 1568.

---

[1] *L'inbasciator dil Rè cat$^{co}$ fino à quest'hora non n'ha nuova alcuna.* Wiener Staatsarchiv, Romana 1568.

[2] *Catholici Regis orator certum ipse quoque nuntium habuit de morte principis et lugubrem induit habitum.* Ebendaselbst.

[3] *L'altra cosa è che il Papa tiene per certissimo, che il Principe di Spagna non sarà mai liberato da su padre et sie morira* (fehlt: in) *prigione, et di questo mostra havere tanta certeza, che mi è parso avisarne V. M$^{tà.}$* Ebendaselbst.

[4] *[...] Sua S$^{tà}$, la quale, hauendo meco parlato di molte cose particolarmente, quasi non fosse mai stato disparere alcuno fra lei et me.* Ebendaselbst.

Nun erst sind wir in der Lage die Wichtigkeit jener anderen, auf Don Carlos' Mordabsicht bezüglichen Nachricht zu würdigen, welche sich in einer drei Seiten langen Relation desselben Kardinals an den Kaiser findet. Sie ist vom 6. März datiert und am 26. März in Maximilians II. Hände gelangt. Hier liest man:

> ‚Die Spanier strengen sich hier an, glauben zu machen, daß gegen den Prinzen weder Glaubensangelegenheiten vorliegen noch ein Gedanken gegen das Leben seines Vaters. Immerhin bin ich versichert worden, daß der Nuntins für Spanien dem Papst geschrieben hat, daß der Prinz seinen Vater am Tag des heiligen Antonius' (17. Januar) ‚ermorden wollte, und daß Don Johann von Österreich das Ganze Seiner Majestät kundgemacht hat.'[1]

Der erste der von dem Nuntius über des Prinzen Verhaftung geschriebenen Briefe war am 24. Januar begonnen und am 27. beendet worden. Im Anfang seiner nächsten Depesche vom 6. Februar unterschied er in Bezug auf die frühere: Brief und Chiffren. Analog der erwähnten Todesnachricht vom 24. Juli oder einem der nächsten Tage an den spanischen Gesandten dürfte auch diese Depesche vom 24./27. Januar nach etwas mehr als Monatsfrist in Rom angelangt sein. Man kann nicht wohl zweifeln, daß des Kardinal Delfino Mitteilung vom 6. März begründet ist.[2] Es ist also anzunehmen, daß, wie bei Delfinos eigenem Schreiben an den Kaiser, dem uns bekannten Briefe ober Doppelbriefe des Nuntius noch ein besonderes Blatt in Chiffrenschrift beigelegt gewesen sei, welches die Nachricht von der Absicht des Prinzen enthielt, seinen Vater an jenem Sankt Antonstage umzubringen.

Daß irgend etwas derart noch jenseit des uns näher Bekannten von dem kranken Don Carlos geplant worden war, ging schon aus der Eventualbejahung Espinosas an den Nuntius hervor.

---

[1] *Qui li Spagnoli si sforzano di far credere che contras detto Principe non ui siano ne cose di fede ne pensiero contra la uita del padre; però son io certificate che il nuntio di Spagna ha scirtto al Papa che il Principe uoleua amazzare suo padre il di di Santo Antonio, et che Don Giovanni d'Austria ha pallesato il tutto à Sua Maestà* Ebendaselbst.

5 Ich nehme doch nicht an, daß auch jetzt noch ernstlich diese Nachricht zu den ‚reichlichen Schändlichkeiten und Bosheiten' (*hartas runadas y malignidades*) gezählt werden wird, welche von Italien, speziell von Rom aus, nach Versicherung des spanischen Botschafters Vlava in Paris, über Don Carlos' Tod verbreitet worden sind. Gachard, *Don Carlos* 623.

## Königliche Mitteilungen über Carlos' Verfehlung

Ich glaube hier zuerst die der englischen Königin Elisabeth gemachten Eröffnungen nennen zu müssen. Wir haben ja früher gesehen, wie ernstlich und vergeblich Philipp II. sich um die Hand dieser Fürstin beworben hat, deren hohen Sinn und umfassende Bildung der hochgebildete König als Gemahl ihrer Stiefschwester hinlänglich kennen lernte. Dann hatte er sich mit dem schönen französischen Königskind Elisabeth vermählt, das sich als seine dritte und mit aller Güte behandelte Gemahlin so fügsam, ehelich tadellos und herzlich unbedeutend erwiesen hat. Liest man die Mitteilungen an den englischen Gesandten und Philipps Brief[1] an die große Königin, so gewinnt man den Eindruck, daß an ihrem günstigen Urteil über sein Verfahren dem König besonders viel gelegen war. Ruy Gomez, der gleich manch heutigem Minister nach Lakaienart die Empfindungen seines Souveräns vorzufühlen trachtete, war denn auch gegen Sir John Mann – dessen Abberufung der König später wegen Erregung religiösen Ärgernisses verlangt hat – ungemein mitteilsam, ganz anders als etwa dem Venezianer gegenüber und in einigen Beziehungen sogar rückhaltloser, als Espinosa gegen den Nuntius. Er erklärte in seines Königs Auftrag zunächst ausdrücklich, daß 'Ihre Majestät, seine gute Schwester', genau (*diligentlie*) und vollständig über die Motive von Don Carlos' Verhaftung unterrichtet werden solle. Die Attentatsfrage wird nicht direkt behandelt, nur allenfalls mit der Warnung vor 'gedankenlosen Berichten' gestreift; aber die Ausführung von den dem König als solchem obliegenden und zu dem eingeschlagenen Verfahren nötigenden Pflichten wird doch mit folgenden Worten eingeleitet:

> 'Seine Majestät hat seit langer Zeit große Ungebühr, ungehorsames und gewalttätiges Benehmen des Prinzen gegen Personen aller Art, und namentlich gegen Seine Majestät und Angehörige seines Rats ertragen.'[2]

Der König selbst äußert mit der ihm für Rede und Schrift geläufigen, schon auf dem Augsburger Reichstag von 1548 bewährten Kunst lateinischen Ausdrucks

---

[1] Ebenfalls in dem von Gachard seiner Darstellung angehängten Urkundenbuche sehr erwünscht abgedruckt: II 661 f. 654. Dort nur und kaum auf geleugnete Attentatsabsichten beziehbar: *Gomes [...] willed me, not to credit the common rumors and hedles (headless) talke spreed abroad heare.* – Hier die Anrede: *soror et consanguinea charissima*; die Unterschrift: *Serenitatis vestrae bonus frater et consanguineus Philippus*; die Betheuerung der Zuneigung: *summa et sincera nostra necessitudo meaque erga Serenitatem vestram singularis benevolentia*; des Vertrauens in ihr Verständnis: *Eam majorem in modum rogamus, velit eundem oratorem nostrum grato* (wohl für *gratioso* verlesen) *animo, ut solet, exaudire.*

[2] *His Majestic hath of long tyme boren with great disorders, disobedient and outragiose dealing of the prynce towardes all parsons and namely towardes His Majestie and others (?those?) of his conncell [...]*

seiner ‚Blutsverwandten', was sie in keiner Weise gewesen ist, den Wunsch aufmerksamen Gehörs für die von seinem Gesandten vorzutragenden Motive seines Verfahrens. Er wiederholt hiermit nur die Entschuldigung, welche Ruy Gomez in seinem Namen vorgetragen hatte:

> ‚Der König hätte dem Gesandten das selbst dargelegt, könne aber nicht darüber sprechen oder verhandeln, ohne seinen Kummer und Schmerz zu erneuern und zu steigern, der ohnehin größer sei, als er (Gomez) ihn wohl ausdrücken könne.'

Der etwas rauhe Engländer kannte denn doch auch seinerseits die Eigenart seiner klugen Gebieterin genügend, um sich zu erinnern, daß diese sich im vorliegenden Falle Wohl sagen würde, ihr unwiderstehlicher Vater Heinrich VIII. würde einem widerspenstigen Sohn gegenüber noch viel weiter gegangen sein, als Philipp II. gegen Don Carlos. So drückte er denn sehr warm der Königin Beileid mit des Königs Kummer über seinen Sohn aus, und daß sie die vertrauliche Mitteilung der Einzelheiten ‚zweifellos sehr gut aufnehmen würde'.[1] Mit seinem eigenen Leidwesen sprach er seine Meinung aus, daß der König sehr richtig und umsichtig[2] mit der Einsperrung des Prinzen gehandelt habe. Hierbei bediente er sich einiger Ausdrücke, unter welchen die Rebellion wie die Attentatsabsichten des Prinzen gleichmäßig zu verstehen sind.[3] Da gab der königliche Günstling seiner freudigen Überzeugung Ausdruck, daß der König über das von dem englischen Botschafter Geäußerte sehr erfreut sein werde und wagte seiner Erbitterung gegen Don Carlos mit den Worten Ausdruck zu geben: ‚es ist der lüderlichste, unsinnigste und für menschlichen Verkehr ungeeignetste Mensch, der mir je vorgekommen, dessen Freiheit einzuschränken hohe Zeit gewesen ist; denn sonst u. s. w., und dies mit Ihrer Majestät Erlaubnis',[4] d. h. es war zu unziemlichen Inhalts, um es wiederzugeben.

Die Königin antwortete Philipp II. nur in einem Briefe an ihren Gesandten. Von demselben scheint das Schreiben der spanischen Regierung in einer Abschrift übergeben worden zu sein, welche sich jetzt in Simancas befindet. Auf die Attentatsfrage geht die Königin so wenig wie auf andere Einzelheiten ein.

---

[1] Doch ohne Emphase: *Her Majestie must needs take in great good part, that it has pleased his Majestie, to imparte the knowlege of the particularities thereof.*
[2] *Very well and circumspectlie.*
[3] *Considering the great enormities and unsufferable attempts he has goon about of late, which ... wold have breat greater unquietnes in some of his Majesties Estates than cold well be boren.*
[4] *I never dealt with a more dissolute, desperate and unconversable parson and there thinke, it was high tyme to cutt him shorter of his libertie or ells etc. and this with Her Majesties pardon.*

,Ihr werdet dem König für sein freundliches und brüderliches Verfahren gegen Uns danken, daß er Uns herkömmlich durch seine Botschafter von allen Angelegenheiten von Wichtigkeit und die einer Berichterstattung wert sind, benachrichtigt; unter allen waren Wir nur dies letzte Mal betrübt, wegen des seinen Sohn Betreffenden, und doch vertrauen Wir, des Königs Weisheit werde sich für die Besserung (*reformacion*) alles Verkehrten (*amiss*) in dem Prinzen seinem Sohne erweisen. Es wird als ein sehr gutes Glück für seinen Sohn anzusehen sein, daß die Besserung von einem so teuren und guten Vater empfängt'.[1]

Die Successionshoffnungen für die spanischen Sprossen des Hauses Valois waren doch zu naheliegend und von Seiten des Gesandten wohl nicht nur in seinen erwähnten Depeschen an den französischen Hof mit Jubel betont, sondern auch in Madrid empfunden oder vernommen worden. Die Königin Mutter hat freilich ihre Freude unter verschämtem Mitleid mit dem Prinzen und dessen Vater verborgen, da ja ‚die Sache zum Gespräch in der ganzen Christenheit geworden' sei.[2] Viel weniger als der Königin von England ist daher der französischen Regierung sowohl in Madrid durch mündliche Erklärungen an Fourquevaulx, als durch den spanischen Gesandten an dem noch nicht zu fester Residenz gelangten französischen Hof mitgeteilt worden. Alles Anstößige und vollends die Attentatsabsicht wurde verschwiegen, da man sonst der Freude dieser lieben Verwandten doch sicher sein konnte.

Am Tag nach der Verhaftung, am 19. Januar, hatte Fourquevaulx zunächst gemeldet,[3] es gebe Leute, welche jene gehässige Szene der Verhandlungen des Prinzen mit Geistlichen wegen Sakramentspendung mit der Absicht desselben, etwas Böses gegen seinen Vater auszuführen in Verbindung bringen; unmittelbar darauf hat er dann das nächtliche Eindringen des Vaters in des Sohnes Schlafgemach geschildert.

---

[1] Gachard a. a. O. 562 mit einer französischen Übersetzung, welche ich dem Kolorit des Originales nicht eben entsprechend finde. – Wie sich Elisabeth gegen spanische Granden Gnädig und anziehend verhält, ersieht man jetzt aus den *doc. Escog.* (vgl. Anhang). Am 20. Februar 1567 dankt sie dem Marques von Sarria in spanischer Sprache für eine Sendung Handschuhe als ‚gute Base'.

[2] Am 1. März 1568 sendet sie Herrn von Montmorin nach Madrid um mündliche Informationen *au faict de l'emprisonnement du prince*. Am 24. März verlangt sie von Fouquevaulx auch schriftliche genaue Mitteilungen über alles denselben Betreffende, *l'infortune duquel je plaints et regrette avec celle du père incessamment, estant leur faict aujourd'huy en la bouche de toute la chrestienté qui est tout ce que vous aurez de moi par ceste despesche* (*La Ferrière III* 131. 1887) Hat Philipp II. durch seine Gemahlin hiervon Kenntnis erhalten, so wird er nicht überrascht und noch weniger erfreut gewesen sein.

[3] *et y en a qui veulent dire, qu'il avoit desliberé de faire un mauvais tour au seigneur roy son père roy. Quoy que soit, Sire, cette nuict passée ce roy est entré en la chamber du dict prince etc.* Gachard, a. a. O. 656.

Der Königin-Mutter schreibt er gleichzeitig mit diesem an den König gerichteten Briefe deutlicher, er wolle sich bemühen, den Anlaß der Verhaftung des Prinzen zu erfahren, ‚obwohl das allgemeine Gerücht ist, daß er seinen Vater ‚töten oder sich mit irgendwem in diesen Königreichen erheben wollte.' Den Schluß bildet hier die oben erwähnte innige Beglückwünschung wegen Don Carlos' Beseitigung von der Thronfolge.

## Französische Empfindungen über die Katastrophe

Dann empfing derselbe Gesandte Mitteilungen des Königs von der Hand seiner Gemahlin[1] noch an demselben 19. Januar, und diese sind recht charakteristisch für alle Beteiligten. Die Königin erklärt in diesem etwas stilwidrigen Briefe, gleich am Morgen über das dem Prinzen Widerfahrene haben schreiben zu wollen; sie spricht von ihrer Verpflichtung gegen ihn, daß sie sein Unglück fühle wie das eines eigenen Sohnes ‚in Anerkennung der Freundschaft, welche er für mich empfindet. Gott hat zu meinem Leidwesen gewollt, daß er für das erklärt worden ist, was er ist'.

Auch hier gibt also die gutmütige Dame der Meinung Ausdruck, das sie den Prinzen eigentlich längst für schwachsinnig und der Thronfolge unfähig gehalten habe, deren Anspruch nunmehr auf ihre eigene Tochter Clara Isabella tatsächlich übergegangen ist.

Sehr stark hebt sie aber ihre Pflichten gegen den König hervor; ‚den Kummer (*peine*), in welchem derselbe sich befindet, weil er genötigt war, ihn zu halten und zu setzen, wie er ihn hält'; sonst hätte sie dem Gesandten gern ausführlich erzählt.

> ‚Inzwischen hat der König mir befohlen, nur so viel zu schreiben, als er mir sagt, und daß ich Euch auftragen solle, keinen Courier abzusenden, und überdies hat er Befehl gegeben, daß kein Courier oder Fußgänger oder Reiter fortgehe, wenn er nicht etwas Anderes befohlen habe'.

Ich brauche wohl nicht zu sagen, daß die von Philipp vergeblich umworbene Königin Elisabeth von England niemals einen solchen Brief geschrieben haben würde. Wir wissen, daß die spanische Elisabeth übrigens den Anstand so artig wahrte, daß sie zwei Tage lang über Don Carlos' Mißge-

---

[1] Seltsamer Weise hat der betreffende Brief der kränklichen Königin Elisabeth sich in das Archiv des Hauses Gramont verirrt. Durch den ebenfalls verewigten Mignet hat Gachard (*Don Carlos* 523) die von ihm reproduzierte Abschrift erhalten. Hierzu muß man aber ihre oben zitierte spöttische Äußerung über die geistige Schwäche des Prinzen vom November 1565 halten

schick weinte, bis ihr Gemahl fand, daß es nun genug sei.[1] Auch das Fest unterblieb, welches von ihr und Prinzessin Johanna, der Mutter des Portugiesischen Königs Sebastian, für den 19. Januar als den Vorabend von dessen Geburts- und Namenstag und Volljährigkeitserklärung[2] vorbereitet war. Erst am 22. Januar morgens war für den französischen Botschafter der Verkehr wieder frei.[3] Da hat er inzwischen die Äußerung des Königs sich erzählen lassen – Fourquevaulx giebt keine Quelle an, erzählt das aber als zweifellos sicher – daß er vierzig Gründe und Erwägungen (*causes et raisons*) aufzeigen werde, welche ihn genötigt haben, in solcher Weise zu verfahren. An diesem Tag verzeichnet er auch das Gerücht eines Einverständnisses mit den Niederländern, namentlich mit Montigny. Wie er dann mitzuteilen hat, daß die Feier des Namenstages des Königs Sebastian von Portugal, wegen der Betrübnis seiner Mutter und der spanischen Königin über die Verhaftung unterblieben sei, unterläßt er nicht, auch hinzuzufügen, daß die Portugiesen am trostlosesten seien oder doch zu sein vorgäben; denn Don Carlos war durch seiner Mutter Rechte bei kinderlosem Ableben des Königs Sebastian der nächste Thronerbe auch von Portugal. Aber gleichzeitig hat er seinem Hof zu eröffnen, daß Philipp II. gleich am Morgen nach der Verhaftung dem kaiserlichen Gesandten Mitteilungen über dieselbe gemacht hat; er erklärt das, und die hiermit ihm selbst widerfahrene Zurücksetzung, aus dem Verlöbnis des Prinzen mit der Erzherzogin.

Erst an demselben 27. Januar, an welchem nach königlichem Befehle Ruy Gomez dem englischen Gesandten dieselben Mitteilungen und dazu in Formen rückhaltslosen Vertrauens auszusprechen hatte, erfolgten an Fourquevaulx die seit acht Tagen von demselben erwarteten Eröffnungen. Sie enthalten nach der Depesche vom 5. Februar, über das dem Engländer Gesagte hinaus, etwa noch den früher erörterten Termin von ‚mehr als drei Jahren', seit der König sich von des Sohnes Schwachsinn und Unfähigkeit zur Thronfolge überzeugt habe, und wie er nun gemäß der königlichen Verpflichtung gegen seine Untertanen habe einschreiten müssen. Inzwischen war der Gefangene nach Ruy Gomez' Erzählung vom 27. Januar bereits in ein übrigens zu seinem Apartement gehöriges ‚gutes Zimmer eines dicken Turmes dieses Palastes von Madrid' gebracht worden, ‚gerade unter dem Zimmer, in welchem die Prinzessin wohnt', die eine zeitlang ihm zur Ehe bestimmt gewesene Tante, die Kronprinzessin-Witwe Johanna von Portugal. ‚Dort wird er fortan als ‚Prinz von gutem Hause bedient und

---

[1] Vgl. oben.
[2] [...] *Le quel a esté déclaré majeur ce dict jour.* Fourquevaulx, 22. Januar 1565 a. a. O.
[3] Das Folgende nach den beiden Depeschen vom 22. Januar und 5. Februar 1568 bei Gachard, *Don Carlos* 657 bis 660.

gehalten werden, soweit das seine Person angeht, aber so sorgfältig bewacht daß er niemand mehr schädigen, noch aus Spanien fliehen kann.'

Es ist allerdings nicht mehr festzustellen, ob nicht Fourquevaulx in den nächsten Monaten noch genauere Nachrichten oder königliche Mitteilungen über des Prinzen Rebellions- und Mordgedanken erhalten habe. Die Königin Katharina Medicis gab sich freilich bis in den Spätherbst 1568 der süßen Hoffnung hin, ihren Sohn Karl IX. mit der Erzherzogin Anna vermählt zu sehen, weil der Kaiser ‚möglicherweise verzweifelt, den Prinzen wieder in die Gnade seines Vaters zurückkehren zu sehen'.[1] Sie schrieb das, als sie den am 3. Oktober eingetretenen Tod ihrer eigenen Tochter, der Königin von Spanien, schon kannte; sie schrieb es, obwohl sie vor fast zwei Monaten Trauer für Don Carlos angelegt hatte. Diese wunderliche Tatsache und unsere Unkunde über etwaige weitere, dem französischen Gesandten zugekommene Nachrichten von Bedeutung erklären sich aber aus folgenden Vorfällen.

Mit der kriegerischen Wiedererhebung der französischen Reformierten unter Führung des Prinzen von Condé im Spätsommer des Jahres 1568 fallen ungefähr die Ermordungen zweier aus Madrid nach Frankreich gesendeter Kuriere, selbstverständlich mit Raub ihrer Briefeschaften, zusammen. Der eine dieser Boten, ein Franzose, hatte Anfang August Pakete an den französischen Hof zu bringen und ist vermutlich der von Fourquevaulx abgesendete Überbringer von genaueren Nachrichten, wohl auch der Königin Elisabeth, über Don Carlos' Haft und Ende gewesen. Der zweite Bote, ein Spanier, brachte bald nachher Depeschen an den spanischen Botschafter. Einzelne auf die spanischen Angelegenheiten in den Niederlanden bezügliche Papiere dieser Sendung wurden – bei der freilich vergeblichen, mit Aufgebot aller militärischen und gerichtlichen Mittel unternommenen Nachforschung der französischen Regierung nach den Mördern – an Hecken und Gebüschen gefunden. Der spanische Gesandte weigerte sich, unter höchst verletzenden Anspielungen über die Urheber des Mordes, lange Zeit, die Papiere anzunehmen. Katharina Medicis teilte, ihrerseits gereizt und verdachtvoll, das alles Fourquevaulx für ihre Tochter und Eboli mit, und wie sicher Don Carlos' Tod ‚nach hundert Briefen der Kaufleute' zu sein scheine.[2] Nur vergeblich ersuchte sie aber um Wiederholung der verlorenen Nachrichten. Denn inzwischen starb ihre königliche Tochter und der Moment, vollends mit dem neuen französischen Bürgerkrieg zusammenfallend, war nicht geeignet zu Erzählungen über des toten spanischen Thronerben Ideen und letzte Zeiten.

---

[1] [...] *désespérant, possible, de voir le prince rentrer en la bonne grace de son père.* An den Botschafter be idem Kaiser, 16. November 1568. La Ferrière, letters III 208.

[2] Depeschen vom 8. September und 16. August 1568 an Fourquevaulx. Ebendaselbst 179, 177 bis 179.

So sind wir auf die indirekten Eröffnungen des Königs von französischer Seite beschränkt, welche die oben analysierten, keineswegs aufschlußreichen drei Depeschen enthalten.

## Königliche Eröffnungen an Freunde über die Haft

Selbst seinen vertrautesten Dienern, den beiden Statthaltern von Navarra und ‚Flandern', den Herzogen von Albuquerque und Alba[1] hat doch der kluge und feinfühlige König mehr als den gelegentlich gehätschelten, aber stets mit wohlbegründetem Mißtrauen betrachteten französischen Verwandten mitgeteilt.

Am Tag vor jenen Eröffnungen an die Gesandten von Venedig, England und Frankreich, am 26. Januar, schrieb Philipp II. an Albuquerque, wie es scheint, eigenhändig über die Verhaftung des Prinzen, um sie in dem diesem großen Edelmann anvertrauten Königreich kund tun zu lassen. In keiner Weise hätte der König es verantworten (*escusar*) können, ‚bei so bestimmten und zwingenden Gründen' anders zu verfahren als ‚geschah; mit welchem Schmerze und Gefühle' es geschehen sei, könne der Herzog sich selbst denken. Ausdrücklich will er denselben benachrichtigen, ‚daß der Entschluß nicht abhängt von einer gegen mich begangenen feindlichen Handlung (trato) oder Beleidigung' – beides wird ‚nicht in Abrede gestellt

> ‚auch nicht auf Strafe oder Besserung gerichtet ist. Die Naturanlage und Beschaffenheit des Prinzen hat auf solche Weise, bei der Führung seines Lebens und Verkehrs (trato)[2] vorzugehen, den Grund gegeben, so lange auch die väterliche Liebe und Pietät bei dem Wachsen jener Eigenschaften gezögert habe. Zuletzt überwog die Verpflichtung, zu welcher mich Gott für das bestellt hat, was seinen Dienst und das Wohl meiner Reiche und Staaten betrifft'.

Er untersagt dem Herzog, irgendwie die Stände zu berufen und legt ihm zu geeignetem Gebrauch Abschriften der Schreiben bei, welche er selbst an die Städte, Gerichtshöfe, Granden und Prälaten erlassen hat. Diese enthalten eben nur ganz kurz und andeutend, was der Brief an Albuquerque näher ausgeführt hat. Der Zustand konstatierten unheilbaren Schwachsinnes des Thronerben bedarf in der Tat wie das Verfahren bei und nach dem natürlichen Tod dessel-

---

[1] Auch diese Briefe wie die übrigen in diesem Paragraphen noch behandelten finden sich, wo nicht ausdrücklich Anderes bemerkt ist, in der Urkundensammlung bei Gachard, *Don Carlos II*, 643 bis 653.

[2] Ich bemerke, daß das vieldeutigen Wort auch in den Briefen des Königs mit ganz verschiedenen Bedeutungen, wie hier in demselben Satze, erscheint, keineswegs am häufigsten für ‚Verrat'.

ben keiner anderen Beratung und Beschlußfassung als von Seiten des königlichen Vaters. Vertraulicher, aber auch etwas weniger achtungsvoll als an Albuquerque lautet das an Alba ergangene, übrigens von einem Sekretär verfaßte Schreiben vom 23. Januar. Es beginnt mit dem Hinweis auf die diesem Herzog bekannte ‚Naturanlage, Beschaffenheit und Verfahrungsweise des Prinzen' samt ‚dem Ausgang, zu welchem sie gebracht ist'. Dieser Ausgang wird nur hier und in drei anderen Briefen nach Portugal und Rom und Wien von dem König direkt als ‚Einschließung und Gefängnis' (*reclusion y encerramiento*) bezeichnet und samt allen angewendeten Vorsichtsmaßregeln geschildert. Die Gründe, welche Philipp bewogen haben, kenne Alba; von der Attentatsabsicht gibt er hier keine Andeutung; er fügt nur hinzu, daß er ‚persönlich alle die Akte von Respektwidrigkeit und Ungehorsam hätte übersehen oder eine andere Auskunft finden, aber auf Fleisch und Blut keine Rücksicht nehmen' können und seiner schon wiederholt von uns erwähnten Verpflichtung habe nachkommen müssen. Zur geeigneten Mitteilung an die betreffenden Behörden, Stände und Personen erhält der Herzog in französischer Sprache ein königliches Schreiben. Ausdrücklich wird ihm untersagt, ‚irgendjemandem Ziel und Grund' dieser ‚Angelegenheit zu eröffnen oder auf irgendeine andere Einzelheit einzugehen als in dem beigeschlossenen Schreiben enthalten'.

In einem in Konzept oder Kopie in Simancas ebenfalls erhaltenen zweiten Brief vom 6. April dankt der König zunächst für die am 19. Februar geschriebene, von Liebe und Verständnis zeugende Antwort des Herzogs, welche, doch voraussichtlich unmittelbar nach Empfang der so dringenden Haftnachricht geschrieben, auch ihrerseits fast vier Wochen als regelmäßige Kommunikationszeit zwischen Madrid und Brüssel erkennen läßt. Er sehe mit Gottvertrauen dem Ausgang der schmerzlichen Angelegenheit entgegen, in welcher er seine Pflicht getan zu haben sich bewußt sei. Aber auch Albas Wünschen um weitere Einzelheiten des Geschehenen erklärt er wiederholt nicht entsprechen zu können. Noch einmal erinnert er, daß nicht Schuld (*culpa*) des Prinzen es veranlaßt habe, da die Ursachen ganz natürliche' (*tan naturales*) seien. Jede, die religiösen Anschauungen des Prinzen, seine Ehre und Wertschätzung herabwürdigende Meinung soll der Herzog als Vernunft- und wahrheitswidrig zurückweisen. Ganz besonders aber soll er ‚aus vielen Rücksichten' Darstellungen entgegentreten, als ob derselbe auf ‚Verrat und Rebellion' gesonnen habe; in einer ‚so wichtigen Angelegenheit' müsse man stets ‚das Ziel' im Auge haben.

## Die beiden frühesten Benachrichtigungen über die Haft

Schon bevor er an irgend Andere geschrieben hat, am 20. Januar, ergingen Philipps II. briefliche Erklärungen an die Beiden, welchen er zunächst Aufschluß schuldig zu sein glaubte. Seiner Tante, deren Sohn er sich mit demütigen Formen nennt, der Königin-Witwe Katharina von Portugal, Don Carlos' Großmutter, mit welcher er in letzter Zeit schon nach dem Eingang des neuen Briefes über die Lebensführung des kranken Prinzen korrespondiert hatte, gilt das eine Schreiben. Philipp II. setzt hier mit den uns nun schon bekannten, doch der verwandten Königin gegenüber etwas gemilderten Ausdrücken die für ihn als christlichen Fürsten eingetretene Notwendigkeit auseinander, seinen Sohn ‚einzuschließen und in Haft zu halten.' Als ‚Mutter und Gebieterin aller', ihrer Verwandten nämlich, werde sie seinen Schmerz bei dieser Notwendigkeit würdigen, alle anderen menschlichen Erwägungen neben denen seiner ihm von Gott aufgetragenen Pflicht bei Seite zu setzen. Die älteren, wie die neuerlich eingetretenen Ursachen seien derart, ‚daß weder ich sie vortragen, noch Eure Hoheit hören kann, ohne Schmerz und Mitleid[1] zu erneuern.' Das ist, wie wir wissen, die volle Wahrheit, wie sie Philipp II. der königlichen Dame gegenüber als Mann von Gefühl nicht anders und mehr im Einzelnen ausführen konnte.

Zwei Schreiben liegen an den Papst vor. Das eine ist, wie gesagt, ebenfalls vom 20. Januar und in der ursprünglichen spanischen, das andere, auf des Papstes Trost- und Ermahnungsbrief am 9. Mai geschriebene, ist nur in lateinischer Übersetzung erhalten. Inben Briefen hält sich der König bei aller kindlichen Ehrerbietung gegen den Heiligen Vater doch nur in den uns jetzt hinlänglich bekannten Grenzen der Mitteilung. Mit dem letzteren Schreiben bemerkte er zugleich[2] seinem Gesandten in Rom, er habe über die Grundlage seines Verfahrens sich dem Papst gegenüber ausführlich geäußert und hierdurch auch der Kritik und dem argwöhnischen Gerede von anderen Ursachen bei dieser Angelegenheit ein Ende machen wollen. Aber mindestens bei der von uns nunmehr gewonnenen Kenntnis ist die Lektüre des königlichen Briefes an den Papst keineswegs geeignet, uns für hier gebotene weitere Aufklärungen dankbar zu erweisen. Auch die dem Papst gegebene Versicherung von der dem Prinzen seit seiner Kindheit zuteil gewordenen sorgsamen Erziehung und Pflege können wir doch nicht für ganz berechtigt halten. Wie an die Königin-Witwe von Portugal so schreibt er an demselben Tag an den Papst – am folgenden an den Kaiser –

---

[1] *lastima*, was doch auch mit der Vorstellung von Schimpf verbunden ist.
[2] Gachard, a. a. O. II 552 im Auszug aus dem Befehle an den Gesandten vom 13. Mai 1568.

von dem auf seinen Befehl erfolgten ‚Einschließen und in Hafthalten' seines Sohnes. Nur in dem zweiten Brief spricht er über den Seelenzustand ausführlicher, um dessen politisch-kirchliche Folge unzweideutig als Grund von Don Carlos' Entsetzung von allen Rechten vorzutragen: ‚Da es Gott um meiner Vergehungen willen gefallen hat, daß der Prinz im Übermaß viele und große Mängel habe, zum Teil der Einsicht, zum Teil der Naturanlage, so daß ihm' für die Leitung der von Philipp regierten Staaten und Reiche: ‚jede notwendige Befähigung' ‚abgeht, sich mir überdies schwere Mißstände darstellen, wenn die Regierungsnachfolge auf ihn übertragen würde, und offenbare Gefahren alles schädigen würden.' Doch macht der König auf das entschiedenste geltend, daß ausschließlich Don Carlos' Schwachsinn ihn hierzu bewege, alle die verbreiteten Gerüchte anderer Art aber grundlos seien, vor allem der Vorwurf gegen seine katholische Rechtgläubigkeit und auch der ‚von Einigen vorgebrachte' ‚des Verbrechens der Rebellion.' Für das Seelenheil des Gefangenen werde man nichts unversucht lassen.

Man erwäge nun diese nach so verschiedenen Richtungen ergangenen Mitteilungen. Dazu kommt unsere Kunde von der Eigenartigkeit dieses, wenn Primogenitur schon ein Hausgesetz gewesen wäre, als Oberhaupt der Habsburgischen Herrscherfamilie geborenen Fürsten, Faßt man diese Momente zusammen, dann kann man im Wesentlichen den Inhalt der Eröffnungen sich vorstellen, welche über Don Carlos' Vergehungen und Haft an das Kaiserpaar in Österreich ergingen. An den Schwager und Vetter, den nicht allzu hoch von ihm geschätzten Kaiser, schrieb der König von Spanien kühl und kurz genug, im Übrigen, wie etwa die Königin von England auf seinen, auch Maximilian II. so genehmen Gesandten verweisend.

Das ist nun wieder ein Zeugnis von des Königs Verlegenheit und Bekümmernis über das unvermeidlich gewordene, für sein Königshaus schamvolle Ereignis. Gleich am Morgen nach der Verhaftung,[1] also am Montage den 19. Januar 1568, hatte er Dietrichstein zu sich beschieden. Da hatte der König nur kurz die Einsperrung des Prinzen ‚in seinem Zimmer' erwähnt, ohne weitere Begründung als ‚weil die Sachen so weit gekommen seien', doch mit der Ankündigung, er werde dem Botschafter später die ‚Ursachen vermeiden lassen', damit er sie wahrheitsgemäß seinem Herrn berichten könne. Ein eigenhändiges Schreiben Philipps an den Kaiser hatte Dietrichstein nur ‚für gewiß' vorausgesetzt. In der Tat erhielt er aber niemals weitere offizielle Auskünfte und Venegas mindestens keine von Erheblichkeit. Die Abneigung gegen alle scharfen, irgendwie vermeidlichen

---

[1] Koch I 202: Depesche vom 21. Januar 1568

Maßregeln, welche Philipp II. selbst in diesen Tagen in allen den vertrautesten uns vorliegenden Briefen – an die portugiesische Tante, an den Papst, an Alba – als jedem ihm näher Stehenden bekannte Natureigenschaft erwähnt, wird doch gleichzeitig von Dietrichstein als nach allgemeiner Ansicht bezeichnend für den König hervorgehoben: ‚des Königs sanftmütiges, gütiges Gemüt und Wesen (Aigenschafft), dem alle Schärfe sehr zuwider ist'.

Er erwartet von seinen Verwandten nur hinlängliches Vertrauen in die Reinheit seines Tuns und Charakters.

So schreibt er denn auch dem Kaiser persönlich und dazu seiner geliebten kaiserlichen Schwester zugleich für ihren Gemahl am Tag, nachdem er der Königin Katharina und dem Papst Pius V. Bericht erstattet hatte, genau nur denselben Gedankengang für alles Tatsächliche. Nur wird dem Kaiser gegenüber die Zurückhaltung, welche das Ereignis auferlege, (*la decencia del caso*), wenngleich in etwas beklemmtem Zusammenhange erwähnt, auch hervorgehoben, daß des Königs Eingreifen, noch vor der gewünschten Besprechung mit dem Kaiser, unvermeidlich aus Rücksichten für Gegenwart und Zukunft geworden sei; an der Beistimmung desselben zweifle er nicht, sobald Philipp in die Lage komme, die Einzelheiten mitzuteilen. Die Kaiserin beruhigt er zunächst: ‚in seinem Gemache' sei der Prinz verwahrt. Der König ist sicher, daß sie die Unvermeidlichkeit des Geschehens wie die auf dem Bruder lastenden Gefühle des Schmerzes und Mitleides ‚verständig beurteilen und glauben werde'. Dann fällt doch ein Wort von dem unzüchtigen und maßlosen Treiben (*licencia y desorden*) des Prinzen, auch hier von seinem ‚Ungehorsame und seiner Respectwidrigkeit'. Nur dieser Schwester gegenüber nennt er offen ‚meine Beleidigung' – die kein Fremder ahnen darf –, des Sohnes ‚Ehre und Schätzung' werde er zu sichern wissen. Wie in einem Schmerzausbruch erinnert er, er habe seit längst vergangenen Tagen ‚den Fehler seiner Natur und Beschaffenheit begriffen' – wir würden sagen: seine Geisteskrankheit. Plötzlich bricht er ab, in voller Sicherheit geschwisterlicher Nachsicht: ‚ich will nicht weiter fortfahren, um den Kurier nicht aufzuhalten'.

Ich denke, so vollständig, als man sich menschlich in einer so traurigen Verwicklung wünschen kann, äußert sich der König gegen seine Nächsten, Die Korrespondenz über Haft und Tod seines Sohnes mit seinem jüngeren Vetter, dem Erzherzog Ferdinand von Tirol lege ich dem Leser lieber am Schluß dieses Buches vor; denn ihre handschriftliche Überlieferung ermöglicht, dem Gedankengang des hoch begabten, scharfblickenden und charaktervollen Fürsten, wie einem sicheren Führer für die zartesten Empfindungen der ganzen, in Österreich geborenen Linie des habsburgischen Hauses in dieser peinlichen Angelegenheit zu folgen.

## Anzeige von der Verhaftung an deutsche Fürsten

Bei dieser Betrachtung der königlichen Mitteilungen über den Sohn sei eines lehrreichen Aktenstückes gedacht, welches sich in das Züricher Staatsarchiv auf Wegen verirrt hat, welche doch auch ihrerseits in das Lager des hochherzigsten und gefährlichsten Feindes des spanischen Königs in dieser Zeit führen.

Es ist das Formular der des Prinzen Verhaftung meldenden Briefe an deutsche Fürsten, von dessen Abschaffung Dietrichstein schon am 22. Januar schreibt: Der König ‚läßt wie man mir berichtet, beiden fürstlichen Durchlauchten den Erzherzogen Ferdinand und Karl fast in gleicher Art (*in simili*) wie den Granden schreiben, desgleichen den Herzogen von Baiern, Jülich und Braunschweig'.

Von dem Tag, an welchem Dietrichstein dieses schrieb, sind in der Tat die Ausschreiben an die Granden datiert, von deren Fassung der kaiserliche Gesandte nach den Familienverbindungen seiner Gemahlin unmittelbar Kenntnis erhalten haben wird. Dieses schon oben erwähnte, an jeden Granden gerichtete Schreiben[1] enthält nun aber bloß einen einzigen, allerdings zwölf Zeilen kleinen Druckes umfassenden Satz. Es beginnt mit der Tatsache der geschehenen Einschließung des Prinzen, der Veränderung seiner Bedienung und Haltung, bemerkt nur die Dringlichkeit der Maßregel ‚für Gottes Dienst und öffentliches Wohl' und stellt schließlich ‚seiner Zeit und wenn es nötig sein wird', königlichen Befehl weiterer Benachrichtigung in Aussicht. Es braucht wohl kaum bemerkt zu werden, daß die dem Gesandten zugekommene Information, das Formular der Briefe an die beiden Erzherzog und die drei deutschen Herzog solle ‚in simili' der etwas rauhen Benachrichtigung der Granden abgefaßt werden, der Absicht des Königs doch nicht entsprechen kann. Das erweisen auch die noch zu besprechenden Stücke, deren Haltung Standesgleichheit des deutschen Fürsten auf dem spanischen Thron erweist.

An der Benachrichtigung Dietrichsteins von dem königlichen Befehl, auch diese Schreiben, wenn gleich nur in Bezug auf die sachlichen Mitteilungen, wo sie wirklich stimmen, nach dem Muster der an die Granden erlassenen zu halten, läßt sich natürlich nicht zweifeln. Doch liegt die Aufzeichnung eines königlichen Befehls aus diesen Tagen im Archiv von Simancas, wonach Folgendes verordnet wird. Dem Herzog von Lothringen und dessen Gemahlin, des Königs Base, soll vielmehr nach dem etwas län-

---

[1] *En esta conformidad se ha de escrivir* [...] *mudando lo que paresciere segun la qualidad de cada uno dellos.* Bei Gachard, *Don Carlos* 507 n. 2.

geren Muster des offiziellen französischen Briefes an Alba Bericht zugesendet werden, ebenso ‚Deutsch, in Bezug auf Andere, sowohl die Verwandten, als Freunde, welche Seine Majestät im Reich' hat, mit entsprechender Änderung je nach Stellung des Betreffenden'. Ich denke aber, daß auch über Dietrichsteins Benachrichtiger von den Adressatennamen nicht viel Zweifel sein kann. Es ist der regelmäßig auf den betreffenden Akten und so auch auf unserem Formular am Schluß unter des Königs Namen erscheinende, aus Nürnberg stammende Paul Pfinzing, Philipps II. deutscher Sekretär, dessen Namen und Familie durch den gelehrten Rat und Mitarbeiter des Kaisers Maximilians I. Melchior Pfinzing zu besonderer Berühmtheit gelangt ist. Schon am 22.Oktober 1565 hatte Dietrichstein auf dessen Bitte mit Rücksicht auf die von seinen Vorfahren dem Hause Österreich geleisteten Dienst von dem Kaiser den Ratstitel für ihn erbeten.[1] Dieser Paul Pfinzing hat aber noch andere Beziehungen gepflegt. Es liegt ein Schreiben Wilhelms von Oranien an ihn (21. März 1563) vor,[2] in welchem er diesem ‚Sekretär der königlichen Majestät von Hispanien' seinen lebhaften Dank für ‚geneigten Dienst erbietenden Willen' ausspricht, ihn um gelegentliche Benachrichtigung (‚bisweilen Zeittung') ersucht und solche seinerseits in Aussicht stellt, ihn übrigens auch mit den klingenden Worten ermuntert, derselbe habe sich ‚auch sonst alles Guten von Uns zu versehen'. Auf diesem Weg dürfte denn auch der inzwischen von dem König zum Tode verurteilte Oranien das Formular des Schreibens erhalten haben, dessen Anfertigung ihm ohne seine erklärte Feindschaft gegen den König als regierenden, dem Orden vom goldenen Vlies angehörigen, Grafen von Nassau so gut wie den drei oben genannten Herzogen hätte zukommen müssen. Das mag sich vielleicht auch Pfinzing gesagt haben, wenn er pflichtvergessen die Sendung hat abgehen lassen. Daß Vandenesse, sein niederländischer Kollege in des Königs persönlichem Dienst wegen seiner laut bezeugten Sympathien für die belgische Opposition seit dem 19. September 1567 gleichzeitig mit dem Markgrafen von Montigny verhaftet worden, mochte Pfinzing immerhin vorsichtig bei der Sendung gemacht haben.

Denn die Provenienz des Blattes aus Kastilien ist wahrscheinlich anzunehmen. Es enthält dasselbe deutlich genug das damalige Wappen dieses Landes mit seinen Türmen und dem Granatapfel von Granada.[3] Dieses

---

[1] Koch I 150. Ebendaselbst die Benachrichtigung vom 22. Januar 1568: I 207, der nicht sehr inkorrekte Abdruck des Formulars ohne den Schluß und mit irriger Vermutung eines Erzherzogs als Adressaten: II 124

[2] *Groen van Prinsterer, archives I¹* 79.

[3] Herr Staatsarchivar D. Paul Schweizer in Zürich hat die Güte gehabt, mir mit einer Ab-

Wasserzeichen hat sich doch in keinem der Papiere gefunden, welche in den sechziger Jahren des 16. Jahrhunderts aus Spanien an den kaiserlichen Hof gelangt und aufbewahrt sind. Diese stammen sämtlich aus Süddeutschland oder Italien.[1] In der früher am Schluß der Schilderung des Strafbeschlusses gegen Flandern erwähnten Korrespondenz des heldenmütigen Nassauers mit der Regierung von Zürich und mit dem nach Zwinglis Tod zur dortigen religiösen Führung berufenen Bullinger lieferte auch die ‚Zeittung' dieses Formulars ein erwünschtes Blatt. Dasselbe ist seit 1861 in seinen ersten Teilen gedruckt. Es entbietet einem ungenannten hochgeborenen Fürsten als dessen freundlich, lieber Oheim und Ordensbruder Freundschaft und alles Gute; die Nachricht wird dann gegeben: ‚dem besonders vertrauten Freund in freundlicher Meinung'. Dem Erzherzog Ferdinand, wie das betreffende in Innsbruck wohlerhaltene Schreiben lehrt,[2] und vermutlich mit denselben Worten dem Erzherzog Karl in Graz, wird nach der Begrüßung als ‚durchlauchtigem Fürst und besonders freundlich liebem Vetter mit Freundschaft, vetterlichem geneigtem gutem Willen und allem Guten die Nachricht der nahen ‚Blutsfreundschaft nach, damit wir beiderseits mit einander verwandt sind', mitgeteilt. Von hier an ist dann, Dietrichsteins Ankündigung gemäß bis gegen das Ende hin in dem Formular für die Fürsten und in der Ausführung für die Erzherzog keine erhebliche Abweichung. Die Schilderung der unvermeidlichen Verhaftung bewegt sich übrigens wirklich in ähnlichen Wendungen wie den Granden gegenüber. Den Erzherzogen wird nur – was am 22. Januar noch der Wahrheit entsprach – gesagt, der Prinz werde in seinem ‚gewöhnlichen Zimmer und Gemach' verwahrt. Aber hiermit hört auch alle Ähnlichkeit mit den Mitteilungen an die Granden auf. Fast genau wie in den von uns näher betrachteten persönlichen Briefen des Königs, wird auch in diesen deutschen Ausfertigungen von den unbegründeten Gerüchten über die Gründe des Einschreitens gegen den Prinzen gesprochen, auch hier von dessen ‚angeboren sonderbarer Eigenschaft'. So werden die von uns so oft angeführten, vom März 1562 an

---

schrift auch eine Beschreibung und Nachbildung des Wasserzeichens zukommen zu lassen.

[1] Ich verdanke diese Nachricht gütiger Benachrichtigung des Herrn k. und k. Staats-Archivbeamten Paukert. Die Schreiben aus Madrid von 1568 im Innsbrucker Archive haben, wo ein Wasserzeichen erkennbar ist, den Bären oder Buchstaben.

[2] Herr Dr. Oskar Redlich vom Innsbrucker Archiv hat die Güte gehabt, den Wortlaut des Aktenstückes mit mir zu kollationieren. Ich bemerke gleich hier, daß der fürstliche Landesherr von Tirol, Erzherzog Ferdinand, die freilich auch ihm selbst gegebene Bezeichnung mit ‚Graf von Habsburg und Tirol als Titulatur des Königs um so weniger gern gesehen hat, als sich hier vor Tirol auch ‚Flandern' genannt findet. Er ignoriert daher in der Antwort des Königs Anspruch auf den Titel von Flandern und ändert dafür: Artois

begegnenden und nach der heutigen Psychiatrie durchaus zutreffenden spanischen Worte deutsch wiedergegeben. Mit Rücksicht vermutlich auf die zum Teil lutherischen Adressaten ist in dem Formular, von welchem hierin auch den Erzherzogen gegenüber nicht abgewichen wird, keineswegs von dem für den König nicht bestimmend gewesenen religiösen, sondern ausschließlich von dem politischen Gesichtspunkt die Rede: ‚von Unserer Königreiche, Fürstentümer, Lande und Leute gemeiner Ruhe, Nutzen und Wohlfahrt;' dazu wird das ‚Beste und Gedeihen' des Prinzen selbst und eine Anzahl verschieden bezeichneter, ungenannter Gründe[1] angeführt. In einem besonderen Satze wird der in allen von uns erörterten Benachrichtigungen wiederkehrende Gesichtspunkt vorgetragen, wie schwer es dem Vater geworden sei, gegen sein eigen Blut in dieser unvermeidlichen Weise verfahren zu müssen. Bei seinem Ersuchen an den Adressaten, des Königs Ehre nachteiligen Darstellungen der Sache entgegentreten zu wollen, weicht das Formular an die Fürsten von der Ausführung an die Erzherzog erheblich ab,[2] da hier die Mahnung weggelassen wird, gelegentlich im Gespräch ‚Unglimpf und Nachteil' von des Königs gutem Ruf abzuwehren. Der Schluß gibt dann übereinstimmend in beiden vorliegenden Fassungen ein feierliches Bekenntnis des Königs von dem Zwang, welchen er, um seiner Pflicht gegen Gott und seine Untertanen zu genügen, den milderen Regungen seines Herzens, seiner ‚bekannten Milde und Sanftmut' habe auferlegen müssen. Man muß bei dieser Art Selbstberühmung bedenken, daß die Adressaten sämtlich seine nahen Verwandten oder Verschwägerten sind, den Herzog von Braunschweig ausgenommen, welcher durch Bande der Pietät an ihn geknüpft war. In dem Schlußabsatze vernimmt man von dem König aber auch die Erklärung, daß sein Einschreiten gegen den geisteskranken Kronprinzen ‚der ganzen Christenheit zu Ruhe und Wohlfahrt' gereiche. Das will mit anderen Worten besagen, König Philipp sei der Überzeugung, das spanische Weltreich müsse auch in Zukunft, und namentlich zur Sicherung der Christenheit gegen Islam und Häresie, von einem geistesstarken Herrscher geleitet werden. Aber von feindlicher und vollends reformierter Seite, wie in Zürich, gelesen, konnte das ohnehin mit größtem Mißtrauen gegen alle Absichten des für höchst unmilde und unsanft gehaltenen Königs empfangene Formular als handgreiflicher Akt der Heuchelei und Verfolgungswut eines selbst gegen seinen einzigen Sohn unmenschlichen Vaters gedeutet werden. In diesem Sinne wird Wilhelm von Oranien die Sendung gemeint haben.

---

[1] ‚aus vielen anderen ehehafften, rechtmessiigen, billichen und notwendigen Bedenckhen und Ursach(en?) trungenlich und unvermeidenlich.' So haben die Exemplare von Zürich und Innsbruck genau gleichmäßig.

Zum Verständnis des merkwürdigen Stücks muß ich noch bemerken, daß dasselbe keineswegs als mit dem Toisonorden in Verbindung stehend gedacht werden darf, obwohl jeder der ungenannten Adressaten, die Herzog Albrecht III. von Bayern, Heinrich von Braunschweig-Wolfenbüttel und Wilhelm von Jülich-Cleve-Berg als ‚Ordensbrüder' eben vom goldenen Vlies, bezeichnet wird. Der Erstgenannte empfing den Orden 1545, der Zweite, welcher als stets gläubiger Katholik im Juni des Jahres 1568 gestorben ist, 1555; nicht bestimmen kann ich die etwaige Aufnahme des Herzogs von Jülich, welcher gleich Albrecht von Bayern mit einer Schwester des Kaisers vermählt war. Ohnehin hatte der Herzog von Alba durch Order vom 24. März 1567 die volle Vertretung des Königs für den Toisonorden erhalten, auch mit dem Recht, über die Ritter desselben aburteilen zu lassen; am Tag nach der Verhaftung der Grafen Egmont und Hoorne, am 10. September 1567, hatte er einer Versammlung der Ordensritter diesen Beschluß mitgeteilt. Wenige Tage später wurde mit den beiden Grafen auch der Prinz von Oranien, ebenfalls Ritter vom goldenen Vlies, zum Tode verurteilt.[1] Aus Albas Ordenskanzlei kann das Formular schon deshalb, von allen anderen Erwägungen abgesehen, nicht an Oranien gelangt sein.

**Die Tatsachen der Verhaftung**

Es wird schon richtig sein, was am 19. Januar 1568 der französische Gesandte berichtet:

> ‚Am 13. dieses Monats hatte der König in allen Kirchen und Klöstern von Madrid Gebete veranstalten lassen, es möge Gott gefallen, ihm einzugeben und zu raten: über eine gewisse Erwägung und Absicht, die er in seinem Herzen habe. Nun wüßte ich nicht zu versichern, ob es wegen des Prinzen seines Sohnes war; aber wahr ist, daß lange vor seiner Abreise nach dem Escurial' (22. Dezember 1567) ‚Seine Majestät gar nicht mehr mit ihm sprach, sondern es gab sehr üble Zufriedenheit zwischen ihnen. Und der Prinz wußte den Groll nicht zu verdecken, den er gegen seinen Vater hatte, sprach sogar davon unbedachter Weise, Von fünf Personen, von denen er gesagt hat, daß er ihnen äußerst böse sei, war erwähnter Herr König der Erste, und nachher Ruy Gomez!'[2]

Wir haben früher gesehen, daß der päpstliche Nuntius nach seiner Relation vom 4. Februar von dem Präsidenten Espinosa erfuhr, daß unter den Papieren des Prinzen sich auch eines mit den Namen der von ihm besonders gehaßten und geliebten Personen gefunden habe; unter den ersteren obenan

---

[1] Reiffenberg, *histoire de l'ordre de la toison d'or* (Bruxelles 1830,) 420, 452, 500 bis 502
[2] Bei Gachard, *Don Carlos* 655; in eben dieser Urkundensammlung die S. 236 Anm. 2 folgenden Zitate.

wirklich die beiden von Fourquevaulx nach mündlichen Berichten schon Genannten. Auch die Mordabsicht für den 17. Januar[1] haben wir mit aller Wahrscheinlichkeit auf dieselbe Information des Nuntius aus den Papieren des Prinzen zurückführen können. Hiermit stimmt die Versicherung des kaiserlichen Gesandten vom 21. Januar über diese Papiere, Don Carlos habe ‚die Eigenschaft gehabt, alle seine Anschläge und Bedenken aufzuschreiben, ja auch alles, was ihm Andere gerate oder mit ihm verhandelt haben'.[2] Mündlich und schriftlich hat er genügenden Anlaß gegeben, gegen ihn einzuschreiten.

Mündlich nach Dietrichsteins Versicherung und schriftlich in jenem Verzeichnisse der geliebten Menschen, wie gesagt, nannte der Kronprinz zuerst seines Großvaters spätgeborenen natürlichen Sohn Don Johann von Österreich. Teuer war ihm der hochherzige, als Bruder auch von Philipp II. gehaltene Jüngling schon als sein Jugendgenosse neben dem ihm wohl gleichgültigen Alexander Farnese, den des Großvaters natürliche Tochter, die Herzogin Margaretha von Parma geboren hatte. Eben diesen Don Johann ersah sich der Kronprinz zum vornehmsten Helfer bei seinen Plänen; auch die Mordabsicht gegen den Vater mag er ihm in einer der am 15. und 17. Januars bezeugten Unterredungen mitgeteilt haben. Bei der letzten, gerade am 17., hat er auch diesen Freund, wie im vergangenen April den Herzog von Alba, mit gezogener Waffe – nach Dietrichsteins Bericht doch nur: wie man sagt – zwingen wollen, über seine geheimen Unterredungen mit dem König zu berichten. Eben der so Bedrohte gab dem König Nachricht von des geisteskranken Genossen Absichten.

Vor der letzten Unterredung mit demselben hatte er seinen königlichen, an eben diesem Sankt Antonstag, einem Sonnabend, angelangten Vater bei der Königin in Gegenwart der Prinzessin Johanna getroffen: ‚um ihm die Hände zu küssen', sagt der Lissaboner Bericht, ‚wie er sonst pflegte, mit gleicher Ehrerbietung und Demut.' Die Mordabsicht war vergessen.

Ich nehme auch meinerseits keinen Anstand, die von dem florentinischen Gesandten am 25. Januar berichtete und so leicht zu kontrollierende Tatsache für wahr zu halten, daß der Prinz noch am Sonntag (18. Januar) vormittags mit

---

[1] Von hier an sind der, von allen Kundigen als zuverlässige Quelle erachtete spanische, mit Einscharfung der Geheimhaltung (*encargo el secreto*) geschriebene in Lissabon erhaltene, Brief vom 26. Januar *p.* 680 bis 682 benutzt, dazu die Berichte des Botschafters Fourquevaulx vom 5. Februar *p.* 659, des Nuntius Castagna vom 30. März *p.* 667. – Detaillierte, aber ungenügend bezeugte Angaben bei dem Venetianer Cavalli 22. Januar *p.* 669, bei dem Florentiner Nobili 25. Januar x. 676 und 677, bei dem Genuesen Sauli 25. Januar *p.* 679.

[2] bei Koch I 202 und dazu 204 (am 21. Januar geschrieben) über des Prinzen Attentat auf und Liebe zu Don Johann als Hauptzeugnis. Noch ist Nietrichstein über Vieles nicht informiert.

seinem Vater ‚nach dem gewöhnlichen Gebrauch' in der Schloßkapelle zur Messe erschien. Der Gesichtsausdruck des Königs sei bei diesem Anlaß unverändert gewesen. Noch am 5. Februar erinnerte sich Fourauevaulx, ausdrücklich der vollkommenen Ruhe des Königs in Haltung und Äußerungen bei einer Audienz an jenem Sonntag Vormittag. Nach dem authentischen Lissaboner Brief erfolgte jedoch der Entschluß des Königs, noch vor Ablauf dieses Sonntages zur Verhaftung des Prinzen zu schreiten, auf nachfolgende Weise erst am Nachmittag.

Um 1 Uhr entschuldigte sich Don Johann von Österreich bei dem Prinzen unter Vorwissen des Königs[1] durch ein Billet, statt der für diese Zeit getroffenen Verabredung gemäß selbst zu kommen:

> ‚es sei ihm zu elend geworden; Mittwoch nachts um 1 Uhr werde er unfehlbar sich einfinden, damit das Notwendige getan werde. Auf die Mitteilung schöpfte der Prinz Verdacht, daß der König etwas von seinem Plan wisse und legte sich (man sollte meinen: nach Don Johanns Muster), unter dem Vorwand von Unwohlsein, um sich entschuldigen zu können, zu Bett. Er fürchtete nämlich, daß er gerufen und ihm scharf zugesetzt werden könnte, zu sagen, was vorgefallen sei. Er wurde gerufen und gab seine entschuldigende Antwort. Als der König dies neben vielen anderen, Einschreiten verdienenden Dingen gesehen hatte, aus Gründen, welche zu weitläufig zu erzählen wäre, und da Seine Majestät ohnehin entschlossen war, berief er auf elf Uhr nachts dieses Tages Ruy Gomez ‚den Prior Don Antonio, den Herzog von Feria und Luis Quijada. Nachdem er zu ihnen gesprochen hatte, wie niemals ein Mensch sprach, gemäß dem, was diese sagen, stieg er hinab in die Gemächer seines Sohnes'.

Der Bericht hat nach diesen Worten über die Quelle der Kunde des unbekannten Briefeschreibers, welcher allem Anscheine nach zu den näheren Bekannten aller vier Herren gehört, den Anspruch auf volle Glaubwürdigkeit. Die hier mit so tiefer und eingeschränkter Bewunderung erwähnte Ansprache des Königs würde ein Geschichtsschreiber früherer Jahrhunderte leicht genug und leidlich richtig in direkter Redeform haben geben können. Denn aus dem von uns ganz im Einzelnen kennen gelernten Gedankengang des Königs, wie er sich aus allen seinen vertrauten Briefen mit Sicherheit ergeben hat, leiten ihn in diesem entscheidungsvollen Moment, da er gleichsam die Summe seines eigenen Lebens bei einer ihm auferlegten entsetzlichen Aktion zu ziehen hat, mit unerschütterlicher Kraft die uns bekannten Gesichtspunkte. Er habe die königliche Pflicht, welche ihm von Gott mit der Regierung seiner Reiche für deren Sicherheit und Ruhe auferlegt sei, auch seinem eigenen gegenüber zu erfüllen; dessen Natur und Geistesart habe ihn zu Exzessen, Widersetzlichkeiten und Absichten geführt, welche er, der königliche Vater,

---

[1] *Questi* (Johann, Pescara und Rioseco) *non fecero senza saputa del rè ..., Sua Maestà ... essendo informata des tutto.* Der Nuntius am 30. März p. 667

vielleicht um seiner Sünden willen verdient habe, nach den Vorkommnissen der letzten Zeit und vollends dem heute offen versagten Gehorsam, zum Besten seiner Völker und zum Schutz des Prinzen gegen sich selbst, nicht länger dulden dürfe. Er habe deshalb beschlossen, ihn als schwachsinnig für immer oder doch bis auf Weiteres in seinen Gemächern mit aller nötigen Vorsicht einzuschließen, ohne seinem hohen Rang, soweit als der von Gott auferlegte Zweck gestatte, zu nahe treten zu lassen.[1]

Ausdrücklich meldet der Nuntius, der König habe, wie er vernehme, mit der ‚Ruhe und Fassung einer großen Seele, wenige Worte gesprochen'. So vollzog er den schmerzlichen Gang hinab in den Halbstock[2] unter die Gemächer seiner Schwester, der Kronprinzessin-Witwe von Portugal, deren Schlafzimmer sich in einem Turm gerade über dem Raum von Don Carlos' Apartements befand, in welchen dieser am 25. Januar gebracht wurde und wo er nach sechs Monaten gestorben ist. Der König war nach der Lissaboner Relation von den vier früher erwähnten Herren begleitet, ferner zwei ebenfalls mit Namen angeführten Kämmerern und zwei ebenfalls, und zwar ohne Titel, eben nur genannten adeligen Kammergehilfen (*monteros*). Die in anderen, sonst nur mit Auswahl benutzbaren Madrider Briefen dieser Zeit erscheinende Nachricht, daß königliche Diener Hämmer und Nägel getragen hätten, findet doch Bestätigung auch bei Erwähnung dieser beiden Kammergehilfen in zwei italienischen Berichten im Wesentlichen guter Kunde, davon der eine von einem italienischen Vertrauten des Fürsten Ruy Gomez herrühren soll.[3] Beide – und ein dritter, italienischer phantastischer und unbrauchbarer – sind, wie der Lissaboner Brief, an jenem 25. Januar geschrieben, von welchem auch die mit dem deutschen Formular zusammenhängenden Handschreiben des Königs datiert sind. Jene drei wichtigen Briefe können von diesem Moment an als gleichmäßig genaue und einander ergänzende Mitteilungen der bei den Stadien der Haft bis zum 26. Januar vornehmlich beteiligten Herren angesehen werden. Kein Gesandter zeigt sich in gleich sicherer und tatsächlich einfacher Weise des Herganges kundig.[4]

---

[1] Eine Madrider Zeitung (*doc. escog. p.* 414) läßt hier den König rauh befehlend Nachschlage ablehnen. Vgl. den Anhang.

[2] *El rey* [...] *baxo al aposento de su hijo,* [...] *mandó se subiessen arriba* (die Papiere des Prinzen) Lissaboner Brief. *Scese dalle sue stanze a quelle des principe. Avviso Discese* sagt auch der Nuntius *p.* 663. Doch waren die Fenster nach der weiteren Erzählung nicht ebenerdig.

[3] Gachard, *Don Carlos* 687 bis 690, Diese Sammlung ist auch wieder, wo nichts Anderes angegeben ist, in den folgenden Anmerkungen gemeint. *Avviso* ist der von Ruy Gomez' Freunde herrührende italienische genannt, der andere nur: *regguaglio*.

[4] Ich bemerke, daß Cabreras Schilderung der Verhaftung (*VII*, 22 *p.* 474) sich bei genauer Vergleichung mit den Briefen als ein wörtlicher, aber ungenauer Auszug aus einer ähn-

Im Gegensatz zu den Ausmalungen der minder gut Unterrichteten in Madrid[1] erklären diese Zeugnis, daß der König über Korridore und Treppen ohne Licht, ohne Degen, im Hauskleid, ohne Garde[2] ging. Sie berichten auch, daß er den Kämmerern des Prinzen, dem Grafen von Lerma und dem bei Don Carlos sehr beliebten Roderich von Mendoza, einem Sohn des Herzogs von Infantado, den Befehl gegeben hatte, die Tür zu des Prinzen Apartement offen zu lassen.[3] Ein Licht wurde dem König

,vorgetragen als er in das Schlafzimmer seines Sohnes trat, welcher schon schlief[4] und auf das Geräusch der Tritte aus dem Bett sprang: „Was ist das? Will Eure Majestät mit Ihren Räten und all dem Gefolge[5] mich töten? Tötet mich, oder ich töte mich selbst!"[6] Er antwortete ihm: „Das will ich nicht. Beruhigt Euch!" Er versuchte, sich ins Jenseits zu stürzen, wurde gehalten. Er ergriff einen Leuchter, man nahm ihm denselben. Er wendete sich knieend gegen seinen Vater: „Tötet mich! Tötet mich!". Er streckte sich auf den Boden, indem er dasselbe sagte. Er antwortete ihm, daß er das nicht wolle, daß er sich beruhige. Man fing an, die Fenster zu vernageln und er zu sagen: „Ich bin nicht irrsinnig, Gott zum Zeugen, aber verzweifelt, Gott zum Zeugen!" Man brachte ihn ins Bett. Da rief Seine Majestät den Herzog von Feria, Ruy Gomez und Luis Quixada, gab dem Herzog den Degen, dessen er sich, als er aufsprang, doch nicht erinnert hatte,[7] und eine

---

lichen Darstellung ergibt, bei welcher Ruy Gomez als angeblich zuerst in des Prinzen Gemach Eindringender eine ungebührlich wichtige Rolle spielt.

[1] *This king armed under his night gowne. John Man 19. Januar p.*660. *Sua Maestà, armata di armaturea et con vesta longa et la spada sotto il braccio.* Anonym 26. Januar *p.* 682; der hier erwähnte Degen dürfte aus demjenigen entstanden sein, welchen der König von Don Carlos' Bett nahm und vor sich in seine eigenen Gemächer bringen ließ.

[2] *- senza lume et senz'armi in habito domestico. Ragguaglio p.* 687. *Senza lume, senza spada et senza guarda. Avviso p.* 689.

[3] *Et trattenesero il principe senza sonno* heißt es doch noch mißverständlich im *Ragguaglio p.* 687.

[4] *entró con una vela delante en la cámara de su hijo, que estava ya durmiendo.* So der Bericht in Lissabon, welchem ich von nun an allein folge. Der eben bei der falschen Armatur genannte Anonymus *p.* 682 hat freilich *con una cadeila inanzi portata dal duca di Feria.* Gachard *p.* 478 hat dies, wie viel Anderes, nicht Verbürgtes geglaubt. Die beiden übrigen italienischen, sonst guten Bericht, lassen den Prinzen mit den beiden Kammerherren plaudern, wohl zur Erfüllung der Ordre, welche doch nur ihnen selbst, nicht dem Prinzen Schlaf verboten haben kann.

[5] *Todas las órdenes* wird doch wohl so gemeint sein.

[6] Ich bemerke doch, daß die ihrerseits den Tod bringende Maschinerie, welche Don Carlos am Eingang seines Gemachs für seinen eventuellen Gebrauch durch den königlichen Hofuhrmacher Louis de Forx hatte anbringen lassen, wie die Rechnung in Simancas noch neben des Verfertigers Erzählung bei De Thou erweist, und welche Foix auf des Königs Befehl an diesem Tag unwirksam gemacht hatte, (Gachard, *Don Carlos* 453) in seinem der in Betracht kommenden Bericht außer dem sonst schlecht informierten dritten Italiener seltsamerweise erwähnt wird.

[7] *Que aunque no se acordó della quando saltó.* 'No' fehlt im Abdruck *p.* 681 und wohl auch in dem betreffenden Lissaboner Manuskripte, Wem das ‚no Io tomó' von der Pistole gilt, ob dem Prinzen, der sie zu ergreifen vergessen hatte, oder, wie ich annehme, dem König, der das eventuell zu abscheulichem Zwecke bestimmte Werkzeug nicht berühren

Pistole. Er ergriff diese nicht, und sprach zu den drei Genannten und dem Grafen Herma und Don Rodrigo de Mendoza: „Ich befehle und verpflichte Euch, auf die Person des Prinzen zu sehen und sie zu bewachen, daß er nichts Neues anstelle, bis ich Euch etwas Anderes befehle, indem Ihr mir die Loyalität und Treue bewahrt, zu der Ihr verpflichtet seid, dem entsprechend, was Ihr mir geschworen habt." Hierauf ging er in ein anderes Zimmer und befahl den Espinosaer Kammergarden, daß sie die Person des Prinzen nach der Order bewachen sollten, welche der Herzog von Feria ihnen geben werde, indem sie diesem wie ihm selbst gehorchen, die Loyalität und Treue wahrend, welche sie immer gewahrt haben. Er nahm die Schlüssel aller Schreibladen und befahl, daß sie vor ihm hinaufgetragen werden. Hierauf kehrte er zu seinem Gemach zurück. Am folgenden Tag berief er alle Räte und sagte jedem derselben, was wegen so dringender und bestimmter Gründe, wie sie weiter hören würden, geschehen sei. – Das ist, was in dieser schweren Angelegenheit nach der Erzählung derer sich vollzogen hat, welche gegenwärtig waren und sagen, daß man in Wahrheit die Bescheidenheit, Sanftmut, Haltung und Stärke nicht übertreiben noch ausdrücken kann, welche Seine Majestät bei dieser Tat bewährte, gleichsam ohne zu denken, daß es eine solche, Bewunderung erweckende, Handlung sei. Gott schütze ihn, da sich hierbei wahrhaftig zeigt, daß er eine besondere Gabe von Gott hat, so bei gegebenen Anlässen zu sein und nicht wie die übrigen Menschen. – Auf diese Weise ist es mit dem Prinzen gehalten worden, ohne daß ein Mensch außer den Genannten und seinen erwähnten Hofbeamten (*mayordomos*) ,bei ihm eintrat, während der Herzog von Feria immer an derTür seiner Kammer mit Wache schlief vom 18. bis gestern am 25. Da wurden als solche (Wache) bestimmt: der Graf von Lerma, Herr Johann von Mendoza, Herr Roderich von Benavides, Herr Gonzalo von Chacon, Herr Franz Manrique, Herr Johann von Borja, so daß diese und sonst niemand ein- und ausgehe, und Ruy Gomez, als oberster um ihnen Befehle zu geben, und die Espinosaer Kammergehilfen.'

Das ist die einzig erhaltene, vollständige und soweit historische Kritik meiner Erfahrung nach einen Schluß gestattet, durchaus zuverlässige Kunde über die ersten Stadien von Don Carlos', durch die Folgen des Strafbeschlusses gegen Flandern und seiner Gedankenrichtung allem Anscheine nach gleichmäßig, zur Notwendigkeit gewordenen Einschließung. Was die übrigen Gesandten und die Zeitungen von diesen Stadien zu berichten wissen, ist nur Stückwerk, den Erzählenden selbst zweifelhaft und tatsächlich niemals ganz genau.[1]

Zwei Momente sind in dem von einem, wie man leicht sieht, für den König besonders warm Empfindenden geschriebenen Lissaboner Briefe

---

mochte, leuchtet nicht ganz sicher ein. Der Briefeschreiber liebt den Subjectwechsel nicht und erschwert dadurch das Verständnis, wie der Leser schon aus dem Texte entnehmen konnte.

[1] Fourquevaulx, 19. Januar und 5. Februar 656 und 659. Sir John Man, 19. und 28. Januar *p*. 660 und 662. Der Nuntius Castagna 24. Januar und 30. März *p*. 663 und 667. Cavalli 22. und 27.Januar und 11. Februar *p*. 669, 671, 673. Nobili 21. und 25. Januar *p*. 674 bis 677, Der Genuese Marcantonio Sauli 25. Januar *p*. 679, In dieselbe Kategorie nur teilweise brauchbarer Nachrichten gehört aber auch Dietrichsteins Bericht vom 21. Januar und 3. Februar (Koch I 201 bis 203 und 207) und die Zeitung in *Doc. escog.* S. 414 f. (s. den Anhang).

nicht erwähnt. Das eine betrifft die Mittel, welche man zur Bändigung des bei Erkenntnis von dem ihm bestimmten Geschick rasend gewordenen Prinzen ergriffen hat. Da meldet der, wie wir wissen, mit besonderem Vertrauen behandelte englische Botschafter bestimmt, man habe ihn zuerst, wie ja bei Wahnsinnigen in früheren Zeiten allgemein üblich war, in Fesseln gelegt; doch habe das nicht lange gedauert. Ebenso bestimmt sagt der französische Gesandte mindestens am 1-9. Januar, dem Tag nach der Verhaftung, der Prinz habe jetzt Eisen an den Füßen.[1] Ich denke, daß der Bericht des englischen Gesandten buchstäblich richtig sein wird.

## Die Einschließung in dem Turmzimmer

Die zweite Lücke in dem Lissaboner Briefe ist in Bezug auf den Wechsel des Haftbefehls zu verzeichnen. Aus allen Berichten bei Gelegenheit seiner österlichen Beichte und Kommunion wie seiner letzten Krankheit und seines Todes, wie endlich aus der schriftlichen Dienstordnung vom 2. März 1568 geht hervor, daß sich Don Carlos nicht mehr in seinem Schlafzimmer, sondern in einem anderen, allerdings anch zu seiner bisherigen Wohnung – nach König Philipps deutschen Briefen: ‚Gemach' – gehörigen Zimmer befunden hat. An eben dem 25. Januar, an welchem auch nach dem Lissaboner Briefe die neue und definitive Ordnung des Bewachungsdienstes eingeführt wurde, erfolgte diese Übertragung. Zwei sonst nicht eben in erster Linie stehende Berichterstatter geben über diese äußerliche und leicht erkundbare Tatsache Aufschluß: der florentinische Gesandte Nobili und der italienische, am 26. Januar geschriebene ‚Bericht' über die ‚Gefangenschaft des Prinzen Karl von Österreichs'. Sie nennen den 25. Januar. Nobili bezeichnet dazu nach allerdings ungenauer, aber üblicher und auch von dem englischen Botschafter gebrauchter Terminologie den neuen Haftraum als ‚Turm', der Engländer mit dem wohl richtigen Zusatz, es sei derselbe, wel-

---

[1] Fourquevaulx 19. Januar *p. 656: les fers aux pieds.* Man 28. Januar 662: *a while in the first of his emprisonnement he was put into fetters; but that dured not long. Now he is removed from his accustomed lodging* (doch nicht so eigentlich!) *unto the tower, wheare Frances, the French dyng, was kept prisoner an a verie sure gard sett upon it.* Nobili an Cosmo von Medicis *p. 678: oggi che siamo alli XXV Sua Maestà ha dichiarato, che la stanza del principe suo figliuolo sia in una torre del palazzo in Madrid in custodia del signor Ruy Gomez e sotto di lui sei cavalieri, wuali non l'hanno mai più servito.* Ragguaglio 26. Januar *p. 688: alli 25. [...] Una sola stanza si è lasciata al principe, chiamata la torre, senza camino, con finestre alte, picciole et ferrate. L'altre si son date al Signor Ruy Gomez. Et perchè guardi piu commodamente, è stato voler di Sua Maestà che vi conduca la mogli.*

cher dem gefangenen französischen König Franz I. angewiesen wurde. Der italienische ‚Bericht' dürfte hier eine weitere Ergänzung liefern. Zunächst erfährt man hier, was sich tatsächlich auch weiter bewährt findet, daß von den, seit dem 25. Januar unter dem Fürsten von Eboli mit der Hut des Prinzen betrauten Herren täglich zwei mit den Kammergehilfen zum Dienst verpflichtet waren.

‚Ein einziges Zimmer wurde dem Prinzen gelassen, der Turm genannt,[1] mit hohen, kleinen und eisenvergitterten Fenstern. Die übrigen Zimmer wurden dem Herrn Ruy Gomez gegeben[2] und damit er mit größerer Behaglichkeit seinen Wachdienst verrichte, ist es Seiner Majestät Wille gewesen, daß er seine Frau dahin führe.'

Wir dürfen das Motiv der Behaglichkeit bei dem Berichterstatter in das der Schicklichkeit wegen des nur zu begründeten Verdachtes ändern, welcher, wie wir sahen, wegen unerlaubter Beziehungen des Königs zu der Fürstin Eboli gehegt wurde.

Der ‚Bericht' vom 26. Januar meldet schließlich in Übereinstimmung mit den gesandtschaftlichen Nachrichten, doch detaillierter als diese: ‚Der Dienst und Marstall des Prinzen wurden gänzlich aufgelöst und die Pferde wurden zwischen König, Königin, Prinzessin und Don Johann geteilt.' Die nach allen Erfahrungen der Psychiatrie und gerichtlichen Medizin noch heute bei schwachsinnigen und von Tobsuchtsanfällen heimgesuchten Geisteskranken üblichen Vorsichtsmaßregeln wurden im Übrigen nach vorläufig mündlichen Befehlen des Königs eingehalten. Don Carlos erhielt seine Speisen klein geschnitten, nie mehr Messer noch Gabel; kein Kamin, also kein offenes Feuer, in welchem er sich schädigen konnte, fand sich in seinem Zimmer. Verboten war allen zum Dienst Befohlenen mit irgend einer

---

[1] Also wirtlich *une bonne chambre d'une große tour de ce palais,* wie Fourquevaulx am 5, Februar 1568 schreibt, der irrig nur einer *fenestre bien grillé de fer* gedenkt. Diese Depesche bringt immerhin die besten Nachrichten über des Prinzen Ernährung, Bedienung, Sicherung gegen Messerverletzung, Verfügung über Wertgegenstände. Die Depesche wurde dem König von Frankreich durch den obenerwähnten Hofuhrmacher Louis de Foix überbracht, der noch Einzelnes erzählen sollte *p.* 658 bis 660.

[2] *Wrigomes i the chefe an lieth in the lodgings, where the prince were before.* Man 28. Januar *p.* 662. Der sonst besser als der Ragguaglio unterrichtete, an demselben 26. Januar geschriebene Aviso von Ruy Gomez' Freund erklärt *p.* 690 die angebliche Thurm- wohnung, in welche Don Carlos am 25. gebracht ward: ‚man schloß ihn in dem letzten von den vielen Zimmern ein, welche er inne hatte, das Turmzimmer genannt, weil zu einem Turm des Palastes gehörig. Alle Fenster wurden geschlossen. Man ließ nur ein Fensterchen für das Licht, keinen Kamin, noch andere Bequemlichkeit, in dem Raum zu verkehren' (*senza camino ne altro reistoro de passegiare*) *p.* 690, Gachards Schilderung dieses definitiven Gefängnisraums *p.* 582 leidet an Verwechslungen und mangelhafter Kritik.

Waffe¹ bei ihm einzutreten. Seine kostbaren Ringe wurden ihm übrigens wie die Verfügung über seinen sonstigen persönlichen Besitz gelassen, Geld ausgenommen.

Bis zu seinem Tod ist an dieser Behandlung des unglücklichen Kranken kaum etwas geändert worden. Ehe wir jedoch in aller Kürze die späteren Stadien der Haft betrachten, haben wir zwei vergebliche Versuche zu erwähnen, den König zu einer veränderten Behandlung des Sohnes zu bestimmen. Der eine dieser beiden Versuche hat von Philipps Seite eine volle Aufdeckung der politischen Ziele bewirkt, welche er bei des Prinzen Haft verfolgte und eine Erklärung der Unabänderlichkcit seiner Verfügungen gegen den geisteskranken Sohn.

## Die Äußerungen von Verwandten über die Haft

Don Carlos' Großmutter, die Königin-Witwe von Portugal, und deren eben volljährig gewordener Enkel König Sebastian sendeten einen außerordentlichen Botschafter nach Madrid, welcher, unter Beileidsbezeugung, das Anerbieten der alten Königin brachte, nach Madrid zu kommen und wie eine Mutter ihren Enkel zu leiten. Wie hatte man bei des Prinzen Gemütszustand das Anerbieten anzunehmen wagen oder die Herüberkunft der portugiesischen Königin in dieser Zeit auch nur zulassen können! Der König suchte den Botschafter zuerst durch allgemeine Reden von der Vergeblichkeit der seltsamen Zumutung zu überzeugen. Endlich wurde ihm erklärt, der Prinz könne, als ungeeignet zur Negierung, nicht succedieren.²

Ernstlicher sah für den mit den Zeichen menschlicher Schwäche weniger Vertrauten eine Art drohender Intervention des Kaisers Maximilian II. aus. Der spanische Gesandte in Wien berichtete über des Kaisers ob des Prinzen Haft erregte Stimmung. Zuletzt schreibt dieser selbst noch einmal am 27. Juli.³ Maximilians Haltung war recht eigentlich im Gegensatz zu der

---

[1] ‚Feria der tregt seine Wer; denn er ist ihme bevolhen'. Dietrichstein 22. Januar, Koch I 203, Das mag bis zum 25. Januar des Königs Befehlen entsprechen.

[2] Gachard Von Carlos II 534 gibt aus einer Madrider Handschrift die Instruction des portugiesischen Botschafters nach einer Depesche des Nuntius vom 2. März 1568. Für die endliche Abweisung bringt einmal ausnahmsweise der Venetianer dei Cavalli in seiner Relation vom 2, März das Entscheidende.

[3] *Coleccion ... para la historia de España XXVII* 10, 25. Die beiden Briefe vom 29. Februar nnd 16. Juli 1568 von Chantonay als regelmäßigem spanischem Botschafter in Wien an den König sind höchst präcis und ungenierter in den zartesten Fragen, als bei Weitem die meisten Botschafter wohl heute wagen würden. Ebendaselbst S. 37 Maximilians II, letzte noch zu besprechende Äußerung an Philipp über des Prinzen Haft. Der auch formell fesselnde Brief der Kaiserin an ihren königlichen Bruder eröffnet diesen sieben-

der Kaiserin bei der ersten Benachrichtigung durch die beiden spanischen Gesandten am Nachmittag des 21. Februar, welche die uns bekannten Briefe überbrachten, ohne selbst nähere Kunde zu haben. Bei allem Kummer über die Haft des Neffen, in welchem sie als bestimmtem Gemahl ihrer Lieblingstochter auch ihrerseits einen Sohn gesehen hatte, wurde diese doch zugleich von tiefem Mitgefühl für das Seelenleid des unglücklichen Vaters, ihres geliebten Bruders, ergriffen. Sie erklärte vor ihrem Gemahle den beiden Herren, der König wisse, was er als Vater tue; Gott möge ihn in dieser wichtigen Angelegenheit, wie in allen anderen leiten und ihm den für Seine königliche Person, seine Staaten und Vasallen geeigneten Entschluß eingeben. Der Kaiser hatte noch vor dem Erscheinen seiner Gemahlin die Nachricht gehört, sich verfärbt, nach näherem Bericht vergeblich gefragt, Schweigen vor der Kaiserin bis nach Tisch gewünscht.

Von seinem ersten Brief an den König hat sich nur im Archiv von Simancas ein etwas geringschätziger Auszug erhalten,[1] wonach er wesentlich über die geplanten Heiraten seiner Töchter mit den Königen von Frankreich und Portugal Antwort verlangt, mit Don Carlos' Angelegenheit gefühlvoll beginnt und den Wunsch nach näherer Information ausdrückt. Am 29. Februar schrieb dann die Kaiserin an den König in ergreifend geschwisterlichem Mitempfinden, welches wesentlich und mit liebevoller Erwähnung ihres Gemahls, mit Dank für des Königs Sorge um ihre eigenen Kinder, doch nur die Gedanken ausführt, welche sie mündlich den beiden Gesandten ausgesprochen hatte; am Schluß fügt sie, allem Anscheine nach von der Unvermeidlichkeit der Haft des kranken Prinzen bis zu seinem Ende überzeugt, in bescheidener Zurückhaltung die Notwendigkeit vor, daß der Vater für das Heil seines Sohnes ‚in mannigfacher Art und Weise' Sorge trage. Wir wissen aus der Betrachtung von Don Carlos' Geistesrichtung, wie sehr der König in seinem Bericht über die Osterkommunion seines Sohnes die zarte und fromme Sorge der Schwester zu würdigen wußte.

Aber dem Kaiser gegenüber wollte er gerade bei diesem Anlaß (19. Mai) keine Gelegenheit geben, an eine Heilbarkeit des Prinzen und eine Möglichkeit der Freilassung desselben zu glauben. Ausdrücklich hebt er im Eingang hervor,[2] wie die mangelhafte Beschaffenheit und Lebensart des Prinzen ihn seit Langem die Unvermeidlichkeit des nach langem Zögern getanen Schrittes

---

undzwanzigsten Band auf S, 5 bis 7. Ich bemerke, daß die Benachrichtigung Albas durch Chantonay von der ersten Aufnahme durch den Kaiser in der *Coleccion XXXVII* 1860) 133 irrig zum 14, Februar, statt mit der folgenden Seite zum 21. Februar gestellt ist.

[1] Abgedruckt bei Gachard, Dun Carlos II, 565.
[2] Originalentwurf in Simancas, abgedruckt ebendaselbst 569 flg.

habe erkennen lassen. ‚Ich habe der Verpflichtung genügt, welche ich gegen Gott und das Wohl meiner Reiche habe'. Der so ausgeführte Entschluß ihn einzuschließen und in Haft zu halten,[1] wie alle die großen und Sorge erregenden Mißstände, welche die Entscheidung bei des Königs Lebzeiten bringe, dürfen nicht gegen die Übel in Betracht kommen, welche nach des Königs Ableben ‚zu großem Präjudiz der Staatsangelegenheiten (*causa publica*) eintreten würden, so daß man ihnen zuvorzukommen sich nicht entschuldigen kann noch darf.' Jede ‚weitere Verzögerung' hätte ‚Gelegenheit zu größerer Verwirrung und Unruhe' gegeben. Von diesen

> ‚fundamentalen Gesichtspunkten ergeben sich die erforderlichen Maßregeln, indem man mit so reiflicher Beratung und Überlegung vorschreitet, dazu mit der Strenge, Förmlichkeit und guten Ordnung, welche einer solchen Angelegenheit geziemt, bei welcher irgendein Aufschub nicht statt haben kann. Bei weiterm Fortgänge derselben wird man durch Mitteilung des sich Ereignenden mit Eurer Hoheit verbunden vorgehen, wie ich in allen meinen Angelegenheiten zu tun gedenke, namentlich wenn sie von der Art und Wichtigkeit, wie diese sind.'

Noch einmal, mit Abweisung jedes anderen Grundes, bemerkt Philipp II. dem Kaiser, daß die Gründe für das Verfahren gegen Carlos ‚so natürliche und so festgestellte sind, daß sich hiefür keine Hoffnung hegen läßt.' Demgemäß ist, was getan wurde, nicht für eine bestimmte Zeit, noch derart, daß dabei weiterhin irgendwelche Veränderung statthaben könnte.[2]

Beides, die Konstatierung des mit Tobsucht verbundenen Schwachsinnes und die Unfähigkeit des Prinzen zur Thronfolge, ist in diesem vertraulichen und höchst dezidiert gehaltenen Brief klar genug ausgesprochen. Der König wußte dabei sehr gut und würdigte auch ganz vollkommen, daß der Kaiser mit seiner zahlreichen Familie in keineswegs guten Vermögensverhältnissen war,[3] und daß er wie die Kaiserin nichts sehnlicher wünschte, als daß ihre älteste und geliebteste Tochter einst Königin von Spanien werde.

---

[1] Nach dem Zusammenhang läßt sich das auch sonst über die Haft von dem König gebrauchte ‚*encerrarle y recogerle*' hier nicht anders als von der Absicht lebenslänglicher Einsperrung verstehen, wie schon Gachard mit Recht bemerkt hat.

[2] [...] *ni tampoco se tomó por medio para su reformacion, pues siendo causas tan naturales y tan confirmadas, desto no se tenia esperanza: segun lo qual lo que se ha hecho no es temporal, ni para que en ello adelante aya de haver mudança alguna.* Gachard 569.

[3] [...] *mas tambien el Rey considere que el Emperado* (embajador ist Druck- oder Kopistenfehler) *tiene muchos hijos y hijas y que es bien tener egbaldad* ( = egualdad) *con todas.* Venegas aus Preßburg 20. Juli 1562. An demselben Tag erwähnt er in einer anderen Depesche wieder einmal als des Kaisers Ausspruch, er wolle die jüngere Tochter nicht vor der älteren verheiraten *especialmente amándola como lo ama.* Dann folgen am 30. September 1567 wieder sehr kleinliche Erörterungen über die Mitgift nach Muster derjenigen, welche des Kaisers Schwestern tatsächlich erhalten haben. *Coleccion de documentos inéditos para la historia de España XXVI* (1855) 556, 558, 563.

## Maximilian II. über die Haft

Für den Kaiser und dessen Stimmung kam aber doch hinzu, daß auch sein Botschafter in Madrid sich sehr schwer und widerwillig herbeiließ, die Tatsache der Unheilbarkeit in des Prinzen Zustand anzuerkennen.[1] War es doch eine seiner vornehmsten Bemühungen seit dem Tag seiner zweiten Landung in Spanien gewesen, Verlöbnis und, nachdem dies einigermaßen erreicht war, Vermählung der Erzherzogin mit dem spanischen Kronprinzen zu erreichen. Seine gänzliche Enttäuschung durch die Verhaftung desselben wurde gesteigert durch die schon früher erörterte Zurückhaltung der Herren, Ruy Gomez voran, welche bei den Ereignissen der Nacht vom 18. zum 19. und des 25. Januar beteiligt gewesen waren, als der Prinz in seinen definitiven Haftraum gebracht wurde. Da findet man nun freilich am 3. Februar 1568 die Äußerung, jedermann, der des Königs Eigenschaft und Wesen kennt, hält dafür, daß, was er getan, wohlbedächtig geschehen sei und er dazu große, berechtigte Ursachen gehabt habe. Aber schon nach vier Tagen, da man ihm gar nichts mitteilen will, überkommt ihn große Sorge wegen des Gefangenen. Nun folgen sich immer von Neuem in des sonst so unbefangenen und hellsehenden Dietrichstein Depeschen, fast bis zu des Prinzen Tod, offene oder verdeckte Äußerungen der Hoffnung auf seine Herstellung zu Gesundheit, Freiheit und Kronanspruch, wie des Zweifels über Gerechtigkeit und Zweckmäßigkeit des gegen ihn eingeschlagenen Verfahrens und Ermunterungen seines kaiserlichen Herrn, in der Sache tätig zu sein. Eben damals als am 19. Mai die klare und harte vertrauliche Mitteilung des Königs an den Kaiser über die Unabänderlichkeit seines Entschlusses erfolgte, waren in Maximilians Händen bereits die früher erwähnten Schilderungen seines Botschafters vom 22. April über die Vorgänge bei der österlichen Gewissensfeier. Dabei darf man doch nicht außer Acht lassen, auf welche hochgeachtete Autorität hin Dietrichstein diesmal berichtete. Es waren die Worte des nicht nur von dem Botschafter gerühmten, seit dem 28. Juli 1563 bei dem Prinzen und inzwischen auch für beide Erzherzog zum Beichtvater bestellten Mönches Diego de Chaves. Man muß sich aus den früher erwähnten Worten in des Königs Testament erinnern, daß er die gleiche, so überaus wichtige Vertrauensstellung bei Philipp II. selbst erhielt und eine allem Anschein nach umfangreiche persönliche Korrespondenz beider sich 1598 vorfand, welche die Exekutoren zu verbrennen hatten. Wenn nun der Kaiser aus den Mitteilungen dieses trefflichen Zeu-

---

[1] Schon am 26. April 1567 (Koch 1185f.) hatte er (vgl, oben S. 186) sich doch für inkompetent erklärt, über den Geisteszustand des seltsamen Verlobten der Erzherzogin Anna zu urteilen.

gen in der erwähnten Depesche seines Gesandten vom 22. April erfuhr, daß Don Carlos bei allen seinen Fehlern ‚doch sonst an Vernunft keinen Mangel, beineben große Tugenden' habe, man seine Erledigung für gewiß halte, so lag es für Maximilian II. doch nahe genug, Dietrichsteins Rat gemäß mit seiner ‚Resolution' in der Heiratssache zu zögern und dieselbe noch keineswegs für ganz aussichtslos zu erachten.

In dieser Stimmung geschah, was Chantonay aus Wien (16. Juli 1568) über den Eindruck berichtet,[1] welchen des Königs Erklärung vom 19. (hier 20.) Mai über den gegen seinen Sohn zur Vollstreckung gelangten Entschluß auf den Kaiser hervorrief. Es gab damals freilich auch andere Meinungsdifferenzen politischer und finanzieller Art zwischen beiden regierenden Schwägern. Doch ganz ausdrücklich und zu wiederholten Maln erklärte Maximilian dem Gesandten, daß er, um wegen des Prinzen mit dem König zu sprechen, am liebsten, wenn die deutschen Angelegenheiten es gestatteten, ‚mit der Post' zu Philipp II. eilen würde. Chantonay fand, daß, was er über die Haft des Prinzen sagte, ein seltsam Ding (*cosaextraña*) sei. Der Kaiser hob hervor, was ihn hierbei aufrege, sei nicht bloß Verlöbnis und Verwandtschaft, sondern auch eine Reihe politischer Erwägungen. Nicht einmal so viel besagt der kurze und in keiner Beziehung musterhafte Brief, welchen der Kaiser drei Tage später, zunächst doch als Antwort auf die gedrungene und inhaltvolle Erklärung des Königs geschrieben hat. Er gesteht nur zu, einige Motive aus des Königs Antwort für das Verfahren gegen den Prinzen ersehen zu haben, sowie dessen Absicht dabei weiter zu verharren und die Mühsal, welche Philipp darob empfinde, und wie er selbst am liebsten zu ihm eilen möchte. Um dieser und anderer Dinge willen sende er aber trotz allen Abratens der beiden spanischen Gesandten, zu dem König seinen Bruder Karl ‚der mein Fleisch und Blut ist', wie Maximilian seltsamer Weise hinzufügt.

Der Prinz war begraben, als dieser Brief geschrieben wurde. Als der achtundzwanzigjährige Erzherzog Karl in Madrid anlangte, war auch die Königin Elisabeth gestorben,[2] und des Kaisers Lieblingsbruder trug die Erzherzogin Anna nach der ihm eilig gewordenen Instruktion dem zum dritten Mal verwittweten Könige selbst an. Wir wissen, wie glücklich diese Ehe geworden ist. Dietrichstein, der zu ihrer Stiftung sein Teil beitragen konnte, ist des Zeuge gewesen. Alle seine Zweifel über den Prinzen waren vergessen.

---

[1] *Coleccion* [...] *de España XXVII*, 25. Ebendas. f. des Kaisers Brief vom 27. Juli 1568.
[2] Nur diesen Kondolenzauftrag und nicht ganz sicher das Anerbieten der Vermählung des Königs mit der Erzherzogin Anna fand F. Hurter in den von ihm eingesehenen Akten verzeichnet, als er die ‚Geschichte Kaiser Ferdinands II. und seiner Eltern' schrieb: I (1850) 15. Erzherzog Karl war am 3. Juni 1540 geboren.

## Französische Hoffnungen

Die Königin Katharina Medicis und deren, fast wie Don Carlos nicht zurechnungsfähiger Sohn, Karl IX. verbargen ihre Freude über das große Ereignis in Madrid dem spanischen Gesandten gegenüber bei dessen offizieller Benachrichtigung unter höchst verletzenden Fragen über politische Mitschuldige des Gefangenen und zudringlichen Äußerungen ihres neugierigen Mitgefühles. Die wunderliche Audienz des ohnehin reizbaren und hochfahrenden Botschafters lief daher in einen regelrechten Zank aus, den derselbe dem Herzog von Alba in aller Erregung meldete.1

Dem entsprechend ging denn auch Fourquevaulx in seinen Berichten an den französischen Hof über den Verhafteten auf dem uns bekannten Wege weiter. Er meldete am 18. Februar aus einer Quelle, über die er demnächst keinen Zweifel läßt, wenn auch schon hier die Fassung auf weibliche Erzählung hinweist:

‚Der Prinz von Spanien ist fortwährend in einem Zimmer eingeschlossen und bewacht. Er ißt sehr wenig und widerwillig, und er schläft fast gar nicht, was eben nicht dient, seine Verständigkeit zu verbessern. Er wird augenscheinlich mager und dürr, und seine Augen sind im Kopf eingesunken. Man gibt ihm manchmal substantielle Brühen mit eingerührtem Kapaunenfett, Ambra und anderen Stärkungsmitteln, damit er nicht geschwächt und ganz ausgetrocknet werde. Erwähnte Suppen werden heimlich in Ruy Gomez' Zimmer bereitet, der alles an obenerwähntes Gemach Gehörige inne hat und durch sein Zimmer eintritt.'

Dies wird am 26. März folgendermaßen ergänzt:[2]

‚Mit dem Prinzen von Spanien steht es wie früher. Es ist mir sehr schwer, von seinem Tun etwas zu erfahren. Denn es wäre kühn sein Leben wagen,[3] wenn ein Mensch bei ihm einträte, um zu berichten, was er tut. Selbst die Königin sagt, daß sie nichts davon wissen könne, außer soviel der König ihr Gemahl ihr davon sagen will. Wahr ist inzwischen, daß er dort immer einige Narrheit begeht. Unter Anderem hat er vor Kurzem in seinem Munde einen seiner Ringe gehalten, in welchen ein dicker Diamant flach gefaßt ist, und verschluckte ihn, ohne daran zu denken, wie eine Pille. Man hat manchen Tag gesucht und überlegt, was er damit angefangen haben könne. Endlich kam man darauf, er müsse ihn geschluckt haben. Das hat sich als wahr erwiesen. Er hat ihn mit Hilfe von Arzneien am 17. Tag nachher von sich gegeben. Er macht genug ähnliche Streiche. Obwohl sich das Gerücht verbreitet hat, daß sein Vater ihn eines Morgens besucht habe, so habe ich doch inzwischen das Gegenteil erfahren. Er ging nicht über das Zimmer des

---

[1] Gachard, *Don Carlos* 545.
[2] Gachard, *bibliotheque nationale à Paris II*, 253, 256s. Die neuen Auszüge modifizieren in sehr wesentlichen Punkten das früher Bekannte und lassen eine volle Edition von Fourquevaulx' Berichten, wie nochmals bemerkt sein mag: mit kurzen und zuverlässigen Daten in den Anmerkungen um so wünschenswerter erscheinen.
[3] *Car si hardi et sur la vie homme qui entre dans sa chambre etc.* gibt freilich, wie schon mit einem sie nach *hardi* die Edition meint, nur einen ungefähren Sinn.

Fürsten von Eboli; denn von dort aus konnte er besagten Prinzen deutlich hören und, wie ich glaube, auch durch eine Holzvergitterung[1] sehen, die zwischen beiden (Räumen) ist. An Gesundheit befindet er sich wohl, obwohl er noch gelbe Farbe hat; aber er ist sehr krank an zufriedenem Gemüt und verzweifelt für seine Freiheit,[2] ohne daß er sich doch enthalten könnte, immerfort Torheiten zu begehen und zu sagen und übel vom König, seinem Vater, zu sprechen, welche Dinge ihn anklagen, gleichsam vollkommen irrsinnig[3] zu sein.'

Im Falle der Reise des Königs nach Flandern sieht der Gesandte – und wohl auch dies nach Erzählung der Königin – für den Prinzen das Schicksal seiner Urgroßmutter voraus. Er hat die Geisteskrankheit von Kaiser Karls V. Mutter vor Augen, an welcher diese Königin Johanna durch fast fünf Jahrzehnte bis zu ihrem Tode (1555) litt. Noch bei deren Lebzeiten meinte man, daß sie die Geistesverwirrung von ihrer 1496 in Irrenhaft zu Arevalo gestorbenen portugiesischen Großmutter Isabella, der Mutter Isabellas der Katholischen, geerbt habe. Nun hatte der venezianische Gesandte Tiepolo bereits in einer früher erwähnten, zum Teil auf übler Nachrede begründeten Relation im Januar 1563 über den damals im achtzehnten Lebensjahr stehenden Prinzen bemerkt, daß er wegen seines fast dreijährigen Wechselfiebers zuweilen an Geistesstörungen gelitten habe. Dieses Unglück nannte der erfahrene Mann[4] ,um so bemerkenswerter, als er es erblich von seinem Großvater und seiner Urgroßmutter zu haben scheint'; doch läßt sich das von dem Großvater Kaiser Karl V., selbst in dessen letzten Lebensjahren, nicht mit Recht sagen. Es will mich bedünken, daß die Wahnsinnsfälle unter Don Carlos Vorfahren nicht häufig genug sind, um die bequeme Deszendenztheorie hier anwenden zu können. Freilich ist kurz nach des Prinzen Tod auch seine Vaterschwester Johanna in Wahnsinn mit Tobsucht verfallen.[5]

Der französische Botschafter meldet an jenem 26. März 1568 ferner, der Unterschied in Natur, Temperament (*complexion*), Willen und Neigung zwischen dem König und seinem Sohn sei so groß, daß es mit einem Wun-

---

[1] Es ist die gemeint, welche zum Zweck der Anhörung des Gottesdienstes in die Mauer gebrochen und durch die eben auch zu Ostern das Abendmahl gereicht wurde.

[2] *Très malade de contentement et deconfié de liberté.* Das stimmt mit dem oben (S. 242) übersetzten Ausruf des Prinzen im Lissaboner Briefe (*p.* 681): *no soy loco [...], desesperado sí.*

[3] *Quasi fou du tout* schreibt Fourauevaulx, ebenso der herzoglich savoyische diplomatische Agent am 24. Juni 1568: *è pazzo del tutto* (Gachard, *Don Carlos II* 572).

[4] Gachard, *Don Carlos I* 154: *accidente in lui tanto più consederabile, quanto che pare tenerlo per heredità del avo et della bisavola.* An den Großvater mütterlicherseits, den 1557 gestorbenen König Johann III. von Portugal, kann Tievolo doch kaum gedacht haben.

[5] Zayas an Alba 14. August 1568. *Doc. escog. p.* 410. Vgl. den Anhang.

der zugehen müsse, durch welches einer von ihnen ein ganz anderer Mensch würde, ehe man erwarten (*espérer*) könne, daß der Sohn bei Lebzeiten des Vaters aus dem Gefängnis komme. Immerhin werde er noch im Kirchengebet nach dem Papst, dem König und der Königin mit den Königssprossen genannt: *et principem nostrum cum prole regia*. ‚Der König, so liest man weiter,

> ‚hat allen Predigern verbieten lassen, gedachten Prinzen irgendwie zu nennen, noch seiner in ihren Veröffentlichungen Erwähnung zu tun. Und so geht er dahin in Vergessenheit gebracht, daß man gleichsam nicht mehr von ihm spricht, als ob er niemals geboren wäre.'

## Allgemeine Beistimmung in Spanien

Der König war des Gehorsams aller Klassen seiner Untertanen auch in diesem Fall sicher. In der Bibliothek von Lissabon ist eine Sammlung der Antwortschreiben erhalten, welche die Granden auf die Benachrichtigung von der Einschließung seines Sohnes an ihn richteten: sie wetteifern in Ausdrücken des Dankes und der verehrungsuollen Ergebenheit.[1] Ebenso lautet die neuerlich veröffentlichte Antwort des Bischofs und Klerus von Cordova.[2] Dietrichstein faßt seinen Eindruck über die Äußerungen der öffentlichen Meinung schon am fünften Tag nach der Verhaftung in die Worte zusammen: ‚jedermann ist ob dieser Dinge höchst erstaunt. Obgleich man aber mit dem Prinzen großes Mitleid empfindet, so meint man doch, sein Vater habe gerechte Ursache zu solchem Verfahren gehabt.' ‚Der König', so meldet der französische Gesandte am 9. März, ‚braucht nicht zu fürchten, daß dieses Königreich bei seiner Abwesenheit kleine oder große Neuerungen vornehme, um den Prinzen, seinen Sohn zu befreien. Er wird gute Ordnung zu seiner Bewachung zurücklassen.'

Ähnlich schreibt auch der Kardinal Delfino dem Kaiser aus Rom am 6. März nur, ‚daß die Neuigkeiten aus Spanien' ‚alle Guten sehr betrüben, besonders der traurige Zustand des durchlauchtigsten Königs.' Wie wenig zutreffend sind dann doch aber die Nachrichten, welche derselbe hochgestellte Korrespondent gerade im April 1568 über die spanischen Zustände empfing und dem Kaiser zukommen ließ,[3] dessen Urteil über dieselben

---

[1] Auszüge bei Koch I 238, dann 205, Fourquevaulx 9. März: *bibl. nat. à Paris II* 254. Delfinos Depeschen im Wiener Staatsarchiv.

[2] *Doc. escog. p.* 405. Vgl. den Anhang.

[3] 17. April (S. 4) *un signor Spagnolo qualificatissimo* teilt ihm vertraulich mit (S. 5), *che per longo tempo el Ser$^{mo}$ Rè Catholico non è per uscire di Spagna, perchè in effetto la*

ohnehin schwankend genug war. Der König bleibe in Spanien um des Prinzen willen wegen drohender Unruhen besorgt, selbst in einer Art Gefangenschaft!
Der Leser wolle dem, auch durch die Königin so gut unterrichteten französischen Gesandten das Wort noch weiter für diesen 9. März gestatten.

‚Von Seiten des Prinzen gehen die Dinge ab, welche die Spanier zu Unordnungen ermutigen könnten oder die Massen zu seinen Gunsten zu ergreifen, selbst wenn es unter den großen Herren Kastiliens auch nur irgendeinen gäbe, der ein stürmischer und zum Aufstand geneigter Mensch wäre. Das ist aber durchaus nicht der Fall; vielmehr fürchten sie sehr stark die Regierung dieses Prinzen wegen seines wandelbaren und schreckenerregenden Geistes ‚so daß es weder im Mittelstand noch in den oberen Gesellschaftskreisen[1] jemanden gibt, der sein Leben oder Gut für ihn wagen möchte. Er ist einige Tag unwohl gewesen, wollte nichts essen noch sonst zu sich nehmen, bis sein Vater, wie man sagt, eines Morgens zwei Stunden vor Tag, ihn zu besuchen gekommen ist. Jetzt geht es ihm gut, und es ist ihm gestattet, die Fenster seines Zimmers zu öffnen, die Landschaft und die Vorübergehenden zu sehen. Auch sehen ihn die Ärzte bisweilen und sein Beichtvater sieht ihn sehr häufig. Er ist umgänglicher und geduldiger, als im Anfang seiner Haft geworden.'

## Der König am Zimmer seines Sohnes

Wir haben früher gesehen, daß Fourquevaulx zwei Wochen später die Nachricht von dem väterlichen Besuche einschränkte. Doch möchte ich die frühere Nachricht eher für wahr halten. Nicht als ob mich ihre Übereinstimmung mit den Berichten der aus dritter Hand schöpfenden Gesandten von Florenz und Venedig, beide vom 2. März, dazu veranlaßte. Etwas mehr Wert lege ich schon darauf, daß Cabrera ausdrücklich davon spricht, der

---

*pregionia del Principe causa un' altra quasi pregionia in Spagna alla propria persona del Rè, il quale, mentre che le cose del detto Principe non pigliano miglior verso, non pensarà a partire di Spagna (er hatte ganz andere Gründe!) et se pure partirá, uorrà andare in ogni altro luoco prima, che in Fiandra per esser quella provintia tanto remota da gl'altri suoi stati et circondata da Inglesi, Francesi et altra qualità de principi, delli quali non ha forse molto da confidare.* Es ist erstaunlich, daß solch nichtige Diskurse dem Kardinal zur Mitteilung geeignet schienen: *tutto sia per auuiso di V. M$^a$ Cesarea!* Die dem Kaiser zugesendeten italienischen, geschriebenen Zeitungen entsprechen für die Don Carlos-Frage freilich regelmäßig diesem Gerede.

[1] *Qu'il n'y a sieur ni personage de qualité.* Sachlich stimmt damit Dietrichstein am 13. April 1568 über Don Carlos' Unbeliebtheit: ‚stünden seine Sachen also, daß diese Lant die Venederung seiner Person mehr wünschen, dan verhoffen khunden'. Koch I 211. Die Zeitung im Albaarchiv schildert ihn bald nach dem Tod als ‚rauh und sogar grausam', ‚sehr blutdürstig, wild, anmaßend und gehässig'. *Doc escog.* p. 418, 421. Vgl. den Anhang.

König habe den von dreitägigem Hunger halbtoten Sohn besucht und getröstet; denn Ruy Gomez konnte nach des Prinzen Tode in Gegenwart von Cabreras Vater oder diesem selbst in seiner Jugend davon erzählt haben; aber Cabrera hat, wie schon Ranke[1] erkannte, für Haft und Tod des Prinzen eine unzuverlässig flüchtige Weise; so bringt er auch die Besuchsnachricht in eine unmögliche Verbindung mit des Prinzen späteren Exzessen und Todeskrankheit. Daß der König von Besuchen bei seinem irrsinnigen und gegen ihn erbitterten Sohn, als Zeichen der Schwäche und seiner Würde widerstrebend, nichts verlauten lassen wollte,[2] ist begreiflich. Aber sehr möglich bleibt doch, daß sein so stark ausgeprägter Familiensinn ihn mehrfach trieb, sich von des Unglücklichen Zustand persönlich zu überzeugen. Längst ist ein anderes, hierher gehöriges Ereignis aus einem Familienbriefe von Gomez Manrique, der am Hof anwesend war, an Peter Manrique, also Verwandten, vielleicht Brüdern Franz Manriques, besprochen worden. Der Letztere, als Bruder des Grafen von Paredes bezeichnet,[3] war einer der mit der Bewachung des Prinzen betrauten Herren. Der erbetene Besuch des Königs bei seinem Sohn in dessen Todesstunde unterblieb hiernach, weil der von beiden so hochgeschätzte Beichtvater Chaves abriet,[4]

,da doch Gott die Angelegenheit sehr gnädig gestaltet habe, und weil er sich nicht an etwas erinnern solle, was ihm Leid bereitete; er sendete, um den König zu bitten, daß er seiner Diener, insbesondere der ältesten, gedenken möge.'

Für frühere Besuche ist das selbstverständlich ohne Belang.

Vielleicht ist eine Tatsache dieser Art doch eher, als selbst die heilsame Einwirkung des Beichtvaters und der österlichen Kommunion geeignet zu erklären, was Fourquevaulx am 8. Mai seinem Hof berichtet. Der Prinz

---

[1] Don Carlos (1829) 237. Er hebt hervor, wie der bei Cabrera über die Rätlichkeit von des Königs Besuch bei dem sterbenden Sohn angeblich konsultierte frühere Erzieher desselben, nunmehrige Bischof, Honorato Juan, schon seit zwei Jahren tot war. Zweifelhaft ist auch, ob das Gutachten des zur Einsperrung des Prinzen rächenden Juristen, das er als einzig erhalten I. V II c. 22 p. 471 mitteilt, jemals dem König vorgelegen hat. Die Besuchsnachricht steht VIII p. 496 b.

[2] So würden sich mit Fourquevaulx' auch die bei Gachard, *Don Carlos II* 586 verzeichneten Widerrufungen der Besuchsnachricht bei dem venetianischen, genuesischen und florentinischen Gesandten erklären.

[3] *Doc. escog. p.* 416. Vgl. den Anh. und oben S. 245

[4] *Enbió a su padre que ya no quedava que desear, sino su benedizion, y el confesor avisó que no viniese* (so weit Ranke 238), *pues que Dios lleuaua el negocio bien g[rac]iodo y porque no se le acordase algo, que se le diese pena; enbió a suplicar al Rey se acordas de sus criados, especialmente ßa los mas antiguos.* Foscarinihandschrift der Wiener Hofbibliothek 6259 Blatt 627. Gachards und Anderer Zweifel, daß niemand dem König zu kommen abgeraten habe, erledigen sich hiermit.

habe zum Zweck des Sakramentempfanges trotz Zureden des Beichtvaters nicht ohne ausdrückliche Erlaubnis seines Vaters in das Nebenzimmer treten wollen, sondern das Abendmahl durch das Holzgitter empfangen. Auch sei er überhaupt, was der Nuntius doch etwas unsicher nur als Ergebung in das Schicksal der Haft am 1. Mai dem Papst gemeldet hatte, ‚milde und human gegen seine Gewohnheit geworden'. Am Ende bemerkt freilich der französische Gesandte: ‚in der Tat ist in ihm gar keine Hoffnung, daß er jemals vernünftig oder zur Thronfolge würdig werden könnte; denn sein Verständnis verschlechtert sich täglich'.

## Fürstliche Gefängnisordnung

Zu der milderen Stimmung, welche im Frühjahr nach jenem aufgegebenen Hungerversuch über Don Carlos kam, mochte mit den eben erwähnten Momenten – darunter die Luft und Aussicht durch das Fenster nicht ganz gering anzuschlagen – ein Anderes beitragen. Es war die definitive, verhältnismäßig überaus rücksichtsvolle und nicht mehr den menschlichen Verkehr ausschließende Vorschrift, welche für seine Bewachung von dem König am 2. März schriftlich gegeben wurde und sich noch im Archiv von Simancas findet.[1] Die früher gegebenen mündlichen Befehle, von denen Fourquevaulx doch schon bei dem Bericht über die Verhaftung sagte, sie entsprechen der Behandlung eines Prinzen von gutem Hause, wurden hierdurch allem Anscheine nach gemildert und den Diensthabenden die hohe Stellung des Kranken eindringlichst klar gemacht. Vielleicht wurden sie erst damals förmlich vereidigt.[2]

Unter Ruy Gomez' Leitung, dem sonst Freiheit für alles nicht besonders Vorgeschriebene gelassen wird, soll vor allem auf des Prinzen Bedienung, Tafel, Kleidung, Sauberkeit des Zimmers mit aller Ehrerbietung der Dienst gerichtet sein. Die Tür seines Zimmers soll stets angelehnt, nie geschlossen werden. Man sollte meinen, daß hierfür ein Abkommen zwischen Vater und Sohn geschlossen wurde, der, wie wir eben sahen, sich dem Beichtvater gegenüber gebunden hielt, nicht über die Türschwelle zu treten. Außer den sechs zum Dienst bestimmten Herren, eventuell Arzt und Barbier, und

---

[1] Gachard, *Don Carlos II* 587 bis 590. Ebendas. 595 die Stelle aus dem Brief von Hopperus an Viglius: *ut* [...] *laxius habeatur* [...] *satis mihi fit verisimile*.
[2] Cabreras Vereidigungsnachricht (oben S, 169) erscheint in der Zeitung der *doc. escog. p.* 416 (vgl. den Anhang) dahin bestimmt, daß Ruy Gomez dem Herzog von Feria das Gelöbnis ablegte, die sechs anderen an Ruy Gomez' Weisungen gebundenen Herren vor dem Staatsrat schwuren. Das alles stimmt besser zu der neuen Haftordnung.

den Kammergehilfen für niedere Dienstverrichtungen darf niemand das Zimmer betreten. Immer muß einer der Herren in dem Zimmer schlafen; die Anderen sollen nach der Reihe wachen, sämtlich vor der Nachtruhe zugegen sein. Innerhalb des Zimmers, nicht außerhalb ohne königliche Genehmigung, müssen des Prinzen Befehle vollzogen werden; nur über seinen Zustand zu reden, haben sie sich ‚entschuldigend' zu weigern. Alles im Zimmer Gesprochene muß im Nebenzimmer hörbar sein, nichts darf anderweitig mitgeteilt werden. Das Tragen von Waffen aller Art ist untersagt. Der Prinz wird in Gegenwart zweier Herren durch die nach dem Oratorium gehende Wandöffnung die von hierzu bestimmten Kaplanen zu haltende Messe anhören. Rosenkränze, Gebet-, Andachts- und ‚guter Lehre' entsprechende Bücher, aber keine anderen, erhält er nach seinem Verlangen. Erwähnte Herren haben ihm mit den in den Vorsaal gebrachten und von dort wieder abzuholenden Gerichten aufzuwarten. Jeder der Herren hat einen durchaus vertrauenswürdigen Diener zu seiner persönlichen Bedienung. Den Kammergehilfen und Hellebardieren sind in besonderen Artikeln ihre Pflichten vorgeschrieben.

Es scheint doch, daß Don Carlos diesmal durch seine Hungerkur wieder seinen Vater wie durch ein anderes Mittel früher zu einiger Nachgiebigkeit gebracht hat. Schon am 25. April schrieb einer der Madrider Niederländer nach Hause, der Prinz werde in Bälde gelinder behandelt werden.

**Exzesse in der Haft**

Daß nun nach allen den früher erörterten Vorbedingungen Schwachsinn und krankhafte Neigung des Prinzen täglich zunahmen, hat uns der französische Gesandte am 9. März 1568 bereits bemerkt. Auch darauf wurde hingewiesen, wie sein quälender Durst und seine unnatürliche Art, die Speisen zu verschlingen zunächst Folge und nicht Grund seiner Krankheit waren. In seiner ausführlichsten Klage über diese Exzeßgattung bemerkt Dietrichstein (22. Oktober 1565): ‚er trinkt nur Wasser, welches man ihm durch den Schnee seihen und im Schnee kühlen muß; dennoch ist es ihm kaum kalt genug', da nun in seinem Haftraum sich die Wärme eines Madrider Sommers fühlbar machte. Einer von Philipps II. modernen Feinden und Verteidigern seines Sohnes erweist den damaligen Gebrauch und die gleichzeitige medizinische Empfehlung von Schnee und von Stücken Eis zur Kühlung von Wasser und, mit Anwendung in geschlossenen Gefäßen, auch von Betten im Sommer.[1]

---

[1] *Adolfo de Castro, protestantes Españoles* (vgl. Oben S. 99) 369 ff.

Das Übermaß des Gebrauches dieser Kältemittel führt das königliche, im In- und Ausland verbreitete Rundschreiben über die letzte Erkrankung und den Tod des Prinzen gleich im Eingang an. Mit demselben muß man jedoch das Entschuldigungsschreiben verbinden, welches gleichzeitig der Staatssekretär Zayas an alle Gesandten bei fremden Höfen ergehen ließ.[1]

Hier heißt es, der Betreffende werde aus dem anliegenden Brief Seiner Majestät

,den Krankheitsgang und Tod des Prinzen unseres Herrn ruhmvollen Andenkens ersehen. Und es könnte sein, daß es Einzelnen schiene, den dort gemeldeten, von ihm verübten Unordnungen hätte entgegengewirkt werden können und müssen, und man hätte noch andere Bemühungen anzuwenden gehabt außer Überredung und Anflehen: man hätte ihm nicht geben sollen, was er, um sich zu schädigen, besaß, noch ihm gestatten, diese Exzesse solcher Art zu begehen. Hierüber werden Eure Herrlichkeit und alle diejenigen, welche mit Zustand und Naturanlage Seiner Hoheit bekannt waren, kein Bedenken hegen. Denn es ist sicher, daß, wenn dies Ziel bei ihm erreicht worden wäre, so würde er sich gewissen anderen Dingen hingegeben haben, welche gefährlicher für sein Leben, und, was schlimmer ist: für seine Seele gewesen wären.'

Der Leser wolle sich hier erinnern, wie dem Prinzen die Gefühle für Dezenz und Sauberkeit abhanden gekommen waren.

,Das verhält sich derart so, daß nichts Anderes getan werden konnte, insbesondere weil gemäß seiner physischen Beschaffenheit (*complexion*) und der Erfahrung, welche er solcher Art von derselben geliefert hatte und welche über Seine Hoheit vorhanden war, man nicht mit Grund befürchten mußte, daß es so unzuträglich für seine Gesundheit sein werde. In Wahrheit wäre es das auch nicht gewesen, wenn er nicht zu essen aufgehört hätte. Eben dies geschah durch so lange Zeit und an so vielen Tagen, daß, wenn er auch bei guter Körperbeschaffenheit gewesen wäre, er doch nicht hätte leben können, und für das Essen konnte nicht mehr Gewalt angewendet werden, und sicher ist er, nach der Art seines Endes, im Genuß eines besseren Lebens.'

Nur zu deutlich sieht man, wie sich der königliche Vater vor den widrigsten Alternativen dem anerkannten, für menschlichen Verkehr und vollends für Regierung unfähigen Thronfolger gegenüber befand. Er wäre allem Anschein nach schon im März Hungers gestorben, wenn nicht das gleichsam vertragsmäßige Reglement ihm fürstliche Willkür nach verschiedenen Seiten und insbesondere für seine Diät ermöglicht hätte.

Zur Bestätigung des gleich zu erwägenden offiziellen Berichts über die letzte Krankheit mag eine an den Hof des Erzherzogs Ferdinand nach Innsbruck gelangte entsprechende Schilderung schon hier erwähnt werden. Sie nennt keinen Adressaten; doch ist der Verfasser nach der Sprache ein Deut-

---

[1] *Coleccion* [...] *para la historia de España XXVII*, 38 bis 40. Einleitungs- und Schlußformel an die spanischen Städte und Behörden bringt mit Datierung vom 28. Juli 1568 Gachard, *Don Carlos* 694.

scher,[1] und nach dem kameradschaftlichen Ton des Einganges schreibt er einem Gleichstehenden. Hier ist die sonst neben den Exzessen in Wassertrinken und Speiseenthaltung nicht erwähnte Tatsache hervorgehoben,[2] daß der Prinz, angeblich am 17. Juli, eine kalte Pastete von Rebhühnern gegessen und bis an die 300 Unzen (ungefähr elf Liter) kaltes Wasser getrunken.

,Obwohl er sich darauf erbrochen, so hat er doch nachher weiter nichts mehr behalten können, auch kein Remedium helfen wollen. So war am 21. Juli, als es bekannt (laut Mär) wurde, schon keine Hoffnung mehr vorhanden gewesen, daß er am Leben bleiben werde.' Allgemeiner erzählt das nunmehr zu betrachtende Rundschreiben: ,Lange, ehe dieser Todesfall eintrat, machte Seine Hoheit bei Gelegenheit der Sommerwärme und im Vertrauen auf seine physische Beschaffenheit und sein Lebensalter einige bemerkenswerte Regelwidrigkeiten (*desórdenes*) in Bezug auf das, was seine Gesundheit betraf. Er ging fortwährend entkleidet, gleichsam ohne jede Art von Gewandung, und barfuß in dem Zimmer, das sehr befeuchtet war, und er schlief mehrere Nächte bei geöffneten Fenstern (*al sereno*) ohne jede Gewandung. Dabei trank er große Züge sehr kaltes Wasser mit Schnee nüchtern und legte sogar viele Mal selbigen Schnee in das Bett. Er aß regelwidrig und übermäßig Früchte und andere seiner Gesundheit nachteilige Dinge. Obwohl nun, um dies zu verhindern, von Seiten der bei ihm Dienst leistenden Personen alle möglichen Bemühungen statt hatten, so konnte in keiner Weise dagegen gewirkt noch er davon abgehalten werden, ohne daß man in andere größere Unzukömmlichkeiten gefallen wäre. Mit dieser Regelwidrigkeit kam es selbstverständlich zu einer Abkühlung der natürlichen Kraft und Wärme. Da er nun in dieser Verfassung war, entschied er sich, wie er es schon andere Mal getan hatte, in keiner Weise essen zu wollen. Bei dieser Entscheidung verblieb er durch elf Tage ununterbrochen. Weder durch Überredungen noch durch viele andere und verschiedenartige Bemühungen, welche man bei ihm anwendete, konnte er gewonnen noch bewogen werden, daß er irgend etwas Nährhaftes (*cosa de substancia*) aß oder zu sich nahm außer kaltem Wasser. Hierdurch kam er zu gänzlichem Verlust der natürlichen Kraft und Wärme, derart, daß, obwohl er später einige nahrhafte Brühen[3] Milch und Anderes zu sich nahm, so fand sich der Magen doch schon so verdorben und geschwächt, daß er gar nichts bei sich behalten konnte, und so kam er zum Verscheiden, ohne daß irgend ein Mittel ihm genützt hatte.'

---

[1] Mehr als Pfinzing (S. 228) ist als Verfasser der Jurist Wolfgang Griesstetter zu vermuten; am Reichskammergericht zu Speier beschäftigt, kam er in Dietrichsteins Gefolge nach Spanien und diente diesem ,treu' fünf Jahr d. h. bis 1569. In der demselben gewidmeten lateinischen Edition von Las Casas' Buch über das angebliche Königs recht der Vergabung von Untertanen (*Francfourti ad Moenum apud G. Corvinum* 1571. $4^0$ 67 s.) erzählt Griesstetter selbst diese Tatsachen.

[2] Im Auszug aus dem betreffenden Aktenstück des Innsbrucker Archives bei Joseph Hirn, Erzherzog Ferdinand von Tirol II (Innsbruck 1888) 232, Anm. 5.

[3] Über deren Bereitung vgl. oben S. 256 den Bericht Fourquevaulx'. Nie in dem Innsbrucker Bericht erwähnte kalte Rebhühnerpastete vom 17. Juli scheint doch, mindestens an diesem Tag, nicht von dem Prinzen verzehrt worden zu sein, wenn auch der in dem Rundschreiben erwähnte Termin des elftägigen Fastens an diesem Tag geendet haben mag. Denn unter dem Andren' (*otras cosas*), was er neben Bouillon und Milch zu sich nahm, kann man doch eine solche Speise kaum verstehen.

## Des Prinzen Hinscheiden

Das Rundschreiben des Königs an die auswärtigen Höfe schließt nach der Erklärung des Krankheitsverlaufes mit den Worten: ‚Sein Tod erfolgte mit solcher Gotteserkenntnis und Reue, daß er allen zu großer Befriedigung und zu Trost bei dem Schmerz und Mitleiden gereichte, welche dieser Fall mit sich bringt.'

Einfacher, wahrheits- und sachgemäßer konnte das Ereignis von dem nächsten, schwergeprüften Familienangehörigen den fremden Höfen nicht geschildert werden. Es ist dieselbe bescheidene Sprache, welche wir in der von dem Staatssekretär verlesenen Eröffnungsrede der Cortes im zweiten Jahr vorher bemerkt haben.

Der etwas widerwillige anonyme Verfasser des Innsbrucker Berichtes[1] fährt seinerseits nach der bis zur Hoffnungslosigkeit geführten Krankheitsgeschichte fort: Als der Prinz nun hierüber verständigt wurde, hat er sich so unerschrocken christlich darein geschickt und ergeben, daß man sich darüber wundern muß, d. h. man hätte es nicht erwarten dürfen.

‚Er hat gebeichtet, das hochwürdige Sakrament und mit großer Andacht und Ehrerbietung die letzte Ölung empfangen, ohne Unterlaß Gott den Herrn um Verzeihung und Vergebung seiner Sünden angerufen, und sich selbst angeklagt, wie gar undankbar er Gott und seinem Vater gegenüber gewesen, beide um Verzeihung gebeten und also ist er gar christlich am Freitag verschieden nach Mitternacht gegen den Samstag (24. Juli) und Sankt Jakobs Abend – Vortag des 25. – , wie er kurz zuvor selbst gesagt hatte, Gott seinem Herrn den Geist aufgebend, der ihm und uns allen gnädig und barmherzig sei. Amen! Es ist nicht zu schreiben, wie christlich er sich bis auf das letzte Schupferlein (Todeszucken) gehalten hat. Man hat ihn am Samstag hier in einem Kloster vorläufig (*in deposito*) nach seinem Verlangen beigesetzt mit so vieler Herrlichkeit und Gepränge, als in so kurzer Zeit möglich war, und es haben Ihre Durchlauchten (die beiden Erzherzog) das Begängnis begleitet. Für den ganzen Hof und das Land ist die große Trauer angeordnet worden, wie man sie für seinen Ahnherrn (Großvater) getragen hat. Der König ist gar weh (sehr tief) betrübt. Er wollte zu ihm gehen, ehe er verschieden ist. Die Räte haben ihn aber es nicht zu tun gebeten und des Prinzen Beichtvater selbst, weil er aller zeitlichen Dinge vergessen und keinen Gedanken mehr auf sie gerichtet hat.'

Ein Nachtrag auf der dritten Seite enthält nur die für die Auffassung des Schreibenden bezeichnende Notiz: ‚Gott der Herr hat ihm alles, was ihm im Leben gemangelt, zu einem Wohlsterben vorbehalten'.Diese deutsche Darstellung von des Prinzen Ende, wenn auch vielleicht irrig in jener Datierung

---

[1] Er beginnt: ‚Die eilend unversehene Ursach dieses Curriers laßt mich nitt Antwort geben, wie ich gern wollt, auf Euer Schreiben deß Datum den 11. Junij, so ich den 12. dito hab empfangen; dann neben dem, das ich wenig Zeitt hab und der Currier imer zwo Stunden wegfertig, so hab ich mit der unversehenen Clag' – die Traueranzeigen hatte freilich Pfinzing an die deutschen Verwandten und Fürsten zu besorgen – ‚und sonsten so vil zu thuen, das ich schier deß Euch zu avisieren kein Wille hab'.

vom 17. Juli, dürfte als die unmittelbarste und zuverlässigste unter den auf uns gekommenen zu betrachten sein.

Selbst der französische Gesandte zeigt sich nur noch am Tag der eingetretenen Todesgefahr am 21. Juli gut unterrichtet:[1] da zeichnete er noch die schlimme Wendung der Krankheit auf und daß der Prinz gebeichtet, aber in drei Tagen den Tod zu erwarten[2] habe. Daß er am Todestag, wie so viele andere, die Leiche sah, werden wir noch zu erörtern haben. Von der Königin erfuhr er nur, daß diese ihre Mutter ‚anflehe, derart zu verfahren, daß Spanien wisse, es mißfalle ihr, daß der König von Spanien seinen Sohn verloren habe'. Wir haben früher gesehen, daß der französische Hof trotz des Verlustes seiner Depeschen an des Prinzen Tod glaubte; er legte Trauer an und geriet darüber in eine wunderliche Differenz mit dem spanischen Botschafter. Seit dem 13. Juli hatte doch Fourquevaulx den König nicht gesehen, zunächst wegen der Anfangs leicht, dann immer stärker auftretenden Gicht-, genauer Podagraleidens desselben; seit dem 21. Juli war Philipp II. auch überhaupt für keinen Botschafter mehr zu sprechen. Er entfernte sich am 27. oder 29. von Madrid und blieb meist ganz einsam, wie es scheint nur für Ruy Gomez zugänglich, bis zum 21. September. Inzwischen hatte er, nach der Madrider kirchlichen Trauerfeier für seinen Sohn am 10. und 11. August, den Gesandten wieder Audienzen zu geben begonnen.[3] Eine neue Erkrankung der Königin hemmte dem Botschafter inzwischen auch von dieser Seite Mittel der Information.

Etwas besser ist selbstverständlich in diesem Fall der Nuntius unterrichtet; aber auch seine Depesche bringt kaum erhebliche Zusätze zu den, in dem offiziellen Rundschreiben und in dem Innsbrucker deutschen Bericht enthaltenen Nachrichten, während die Krankheitsgeschichte an Übersichtlichkeit und Pünktlichkeit zu wünschen läßt. Nur von ihm erfährt man doch, daß Don Carlos bei der gefährlichen Wendung der Krankheit zuerst, wohl am 20. Juli, des Beichtvaters wie des Arztes Hilfe zurückwies. Dann sei plötzlich, wohl am 21. Juli, eine Wandlung in seinem ganzen Wesen mit

---

[1] Gachard, biblioth. nat. à Paris II 259 bis 262 und Don Carlos 697 bis 699. Ebendaselbst p. 691 bis 697 des Königs und des Nuntius Briefe, p. 699 bis 705 die Relationen der Gesandten von Venedig, Florenz, Genua, p. 766, ein italienischer brauchbarer Bericht an die englische Regierung p. 707, ein noch besserer aus Bersozas kritischer Sammlung, der aber, wie sich sofort ergiebt, aus der römischen geschriebenen Zeitung mit dem Datum Madrid, 25. Juli genommen ist. Dietrichsteins Bericht über Non Carlos' Ableben scheint seit langer Zeit, sicher seit der Mitte dieses Jahrhunderts, verloren.
[2] et ne sçaurait être en vie d'icy à trois jour. Bibl. nat. II. 260.
[3] Madrider Zeitung über die Trauerfeier und Predigt, Zayas an Alba über die Audienzen am 14, August 1568. Doc. escog. p. 421 und 411. Vgl. den Anhang,

Bereitwilligkeit für geistlichen wie ärztlichen Beistand eingetreten. Noch an diesem Tag habe er seinen Tod, mit artigen Worten für die Bemühungen, auf den 24. Juli, die Sankt Jacobs-Vigilie, vorausgesagt. Nach seinem Wunsch habe er sein frommes Ende in Franziskanerkleidung gefunden, welcher dann noch die Dominikanerkapuze beigefügt wurde. Das entspricht in der Tat den von uns (S. 123) in seinem ersten Testament betrachteten Bestimmungen über diese beiden Orden. Nur von dem Nuntius vernimmt man überdies, daß der König auch der Königin und der Prinzessin Johanna Besuch ‚als beiden Teilen unzuträglich' nicht zugelassen hat. Über den König bemerkt der Nuntius noch, was nicht eben wahrscheinlich ist:

> ‚ich glaube, daß er im Anfang das Schlimme nicht geglaubt, sondern es für Verstellung gehalten hat, um aus dem Gefängnis ledig und frei gelassen zu werden. Ich vernehme, daß der König diesen Tod sehr empfunden hat, aber als Christ mit Geduld erträgt'.

Die Formen königlicher Bestattung, bei welcher der Sarg stets von Granden getragen wurde, findet der päpstliche Gesandte ‚einem solchen Prinzen entsprechend'. Der französische Gesandte spricht doch am 1. August seine Verwunderung aus, daß die Trauervorschriften wie für einen König angeordnet, alle Bewohner von Madrid neun Tag zu schwarzer Kleidung, Hof und Angestellte für ein Jahr zur Trauer genötigt wurden.

Von des Königs persönlichen, durchaus in einfacher Wahrheit gehaltenen Briefen über das Ereignis sind die, an den Kaiser wie den Papst und Alba gerichteten nur durch Ausdrücke warmer und dankbarer Empfindung für das fromme und reuevolle Ableben des Sohnes bemerkenswert. Auch hierüber, doch erregter und ausführlicher, schreibt er an die Kaiserin; aber diese geliebteste Schwester erinnert er an die Erleichterung, welche ihm der Gedanken an ihr zärtlich geschwisterliches Verhältnis gewähre und sein Glauben an die Wirksamkeit ihrer Gebete für ihn selbst. Der nach verschiedenen Seiten sehr belehrenden Todesanzeige an den Erzherzog Ferdinand werden wir noch in einem anderen Zusammenhang zu gedenken haben.

Wie geringen Wert haben doch unter diesen Umständen des venezianischen Gesandten und ferner Stehender Bemerkungen über Philipps bewährte ‚große Härte ja Grausamkeit' durch Nichtgewährung des Besuches bei dem sterbenden Prinzen von seiner und der fürstlichen Damen und anderer' Seite. Doch muß man sagen, daß die erste italienische, natürlich nur geschriebene Zeitung, welche von Rom aus dem Kaiser zukam[1] und die aus-

---

[1] Wiener Staatsarchiv Romana 1568, Links neben dem ganzen Bericht über Don Carlos' Tod geht ein schwarzer Tintenstrich, welcher nach mir gütig mitgetheilter, auf eine Untersuchung mit der Lupe be gründeter Ansicht nicht viel jünger als die Schrift selbst ist und auf des Kaisers Hand zurückgehen könnte. Das Schreiben dürfte mit der am 4. Sep-

führliche Todesnachricht unter dem Datum Madrid 23. Juli enthielt, bereits vor ,anderen Neuigkeiten und abweichenden Meinungen' auch über die Ursache des Todes warnt, welche im Volk umlaufen.[1] Der Verfasser ist über manche Dinge besser unterrichtet, als die drei weltlichen italienischen Gesandten, namentlich über die letztwilligen Verfügungen. Er zuerst erwähnt, daß Don Carlos unmittelbar vor dem ihm als nahe bevorstehend angekündigten Tode die Umstehenden, zu denen auch der sonst allein genannte Beichtvater gehört, ersucht habe, ihn zu unterstützen, das von Kaiser Karl V. Lippen in der Sterbestunde gehörte Gebet zu sprechen. ,Da überkamen ihn Zuckungen, unter denen er verschied.[2] Es sind die ,Schupferlein', von denen der Innsbrucker Bericht meldet. Die Zeitung gibt dann die nicht sicher zu deutende Nachricht: ,in diesem Moment machte die Majestät des Königs' eine Erzeigung als Vater wahrhaftig wie er war'. Wir wissen, wie der König nichts von den Äußerungen seiner Gefühle ins Publikum dringen lassen mochte. Die seltsamen Worte dürften demnach nur andeuten, daß der durch Gicht an den Sessel gefesselte König im Stockwerk über dem Sterbezimmer, von dem Eintritt der letzten Zuckungen benachrichtigt, in väterlichem Schmerz den verlorenen Sohn der göttlichen Gnade empfohlen habe.

Bei Cabrera (*III*, 5) findet sich eine, vermutlich aus gesteigerter Überlieferung dieser Tatsache entstandene Nachricht über diese Liebesäußerung des Vaters. ,Einige Stunden vor seinem Hintritt, zwischen den Schultern des Prior Antonio und Ruy Gomez', erteilte er ihm seinen Segen und zog sich in sein Zimmer zurück mit größerem Schmerz und weniger Sorge.'

Daß der König ,zwischen den Schultern', d. h. auf die Arme jener beiden Herren gestützt, die Segensworte aussprach, gibt dem Bericht insofern Wahrscheinlichkeit, als Philipp II. in dieser Nacht durch sein Podagra allein zu gehen gehindert war. Dennoch scheint mir die Mythenbildung aus der in des Königs eigenem Gemach erfolgten väterlichen Liebesbezeigung wahrscheinlicher.

---

tember aus Rom abgegangenen, am 19. dem Kaiser zu gekommenen Sendung des Grafen Arco angelangt sein.

[1] *Che il volgo publicà.*
[2] *Che l'aiutassero a dir una oratione che disse l'imperatore Carlo, quando morì, et all'hora lo soprapresero parasismi, per I quail mancò. Et in questo ponto la Maestà des Rè fece dimostratione di Padre veramente come Gl'era.* Bei Bersoza liest man nach *l'imperatore: il qual sia in Gloria, quando morì. Gli (?) presero alcuni parosismi et Sua Maestà fece effetto di padre.* Die dunkle Andeutung ist durch die Veränderung nicht heller geworden.

## Letztwillige Anordnungen

Am 22. Juli diktierte der Prinz ein zweites Testament demselben, nunmehr ihm zugewiesenen[1] Sekretär, welcher vor zehn Jahren den gleichen Dienst seinem Großvater erwiesen hatte. Über den Inhalt desselben sind wir nicht mehr nach dem Original unterrichtet, welches mit den übrigen Don Carlos betreffenden Papieren aus Philipps II. Nachlaß im September 1598 verbrannt worden sein wird. Doch liegen in dem italienischen, an den englischen Hof gelangten Bericht vom 1. August, in dem des venetianischm Gesandten vom 31. Juli, in der Zeitung vom 25. Juli und in einer Anzahl, einzelne dieser Angaben bestätigender Rechnungsaufzeichnungen[2] aus den nächsten Jahren im Archiv von Simancas, Anhaltspunkte genug vor, welche schon dem verewigten Herrn Gachard ermöglicht haben, die wesentlichen letztwilligen Anordnungen zusammenzustellen. Es ist die Verfügung über einen großen fürstlichen Nachlaß, freilich auch mit Geständnis von Schulden, welche dem doppelten Betrag der mütterlichen Erbschaft gleichkommen. Der König wird mit demütiger Bitte um Vergebung und freundliches Gedächtnis um ihre Tilgung gebeten. Den Freunden und den früheren Dienern wie den Herren, welche ihn zu bewachen hatten, werden Worte des Dankes und Legate zuteil, größere dem Beichtvater, einigen Klöstern und Kirchen. Nach den Rechnungsdaten zu schließen, hat der König die Legate doch, mindestens so weit sie geistlicher Art waren, erst nach zwei und drei Jahren, vielleicht auf Wunsch der neuen Königin Anna, den Betreffenden übergeben lassen.

## Totenschau

Mit sorgfältigem Geheimnis war die Schmach des Wahnsinns, an welchem der Thronerbe litt, verhüllt worden. Die üble Nachrede begann schon in

---

[1] Das entnehme ich freilich mit Gachard 607 nur Cabrera a, a. O. 496.
[2] *Coleccion de documentos para la historia de España XXVII* 95, 96, 114—117 auch schon von Gachard 609 benutzt, dem zwar nicht die Zeitung vom 28. Juli, aber der für den Testamentszweck ausreichende Auszug bei Bersoza ebenfalls zu Gebote stand. Vgl. oben S. 271 Anm. und S. 276 Anm, Nas von dem Beichtvater Diego de Chaves am 14. August für den Garderobemeister ausgestellte Certificat a. a. O. XXVII 114 berechtigt denselben nur zur Übergabe gewisser Gegenstände an eine Anzahl vornehmer Herren, Ruh Gomez und der Herzog von Rioseco an der Spitze, und an ein Nonnenkloster. Andere Vergabungen, wegen deren die Erben des Gaderobemeisters nach dessen Tode 1584 Entschädigungen verlangen, scheinen dem Beichtvater nicht als von dem Prinzen angeordnet bekannt gewesen zu sein.

Madrid, wie die Warnungen vor Vulgärgerüchten beweisen. Dann bildeten sich vornehmlich in Italien und Frankreich rasch genug über Krankheit und Ende des verhafteten Prinzen Mythen, welche im Jahr 1606 mindestens für die Todesart zum Äußersten gelangt sind. Da ließ P. Matthieu[1] in seiner Geschichte Frankreichs in Paris drucken, Don Carlos sei wegen Verbindung mit Häretikern von der Inquisition für einen Ketzer erklärt, wegen Mordabsicht gegen seinen Vater aber zur Hinrichtung verurteilt und diese von vier Sklaven durch Erdrosselung vollzogen worden: Andere haben dann Enthauptung zu erfinden vorgezogen. Da fehlte nur noch ein Liebesverhältnis mit der schönen Königin Elisabeth und dieses hat der Savoyarde Saint Réal in der zweiten Hälfte dieses 17. Jahrhunderts geliefert. Bis heute wirkt seine Erfindung durch[2] Schillers unsterbliche Dichtung nach.

In der Tat hat des Hingeschiedenen Familie, zunächst der König, nichts versäumt, um über die Natürlichkeit des Todes dieses unglücklichen Fürsten keinen Zweifel zu lassen. Der an die Regierung von England gekommene anonyme Bericht vom 1. August 1568 beginnt: ‚Am 24. Juli starb der Prinz Karl und wurde an demselben Abend mit vieler Feierlichkeit geöffnet und es wurden ihm die Eingeweide ausgenommen'. Der, mit diesen nur die Sektion betreffenden Worten geschilderten, Einbalsamierung ging aber das hierauf in geschachtelten Partizipialsätzen erzählte Verfahren voraus, welches die eigentliche Feierlichkeit ausmachte.

‚Es waren zuvor die Gesandten und alle Großen des Hofs zum königlichen Palast gegangen.' Es geschah ‚in dem Zimmer, in welchem sein Körper sich befand. Als sie hier gegenwärtig waren, ließ Ruy Gomez die Urkunde der Zurückstellung (*restitutione*) aufsetzen, daß, nachdem er von Seiner Majestät die Leitung (*governo*) des genannten Prinzen erhalten habe, er ihn gegenwärtig in der Weise zurückstelle, in welcher er sich nach Gottes Gefallen finde, worauf einige von denen, welche ihm gedient hatten, bestätigten, daß es sein Körper sei. Hierauf wurde er von den Herren Granden in einen Bleisarg gehoben und in die Kirche gewisser Nonnen getragen, begleitet von dem ganzen in Trauer gekleideten Hof. Nachdem der Gottesdienst beendet war, wurde genannter Körper in gleicher Weise, d. h. wohl mit Abfassung einer zweiten Urkunde provisorisch der Abtei übergeben, im Chor beigesetzt, um ihn später in die im Bau befindliche Kirche des Escurial zu tragen'. Den Gesandten muß bei der Feierlichkeit und Einbalsamierung im Turmzimmer des Palastes der Anblick der Leiche schwer, aber in der Kirche ermöglicht gewesen sein. Minde-

---

[1] Ranke zur Geschichte des Don Carlos 234.
[2] Auf einige Zwischenglieder weist hin: Ludwig Geiger, zu Schillers Don Carlos. Beilage zur (Münchener) Allgemeinen Zeitung 1891 N. 33, 2. Februar.

stens schreibt der französische Botschafter[1] am 26. Juli: ‚Ich habe sein Gesicht gesehen, als man ihn bei den Dominikanerinnen beisetzte. Es war nicht durch die Krankheit entstellt (*deffait*),' ‚außer daß es ein wenig gelb war, aber ich vernehme – wohl von den bei der Hebung des Leichnams beschäftigt gewesenen Granden – ‚daß er nichts als die Gebeine am Rest (*par le suplus*) des Körpers hattet. Wie es scheint, ist selbst bei der provisorischen Beisetzung zunächst der Bleisarg offen oder doch das Antlitz sichtbar geblieben.

Der Bericht des Nuntius vom 27. Juli läßt sich auf die Totenschau nicht ein, dient aber zur Ergänzung der beiden anderen.

> ‚Das gemeine Volk zeigt darob Schmerz und auch Einige von den Vornehmsten und Granden Spaniens, welche nicht an der Regierung sind (goverano), und welche in ihren Häusern bleiben. Geladen wurden alle Gesandten, den Körper zu Grabe zu geleiten. Der wurde am 24. begraben, nachdem erwähnter Körper immer von den Granden Spaniens, Herzogen, Markgrafen, Grafen und anderen, welche sich am Hof fanden, getragen worden war. Und er wurde begleitet von den beiden Prinzen von Böhmen, indem der ältere in der Mitte zwischen dem jüngeren Bruder und dem Kardinal-Präsidenten (Espinosa) ging und nach ihnen folgte der Nuntius in der Mitte der anderen Gesandten von Königen, d. h. des Kaisers, Frankreichs, Portugals und Venedigs – Polen wurde, vermutlich wegen Vortrittsstreitigkeit mit Portugal, nicht berufen –; dann folgte der ganze Hof und eine Menge von Leuten, alle in Trauer und mit einem, für einen solchen Prinzen geziemenden Pomp.'

Wenn auch nach diesem Bericht sich einige Granden vom Totendienste zurückhielten, so war der König doch der Ergebenheit aller übrigen vollkommen sicher, wie aus den eben wiedergegebenen Berichten und aus der früher erwähnten Lissaboner Sammlung ihrer Antworten auf die Anzeige der Verhaftung des Prinzen hervorgeht. Auch hat der König diesem für die Wirksamkeit seiner Regierung wichtigsten Stand mit vollem Vertrauen und Herzlichkeit das Hinscheiden seines Sohnes gemeldet.

Eine Abschrift des betreffenden Rundschreibens vom 27. Juli findet sich unter den dem Kaiser im Jahr 1568 zugegangenen Briefen im Wiener Staatsarchiv. Das Stück zeigt freilich durch das Wasserzeichen des Schwanes italienische Herkunft des Papieres, kann aber nach den früher mitgeteilten Erfahrungen deshalb doch in Madrid geschrieben sein, wie denn auch die Überschrift spanisch abgefaßt ist. ‚Kopie des Briefes Seiner Majestät, an die Granden von Spanien über den Tod seines Sohnes'.

> ‚Erlauchter Vetter! Sonnabend, als man 24 Tage des Monats Juli zählte, hat es Unserem Herrn gefallen, den durchlauchtigsten Prinzen Don Carlos, unfern sehr teuren und sehr geliebten Sohn, zu sich zu nehmen, nachdem er die heiligen Sacramente mit großer Devotion drei Tage früher empfangen hatte. Dem Ende war so christlich und das eines so katholen Prinzen, daß es uns viel Trost bei dem Schmerz und dem Leid gegeben hat,

---

[1] Gachard, *Don Carlos* 708, 698, 696 die betreffenden Bericht nach England, Frankreich und Rom.

welches ich um seinen Tod rage. Daher soll man mit Grund von Gott und dessen Erbarmen hoffen, daß er ihn zu sich genommen hat, um die Ewigkeit zu genießen. Hiervon habe ich Euch, wie es recht ist, benachrichtigen wollen, damit von Eurer Seite die Bezeugung und Empfindung statt habe, welche herkömmlich ist und von Euch als so treuem Vassallen und Diener erwartet wird.'

## Todesanzeige an Erzherzog Ferdinand

Wir haben der am 26. Januar 1568 wie an andere deutsche Fürsten, so, mit nicht eben erheblichen Veränderungen, auch an den Erzherzog Ferdinand ergangenen Anzeige von des Kronprinzen von Spanien Verhaftung früher gedacht. Man wolle sich bei dieser kühlen, ob auch die Blutsverwandtschaft hervorhebenden Mitteilung doch vergegenwärtigen, daß der König manchen Grund zu wärmeren Tönen diesem Vetter gegenüber gehabt hätte. Ferdinand war kaum zwei Jahr jünger als Philipp selbst. Er war Beherrscher eines erheblichen Ländergebietes, wichtig für die Kommuni-kationen zwischen den italienischen und niederländischen Besitzungen des Königs. Außer Tirol gehorchten ihm auch die sämtlichen schwäbisch-alemannischen Gebiet des Hauses Habsburg mit Einschluß der einen großen Teil des Elsaß begreifenden. Dazu war dieser Erzherzog von zweifelloser und vielbewährter katholischer Gesinnung, recht nach Philipps Sinne, überdies maßvoll und entschlossen, in des Königs niederländischen Verwickelungen stets zu tätiger Hilfe bereit. Trotzalledem gab es aber eine Seite in Ferdinands Leben, welche Philipps fürstliche Standesempfindungen peinlich berührte: seine Ehe mit einer Unebenbürtigen. Sehr ernst hat der König von Spanien diesen Umstand genommen und nach seiner Situation wohl nehmen müssen. Noch zwölf Jahr nach Philippine Welsers, im April 1580 erfolgten, Tod ließ er es lieber zum unvermeidlichen und definitiven Bruch mit dem tirolischen Vetter kommen, als daß er einen Sohn desselben trotz Ferdinands Bitte an dem spanischen Hof zugelassen hätte.[1]

Die Anzeige von Don Carlos' Tod erfolgte jedoch an denselben (26. Juli 1568) mit Paul Pfinzings ganz erträglichem Kanzleideutsch in herzlich verwandtschaftlichen Formen.

Der Wortlaut wird wohl ähnlich sein, wie an den jüngsten Vetter Erzherzog Karl, von dessen in kaiserlichem Auftrage zu gewärtigender Ankunft man im Alcasar von Madrid bei Eintritt des Ereignisses noch nicht in Kenntnis gesetzt war. Es wird anzunehmen sein, daß die spanische Bot-

---

[1] Joseph Hirn, Erzherzog Ferdinand I 162ff. II 231-236, 339, 238

schaft in Wien die bei des Erzherzogs Reise nach Spanien gegenstandslos gewordene Benachrichtigung zurückgesendet oder bis auf weitere Order zurückgehalten und etwa nach deren Anlangen vernichtet hat. Möglicherweise taucht sie aber doch noch in einem Provinzialarchiv auf.

In der Todesanzeige bezieht sich der König freilich darauf, daß er seinem ‚Botschafter bei der Kaiserlichen Majestät, dem von Chantonay, angeregten Falles halber alle' Einzelheiten (‚Gelegenheit') schreiben und dieser den Erzherzog näher verständigen solle. Aber nicht von dem kranken Chantonay, sondern von dem in außerordentlichem Auftrage in Wien anwesenden zweiten spanischen Gesandten Ludwig Venegas ist die Sendung am 28. August erfolgt. Dieser läßt sich, zwar in schöner großer Schrift,[1] aber doch nur auf einer Seite mit folgenden, aus dem uns bekannten Rundschreiben nachlässig ausgezogenen Worten vernehmen. Durch den anliegenden Brief des Königs ‚wird Eure Hoheit vernehmen, wie Gott den Prinzen meinen Herrn am 23. Juli hat zu sich nehmen wollen. Die Krankheit wurde durch Exzesse verursacht, welche Seine Hoheit gewohntermaßen machte, indem er Früchte aß und Wasser mit Eis trank. Das hat ihn derart überladen, daß es ihn in vier oder fünf Tagen zum Himmel sendete. Der König zweifelt nicht an Eurer Hoheit Gefühl hierüber, wie recht ist, und er einem so guten Verwandten Nachricht zu geben nicht unterlassen konnte.'[2] Diese dürftige Aufklärung ist für den Erzherzog durch den Schlußsatz nicht aufgehoben worden, welcher die läppische Wendung mit dem Wunsch nach besseren Neuigkeiten bringt und des Adressaten durchlauchtigste Person nach aller seiner demütigen Diener Verlangen Gott befiehlt. Die noch folgende Formel des Handkusses füllt die sachlichen Lücken ebenfalls nicht aus.

Der König beginnt wieder, wie bei der Haftnachricht, mit seinem Titel, dessen Schlußwort ‚Tyrol' der Erzherzog in seiner Antwort wie damals so jetzt als, eine Anmaßung betrachtet und durch das Wort ‚Artoys' ersetzte:

> ‚Mir Philipp von Gottes Gnaden Khunig zu Hispanien, baider Sicilien etc., Ertzherzog von Österreich, Hertzog von Burgundj, Brabant, Mailand etc. Grave zu Habspurg, Flandern und Tyrol etc., embieten dem durchlauchtigen Fürsten Herren Ferdinanden, Ertz-

---

[1] Die Form ist wohl etwas ungeniert: *Serenissimo Principe! Con esta embió a Vuestra Alteza una carta del Rey que ha llegado agora etc.* Etwas förmlicher ist doch der Schluß: *De V. A$^a$ muy humilde cryado y sus serenissimas mano beso.* Statthaltereiarchiv Innsbruck.

[2] Nach den oben (S. 284) erwähnten Einleitungsworten: (agora) *por la qual entendera V. A., como Dios ha querido llevar para sy al principe mii Señor al los XXIII* (sic!) *de Julio. La enfermadad fue causado de excesos que hazia Su Alteza al solito en comer frutas y bever con yelo, y le cargó de tal manera, que en quatro o cinco dias le embió al cielo, y no dubda el Rey, que V. Al$^a$ sentira esto, como es razon y como á tan buen pariente no ha podido dexar de avisarselo.* Auch des Königs mitgesendeter Brief ist selbstverständlich in demselben Archiv wie dieses Stück erhalten.

hertzogen zu Österreich, Hertzogen zu Burgundj etc., Graven zu Habspurg und Tyrol etc. Unserm besondern freundlichen lieben Vettern Unser Freundschafft, vetterlichen, genaigten gueten Willen und alles Guete. Durchleuchtiger, besonder freundtlicher lieber Vetter!'

Man sieht, wie der König auf das genaueste die im deutschen Fürstentum und speziell im habsburgischen Hause üblichen Formen wahrt; aber es hieße die Geduld des Lesers doch auf eine zwecklose Probe stellen, wenn ich den folgenden Inhalt des Briefes in den unbeholfenen Kanzleiformen des sechzehnten Jahrhunderts weiter vorlegen wollte.

In ‚freundlicher Meinung und mit bekümmertem Gemüt' zeigt er an, daß

‚weiland der durchlauchtige Fürst Herr Carl Prinz zu Hispanien etc. unser freundlich geliebter Sohn vor wenigen Tagen unversehens in eine tötliche Krankheit gefallen und vorgestern am 24. dieses Monats Juli um ein Uhr vor Tag gestorben sei,'

wobei der religiösen Vorbereitung und Haltung desselben nochmals in den oben erwähnten Formen gedacht wird.

‚Er sei in Gott verschieden mit großer Andacht und trefflicher innerer Reue und Zerknirschung ganz christlich, gottselig und dermaßen vernünftig.'

Der letztere Ausdruck stimmt zu des Nuntius Worten, daß vor seinem Tode der gute Geist in ihm gewachsen sei.[1] Auch der uns zuletzt noch in dem Brief an die Granden entgegengetretene Ausdruck der überirdischen Hoffnungen für den Verstorbenen fehlt nicht. Ähnlich wie dem Kaiser und Papst wird auch diesem Vetter gesagt, er werde sich ‚aus Anleitung der Natur und beiwohnendem Verstand' Schmerz und hohe Bekümmernis des Vaters vorstellen können. Er gibt übrigens auch der Hoffnung Ausdruck, daß Gott ihm nach einem solchen Mißgeschick etwas Glückliches zuteil werden lassen, ‚Uns in Anderem für solches Leid gnädig ergötzen' werde.

In einem besondern Satz wird dann auch hervorgehoben, des Königs Mitteilung erfolge wegen naher ‚Sypschaft und Pluetsverwanthums', mit welcher Ferdinand dem nun Toten ‚zugetan gewesen' und welche auch den König berühre; dementsprechend kenne er das ihm von dem Vetter zuteil werdende ‚kummervolle Mitleid'. Wie in den übrigen persönlichen Briefen, am stärksten an die Kaiserin, wird doch auch hier neben jener Hinweisung auf die Gesandtennachricht bemerkt, daß ‚die billige und väterliche Bekümmernis, wie Euer Liebden vernünftig ermessen werden' durch ‚die vielfältige Erinnerung' sich ‚nicht mindert', d. h. steigert und immer peinlicher wird. Doch wolle er das in Gottergebenheit geduldig und dankbar ertragen.

---

[1] [...] *pareva che quanto più se gli augmentava il male et gli mancava la virtù, tanto più gli crescesse lo spirito buono.* Gachard, *Don Carlos* 696.

Er schließt damit, er sei dem Erzherzog ‚wie alwegen zu aller freundlichen, vertraulichen Willfährigkeit ganz geneigt', also frei von jeder Verstimmung.
Der Brief ist am 7. September in Innsbruck angelangt, am 8. zur Antwort bestimmt und diese ist am 14. abgeschlossen worden. Zum Verständnis dieser Antwort sind doch noch andere Erwägungen erforderlich.

## Familienrechtliche Ansprüche der Agnaten

Wie weit ein Entmündigungs- und Haftverfahren gegen einen zweiundzwanzigjährigen Prinzen des habsburgischen Fürstenhauses, einen Erzherzog, ohne Zuziehung eines Familienrats nach Herkommen oder Vorschrift zulässig war, ist mit dem uns zu Gebote stehenden Material nicht bestimmt zu sagen. Wir haben früher bemerkt, wie ausdrücklich der König bei der Benachrichtigung des Kaisers von der Einsperrung des Thronerben weitere Beratung mit diesem seinem Schwager und Vetter und eventuellem Schwiegervater des Prinzen in Aussicht stellte. Hier kommt denn doch auch der Wortlaut in Betracht.[1]

> ‚Und weil über das, was im Fortgang dieser Angelegenheit weiter folgen wird, und über alles, worüber dabei Eurer Hoheit Kenntnis zu geben sein wird, ich zur Benachrichtigung in so eingehender Weise schreiten werde, wie es unser brüderliches Verhältnis verlangt, so werde ich nunmehr dieses mit der kaiserlichen Person Eurer Hoheit, welche Gott schützen möge, nach Wunsch zu Ende führen.'

Außer dem erwähnten persönlichen Verhältnis zu dem Vetter und Schwager erkennt, wie es scheint, Philipp den rechtlichen Anspruch desselben an, bei allen weiteren Schritten in dem Verfahren gegen Don Carlos um sein Gutachten angegangen zu werden. Solchen Anspruch hat er als König von Spanien niemand zugestanden; er erkennt ihn an, wie mich dünkt, bei einem Glied der Habsburgischen Familie.

Und in gleichem Sinne hat allem Anschein nach, trotz einigen Schwankens, der Kaiser selbst sein, und als Senior des deutschen Zweiges der Familie, seiner beiden Brüder Recht gefaßt, in dieser Frage neben König Philipp mitzureden. Selbstverständlich gehörte dazu die Grundlage der Feststellung von nicht eigentlichem oder konstatiertem Wahnsinn des Prinzen.

---

[1] *Y porque de lo que mas sucediere en el progreso d'este negocio, y de todo lo que en él huviere de que dar noticia á Vuestra Alteza le yré avisando tan particularmente, como lo requiere nuestra hermandad, acabaré agora (?) esta con, que Dios guarde, la imperial persona de V. Alt$^d$ como deseo.* Philipp an Maximilian II. am 21. Januar 1568. Gachard a. a. O. 652.

Diese Feststellung hatte der Kaiser von seinem Botschafter Dietrichstein bei Gelegenheit der österlichen Kommunion des Prinzen in der Depesche vom 22. April 1568 mit dem günstigen, mündlichen Zeugnis des Beichtvaters erhalten und sich, zufällig drei Tage nach Don Carlos' Tod, zu dem ganz eigenhändigen Brief an den König entschlossen, in welchem er am 27. Juli 1568 die Intervention durch seinen jüngsten Bruder, den Erzherzog Karl ankündigt,[1] von welchem übrigens keine selbständige Meinungsäußerung über die Don Carlos-Frage erhalten zu sein scheint. Wir wissen, wie rücksichtsvoll und auch dem Kundigen kaum erkennbar, das geschah.

Schon zwei Tage vorher – in jenem bei Betrachtung der niederländischen Angelegenheiten[2] bereits erwähnten Brief, in welchem er sich verwahrt, ‚mit Spanien unter der Decke liegen' zu sollen – hatte er seinem Bruder Ferdinand von der Absicht Nachricht gegeben. Diesen Brief zu würdigen, mögen folgende Erwägungen dienen.

Gewiß läßt sich die vermutete Entfremdung der Herzen' hinter den höflichen Formen des schriftlichen Verkehrs beider Brüder in diesen Jahren nicht erweisen.[3] Die zwischen beiden schwebenden, oft recht peinlichen ökonomischen Differenzen, wie sie die Innsbrucker Akten zeigen, sprechen immerhin, wie mich dünkt, eher für als gegen die Entfremdung. Zudem enthält eine Depesche Dietrichsteins eine Benachrichtigung ‚über die Pratiken des Erzherzogs' in Madrid, vor welchen der König bereits von dem Kaiser gewarnt worden war.[4] Endlich ist die entschlossen katholische und der spanischen Politik in den Niederlanden, im Gegensatz zum Kaiser,[5] ganz offen günstige Auffassung des Erzherzogs erheblich, um die schwer begreifliche Seltsamkeit des ganzen kaiserlichen, nach Innsbruck gerichteten Briefes vom 25. Juli zu würdigen, welcher für die Frage des Interventionsrechtes der Habsburgischen Agnaten in Don Carlos' Angelegenheiten immerhin wichtig genug ist.

Er beginnt mit der ‚beschwerlichen Irrung und Mißverstand' zwischen dem König und seinem Sohn. Es sei ‚so weit gekommen, daß seine Liebden gedachtes Prinzen Person in Custodi genommen und bisher darin ganz strenglich, daß ihm auch aller Zugang abgestrickt, enthalten haben lassen'.

Dann wird über Albas Verfahren in den Niederlanden gesprochen, wel-

---

[1] *Coleccion* [...] *para la historia de España XXVII* 26 f.
[2] Ich benutze früher die dort erwähnte, zum Teil den Wortlaut gebende gütige Mitteilung des Briefes von Herrn Professor Dr. Hirn.
[3] Hirn, Erzherzog Ferdinand II 91.
[4] 11. Juli 1564. Koch I 131.
[5] Über Maximilians II. überaus zweideutige und schwankende Haltung in dieser auch für die allgemeine europäische Politik so überaus wichtigen Frage glaube ich mich oben genügend geäußert zu haben.

che schwierige und ungeduldige Stimmung dasselbe ‚bei Kur- und Fürsten samt gemeinen Ständen errege' und in wie schmerzlichem Verdacht er, der Kaiser, selbst hierbei wegen unehrlicher Handlungsweise gerate. In beiden Angelegenheiten habe er durch den Gesandten schon ernstliche Vorstellungen machen lassen, aber vergebens. Deshalb habe er beschlossen ‚unsern Bruder Karl' im August nach Spanien zu senden.

## Auffassung des Erzherzogs Ferdinand über Carlos' Haft und Tod[1]

Der Erzherzog wird vermutlich von dem Kaiser zu einer Meinungsäußerung als Agnat eingeladen worden sein, wenn der Auszug des vorgelegten Briefes einen Schluß gestattet. Eine solche Äußerung hatte er bereits am 18. März dieses Jahres abgefaßt. Er hat sie einem Sekretär des auf dem Umschlag stehenden, nicht sicher zu lesenden Namens Düring diktiert, dessen Hand auch sonst in den Akten dieser Jahr vorkommt.[2]

Auf das Äußerste ist Ferdinand der ‚khüniglichen Wirde zu Hispanien' gegenüber beflissen, seine eigene Würde und fürstliche Stellung zu wahren. Es scheint ihm, wie der Leser aus den bezeichnenden, sogleich zu erwähnenden Korrekturen des Erzherzoglichen Diktates ersehen wird, nicht entgangen zu sein, wie wenig rücksichtsvoll auch auf ihn, den nahe verwandten deutschen Fürsten, das allgemeine Formular trotz einiger, die Blutsverwandtschaft betreffender Phrasen angewendet worden sei. In diesem Sinne hat man es zu verstehen, wenn er den ihm geläufigen Singular, wo er von sich redet, in den Plural korrigiert; ‚Mich' ‚in' ‚Uns', ‚Ich' in ‚Wir'. Er hätte das auch ihm zugegangene, ‚wie in Uns getane', Schreiben nicht als ein freundliches bezeichnen mögen. Kaum war die erste Silbe dieses Wortes über seine Lippen gekommen, als er sie durchstreichen ließ. Selbst in den ersten Worten dieses Briefes schien ihm die Wiederholung der Anredeform Königliche Würde und Liebden zu viel Konzession. ‚Lieb und khü Wirde erscheint sogar nach den beiden Anfangssilben ‚Aus Eur' gestrichen, wie später die Worte ‚Herrn und' vor ‚Vetters' bei

---

[1] Auf die beiden betreffenden, wertvollen Aktenstücke hat Herr Professor Dr. Arnold Busson mich aufmerksam zu machen die Güte gehabt. Bezeichnung und Titel derselben im Innsbrucker Statthaltereiarchiv lauten: Amraser Akten n. 70 und 76. An die Kü$^e$ Wirde zu Hispanien. Antwort auf sein Anzeigen, daß er den Prinßen zu Hispanien in seinen gewonlichen Zimmern verwaren lassen. 18. Martii anno 68.' ‚Contolentzschreiben wegen todtlichen Abgangs des Prinßen zu Hispanien. 19. September anno 68.'

[2] Freundliche Mitteilung des Herrn Dr. Oskar Redlich vom Innsbrucker Archiv, welcher das merkwürdige, nicht ganz leicht lesbare Aktenstück (jetzt: A I 70) mit mir zu kollationieren so gütig gewesen ist.

Don Carlos' erster Erwähnung. Hiernach lautet der erste Satz des Textes:

'Aus Eur underm Dato Madrid den 26ten nächst verschineß Monats Januarii wie in Uns getanen Schreiben haben Wir mit großer Betruebung Unseres Gemüets und sonderer Bekhümbernis verstanden: welchermaßen Euer Lieb und khü$^e$ Wirde aus sondern ehafften (d. h. rechtmäßigen) und gantz hochbefuegten (d. h. sehr wohl begründeten), pillichen Ursachen und Bedenkhen unvermeidenlich und nodrungenlich (d. h. notgedrungener Weise) beweget und verursacht seyn worden, des durchleuchtigisten Fürsten, Unseres freundlichen, lieben Vetters, des Prinzen von Hispanien etc. Person in deren Lieb gewondlichen Zimmern und Gemach einziehen und verwaren zu lassen etc.'

Nur im Allgemeinen wird, wie in der Zuschrift, so in dieser Antwort, noch eben höflich genug, der Anlässe des Arrestes gedacht. Es geschieht aber doch schon hier unter starker Hervorhebung des fürstlichen, recht eigentlich Erzherzoglichen Rechtes des nahen Verwandten, dessen Gefangenschaft mit gehäuften Worten als Betrübnis und Kummer erregend bezeichnet wird.

In gleicher Weise fährt der Brief fort, die verwandtschaftliche Sympathie dem Vater nicht in höherem Grade als dem Sohn zu beweisen. Des Letzteren Unglück wird als eine, dem Vater von Gott auferlegte Strafe, die wegen pflichtmäßigen Interesses für seine Untertanen verfügte Haft des Sohnes als ein zuträgliches, ganz vorübergehendes, väterliches Besserungsmittel erachtet, in Folge dessen der Prinz sich in Zukunft in die gegebenen Verhältnisse zu fügen wissen werde. Der Erzherzog gesteht doch nicht zu, daß solche Mittel (Wege) haben ,an die Hand genommen werden müssen'; er streicht diese zwei letzten Worte und begnügt sich mit der Tatsache, daß es geschah: ,worden'. Mit seiner Besserung, so hofft Ferdinand, werde der Prinz ,wieder zu' des Königs ,vorigen väterlichen Hulden' gelangen, streicht aber diese, als eine hier noch zu starke, Mahnung und setzt dafür zunächst ein allgemeines: ,dahin bewege', um die Worte in rücksichtsvollerem Zusammenhang wieder zu bringen.

,Ob deme Wir dann mit Euer khü$^n$ Wirde und Lieb sowol, auch seiner Lieb des Printzen halben, Unser(er) für beiderseits so nahenden Pluetsfreundschafft und Verwandnus nach, ein besonders freundlichst, treuhertzigest, innerlichst Mitleiden wegen (d. h. tragen, empfinden); zweiflen aber darüber gar nit, Euer Lieb und khü$^e$ Wirde werden sich in Übertragung (Ertragen) solliches Ine zuegestandenen, großer Bekhumbernus (Kummers) als ein christenlicher Khünig, und derselben von dem Allmechtigen hochbegebten, erleuchten Verstande nach, cristenlich und vernünfftiglich zu erzeigen und zu trösten wüssen. Und ob Wir wohl auch gar in kheinen Zweifel fallen – daß durch Euer Lieb und khü$^n$ Wirde, wie Sy in Irem Schreiben vermelden, nit allein von derselben, auch Iro Königreich, Fürstenthumber, Landen und Leuten gemainer Nutz Ruehe und Wolfart wegen, sondern auch seiner Lieb, dem Printzen selbst zum Pesten und Gedeyn (Gedeihen), als von dem wolmainenden, sor(g)ffeltigen Vatter unvermeidenlich sollche Weje an die Hände genomben worden –, so verhoffen wir aber doch gentzlich zu Gott dem

189

Allmechtigen, sein Lieb der Printz werde sich vermittelst Seiner Göttlichen Gnade und Eingebung, in gegenwärdigem, seiner Lieb khümberlichen, Zustande dermaßen erkennen und bedenkhen und sich nunmer also in die Sache schickhen und erfügen, dardurch er Euer Lieb und khü$^e$ Wirde dahin bewege und verursache, sich gegen seiner Lieb herwiderumben mit aller gnedigen vätterlichen Milterung (Milde) und Widerabstellung dises gegen ime furgenombenen ernstlichen Wegs zu beweisen, und also sein Lieb allerdingst wider zu vorigen väterlichen Hulden und Gnaden auf- und anzunemben (nehmen).'

Hierauf folgt eine dringende Vorstellung zur Versöhnung mit dem Prinzen und Freilassung desselben, da derselbe nach des Erzherzogs Überzeugung und des Königs eigener Versicherung nichts Beleidigendes oder sonst Arges gegen ihn verbrochen, sondern nur eine seltsame Natur mit entsprechenden Wirkungen habe; aber dieser ganze merkwürdige Absatz ist von dem Erzherzog nachträglich getilgt worden.

‚Darfür Wir denn umb so vill mer sonders (besonders) güte und alle tröstliche Hoffnung haben, weil Wir von Euer Lieb und khü$^n$ Wirde vernamben (vernahmen), daß sye ein sollichst (sei derart) – wie Wir denn auch selbst anderst nit vermuetten noch glauben khünden –, daß von Euer Lieb und khü$^n$ Wirde sollichst ernsthaffte Fürnemben nicht darumben (deshalb) gegen seiner Lieb den Printzen beschehn, daß Sie von seiner Lieb so hoch und beschwerlich belaidiget sein und sein Lieb sich sonst so weit und sträfflich gegen Euer Lieb und khü$^e$ Wirde vergessen hette etc., sondern daß dises nicht anders, dann allein seiner Lieb angeborne sonderbare Aigenschafft verursacht und erfordert.'

Der Schlußabsatz spricht des Erzherzogs fromme, allgemeine, christliche, ganz besonders aber dem in dieser Angelegenheit zunächst betroffenen österreichischen Herrscherhause geltenden Wünsche auf eine baldigste, auch für den geliebtesten Prinzen befriedigende und ehrenvolle Beilegung der Angelegenheit mit einiger Entschuldigung seiner Offenheit aus.

‚Der allmechtige gnedige Gott wolle hierfür sein gnedige Hilff und Gnad verleihen, daß sollichst zuvorderist seiner göttlichen Allmacht zu Lob und Ehre, Euer Lieb und khü$^n$ Wirde auch derselben geliebtesten und betruebten Sone und unserm gantzen löblichen Hause Österreich zu schirister (baldigster) reichlicher Widerergetzung und Trost und dann Euer Lieb und khü$^n$ Wirde, Khünigreichen, Fürstenthumben, Landen und Leutten, auch ingemain der gantzen Christenhait zu Ruehe, Wolfart und Aufnemben (Vorteil) geraichen. Sollichst haben Euer Lieb und khü$^n$ Wirde Wir auf eingangen (empfangenes) derselben Schreiben und angezaigten laidigen Zuestande freundlich und ganz getreu mit laidentlicher Wolmeinung nit verhalten sollen noch wollen, und thue darumben Euer Lieb und khü$^n$ Wirde Uns alls freundlichen und dienstlichen Fleiß(es) bevelhen (befehlen).'

Nach dieser, trotz aller formellen Rücksichtnahme, doch ganz unzweideutigen Hervorkehrung des agnatischen Einspruchsrechtes innerhalb der habsburgischen Familie begreift man die gleichsam entschuldigende und überaus verwandtschaftlich gehaltene Todesanzeige an den Erzherzog, welche wir früher besprochen haben. Da hat denn der regierende Herr von Tirol und Vorderösterreich am 14. September 1568 auch seinerseits überaus rücksichtsvoll warm und anerkennend geantwortet. Die hier ebenfalls nicht fehlenden Korrekturen des Diktates sind formeller und rein stilistischer, einer Erörterung nicht bedürfender Art. Ich teile nur die beiden einleitenden Sätze in der Sprache des Originals mit und gebe für das Übrige einen den Gedankengang des Erzherzogs darlegenden Auszug.

,Dem durchleuchtigisten, großmechtigen Fürsten, Herrn Philipsen, Kunig zu Hispanien, beeder Sicillien etc., Ertzherzog zu Oesterreich, Herzog zu Burgundj, Brabandt, Mailand, Geldern etc., Graf zu Habspurg, Flanndern und Artoys Unnserm freundtlich lieben Herrn und Vettern embieten Wir Ferdinand, von Gotes Gnaden Ertzherzog zu Oesterreich, Hertzog zu Burgundj etc., Grave zu Habspurg ,und Tyrol etc. Unnsern feindtlich guetwillig Dienst und waz Wir sonst Liebs und Guets vermugen bevor (zuvörderst). Durchleuchtigister, großmechtiger Fürst, frundtlicher, lieber Herr und Vetter!'

Die Todesnachricht habe er mit besonders betrübtem und beschwertem Gemüte ,verstanden'. Er habe persönlich die große Bekümmernis und das Herzeleid des Königs über das Ereignis wohl erwogen; es sei dasselbe ein ,laidig und unzeitlich Fal(l)', gehe auch ihm selbst der Blutsverwandtschaft halber mit Betrübnis nahe, welche durch das gottselige Ableben und die Hoffnung auf des Hingeschiedenen ewige Ruhe und Seligkeit gemildert werde. Der König möge, in Erinnerung an das allgemeine und unvermeidliche Menschengeschick des Todes, als von Gott mit hohem Verstand begabt, geruhen, dieses Herzeleid in Gottvertrauen ,aus Sinn und Gemüt abzuwenden'. Er schließt mit der Versicherung, daß er seinem ,frundtlichen lieben Herrn und Vettern mit Dienstwilligkeit und allem Guten znm besten zugetan' sei. Eigenhändig schreibt der Erzherzog dann noch auf das Diktat: ,Copei dem von Dietrichstein einzuschließen'. Er hatte an diesen schon Tags vorher einen Brief diktiert, ebenfalls mit Korrekturen, in welchem der Gesandte, in sehr strikter Form und mit Du angeredet, das ,gnädige Begehren' erfährt, bei persönlicher Übergabe des Kondolenzschreibens, seinem beiwohnenden Verstande' gemäß den König mündlich in des Erzherzogs Namen ,zu Trost und Abwendung der Bekümmernis' zu ermahnen.

Und hiermit hätten wir seit jener Eröffnungsfeier der Cortes, von dem Haupt der Familie, dem König, und seiner hoffnungsvollen Gemahlin wie seiner in ihren Ehehoffnungen schnöde getäuschten jüngeren Schwester angefangen, die sämtlichen Angehörigen des Herrscherhauses, den Erzherzog Karl ausgenommen, ihre Gesichtspunkte über Don Carlos, seine Haft und seinen Tod geltend machen sehen.

**Schluß**

Das große spanische Reich Philipps des Zweiten mit seinen wohlbegründeten Ansprüchen auf Universalherrschaft von Europa ist zusammengebrochen. Feuer hat die ursprünglichen Zeugnisse über die Katastrophe seines ältesten Sohnes, Feuer auch den Palast verzehrt, in welchem Don Carlos Haft und Tod gefunden hat. Aber dauern wird für alle Zeiten das Bild des schmerzlichen Kampfes, welcher dem geistesstarken, mächtigen König gegen die ziellosen Ansprüche und die gefahrvollen Absichten seines schwachsinnigen Thronerben beschieden war.

**Anhang
über die Urkundenpublikation der Frau Herzogin von Alba.**

Erst während des Druckes dieses Buches ist mir die für spanische Geschichte der sieben letzten Jahrhunderte nach verschiedenen Seiten aufschlußreiche Sammlung von Urkunden zugekommen, deren Druck ihrerseits nach einer Notiz auf dem letzten Blatt am 30. März 1891 in Madrid beendet worden ist. Das Werk bringt ausgewählte Urkunden, *documentos escogidos*, aus dem Archiv des Hauses Alba; als Herausgeberin nennt sich *la duquesa de Berwick y Alba, condesa de Siruela*.[1] Mit der Abkürzung *doc. escog.* habe ich in den Anmerkungen Zitate aus der neuen Sammlung gebracht.

Die, unseren Gegenstand speziell angehenden Stücke gehen in dem Werk von S. 401 bis 421 unten. Sie bilden einen besonderen Abschnitt unter dem Titel: ‚Briefe des Prinzen Don Carlos, Sohnes Philipps II., und Nachrichten über sein Leben und seinen Tod.'

Wie dankenswert nun auch die Abdrücke sind, so kann man doch nicht sagen, daß sie Nachrichten von Erheblichkeit gegenüber dem sonst vorliegenden Material gebracht haben.

Von den Briefen des Prinzen hat sich nur der erste verwertbar erwiesen. Ähnliches gilt von einigen, auf des Prinzen Haft bezüglichen Schreiben, namentlich dem gänzlich zustimmenden des Bischofs und Klerus von Cordova. Die gelehrte Herausgeberin bemerkt mit Recht, daß eine solche Erklärung des Einverständnisses mit der Einsperrung des Prinzen von Seiten

---

[1] In dem ersten Artikel einer anziehenden und über den Charakter wie die Absicht des Werkes instruktiven Besprechung der Sammlung von Wilhelm Lauser in der Beilage Nummer 174 zur (Münchener) Allgemeinen Zeitung vom 29. Juli 1891 wird für die Auswahl der Urkunden auch von ‚dem Rat des Archivars, Don Antonio Paz y Melia' mit Achtung gesprochen.

der Geistlichkeit bisher nicht gefunden worden ist. Nach der betreffenden Verfügung in des Königs Testament werden auch wohl diese Adressen im Herbst des Jahres 1598 verbrannt worden sein.

Von den Schreiben des Kabinettssekretärs Zayas an den Herzog von Alba, welche Dienstpflicht und devot freundschaftliche Vertraulichkeit verbinden, hat einige Mal erwünschter Gebrauch gemacht werden können. Von dem Brief der Sammlung S. 407 vom 24. April 1568 über Gründe und Wirkungen der dem geisteskranken Prinzen gereichten Kommunion habe ich absehen müssen; das Motiv, die Ketzer mit ihren für Don Carlos' Glauben ehrenrührigen Vermutungen zum Schweigen zu bringen, haben wir aus viel besseren Quellen kennen gelernt, und die zweifelnden Schlußfolgerungen über das bevorstehende Ende der Haft des Prinzen und die lichten Intervalle von Geisteskranken[1] sind in des Königs Briefe an seine kaiserliche Schwester hinlänglich zurückgewiesen. Um so wertvoller sind im Brief vom 14. August 1568 die S. 410 mitgeteilten Einzelheiten über den bei der Kronprinzessin-Witwe Johanna von Portugal ausgebrochenen wilden Wahnsinn, wie man denn aus demselben Schreiben und, so viel ich weiß, nur aus diesem S. 411 erfährt, daß die beiden Infantinnen die früher von Don Carlos innegehabten Räume zugewiesen erhielten.

Von Seite 414 bis 421 ist eine ‚Nachricht (*relación*) von dem Tod des Prinzen Don Carlos' abgedruckt. Der Umfang dieses Stückes ist jedoch viel größer zudenken, als der Abdruck zeigt. Ein Teil ist, wie man S. 415 erfährt, verbrannt, so daß von den betreffenden Mitteilungen nur Bruchstücke erkennbar waren, welche sorgfältig zur Veröffentlichung gebracht worden sind. Briefe des Königs über seines Sohnes Haft sind nach einer Notiz auf Seite 417 weggelassen, weil schon von Gachard publiziert. Bedauerlich muß genannt werden, daß nach einer weiteren Notiz auf S. 418 der Inhalt eines Blattes nicht wiedergegeben ist, auf welchem Exekutionen von Ketzern und Rebellen in Brüssel am Dienstag den 1. Juni 1568 geschildert werden und hierauf die am 5. Juni vollzogene Hinrichtung der Grafen Egmont und Hoorne. Zu vernehmen, wie ein patriotisch spanischer und nur für die oberste spanische Gesellschaftsschicht schreibender Zeitgenosse diese Bluttaten in Belgien auffaßt, wäre für die historische Wahrheit erheblich genug.

Denn es kann kein Zweifel sein, daß diese Relation eine geschriebene Zeitung von der Art ist, wie solche in der zweiten Hälfte des sechzehnten

---

[1] [...] *con que se caerá el falso testimonio, que los hereges le querian levantar; pero tambien se cierra la causa del detenimiento, que se decia del defecto natural; pero si fuera tan grande, no le dexara el confesor recibir el Santisimo Sacramento, aunque tambien ay dilucidos intervalos en los, que padescen semejantas faltas de naturaleza.*

Jahrhunderts in verschiedenen Ländern und Sprachen von Europa in nicht ganz regelmäßiger Folge und je nach der Wichtigkeit und Fülle des Inhalts, auch wohl der Vertrauenswürdigkeit der Leser, einem oft recht hohen Abonnementspreise unterlagen.[1] Wiederholt ist in Text und Anmerkungen des vorliegenden Buches von den italienischen Zeitungen dieser Art die Rede gewesen, welche dem Kaiser Maximilian II. aus Rom zugesendet wurden.

Eine besonders anschauliche Vorstellung von dem Charakter eines Weltblattes der obersten Gesellschaftsschichten im Jahr 1568 gewinnt man aber aus dem ersten Band der ‚Relation Fugger 1568 bis 1573'.[2] Die Zeitung beginnt mit französischen Berichten, dann folgen, ebenfalls ohne Übersetzung, italienische, dann deutsche und mit demselben, die Genauigkeit der Briefe verbürgenden, Sprachwechsel geht es weiter.

Zur Würdigung des uns jetzt beschäftigenden Stückes der Madrider Zeitung dieses Jahres wähle ich außer dieser die Erzählung eines Zweikampfes, von welchem die römische wie die Fuggersche Zeitung ebenfalls berichten und welcher für die vornehmen Kreise damaliger Zeit ein hohes Interesse gehabt haben muß, wenn man nach der Ausführlichkeit der Erzählung dieses Skandals schließen darf.

Die Madrider Relation berichtet S. 48: ‚Freitag am 23. desselben' (Monats Juli), ‚um die Mittagsstunde, da der Prinz im Sterben lag (*estando en lo estremo*)' sei es in dem Korridor, wegen gewisser Aufzeichnungen' (*ciertos nootes*) vor dem königlichen Saal zu einem Degenkampf zwischen zwei genannten Edelleuten gekommen, welche am folgenden Tag verhaftet wurden. Nach der römischen Zeitung[3] fand der Kampf ‚am Tag vor dem Abend' von Don Carlos' Tod ‚um drei Uhr' (*a tre hore*) statt ‚auf dem Korridor des Palasts in der Nähe der Kapelle'.

‚Don Diego von Mendoza legte Hand an den Dolch und zog ihn gegen genannten (Don Diego) von Lewa, und sie legten Hand an ihre Degen, und sie wurden getrennt und zo-

---

[1] Vgl. ‚Theodor Sickel, Zeitungen des 16. Jahrhunderts' im ersten Band des in Hannover 1854 erschienenen Weimarischen Jahrbuches für deutsche Sprache, Literatur und Kunst, herausgegeben von Hoffmann von Fallersleben und Oskar Schade.

[2] Wiener Hofbibliothek 8949, Blatt 24: ‚Zeittung aus Madridt den 24. Iulii anno 1568; der Printz von Spanien hatt sich die Zeit seiner Verschließung etlich Maln angenomen, nichts wollen essen' u. s, w. mit Schilderung seiner Wasserexesse, dann kurz des Todes: ‚umb ein Uhr gar verschiden, sagen doch, er hab ein gar guts christlichs Ende genommen'. Des Leichenbegängnisses wird nicht gedacht. Diese Nachricht meint Ranke, Wiener Jahrbücher 1829 XLVI 249: ‚In einer großen von Hanns Jakob Fuggel zur Geschichte des sechzehnten Jahrhunderts veranstalteten Sammlung fand ich deutsche Briefe aus Madrid vom 24, Juli'. In der Tat dürfte der Krankheits- und Todesbericht von dem uns bekannten Vertreter des Fuggerschen Hauses, Christoph Hermann, stammen.

[3] Wiener k. und k. geh. Haus-, Hof- und Staatsarchiv 1568, Romana.

gen sich in eine Kirche zurück, von wo die Justiz sie geholt hat und sie im Hause zweier Alkalden hält. Ich weiß gegenwärtig noch nicht, was folgen wird, auch weil Seine Majestät es sehr scharf aufgenommen hat. Den Anlaß werde ich sagen, wie ich ihn vernommen habe, und es ist der, daß Lewa einige Pasquille machte, welche die Damen genanntem Mendoza hersagten; deshalb antwortete er in derselben Weise. Das nahm Leiva derart übel, daß Einige sagen, der Lärm sei hieraus entstanden'.

Erwünschte weitere Aufklärung bringt doch der Anfang des betreffenden Berichtes in der Fuggerschen Zeitung, obwohl auch hier der eigentliche Zuname Hurtado des betreffenden Herrn aus dem großen Hause Mendoza fehlt, welchen die Madrider Zeitung nicht vergißt.

,So hat sich gestern Morgen (!) begeben, daß Don Diego de Mendoza, so vormalen unsers Kunigs Embayador zu Rom und Gouvernador zu Sena gewest, mit einem anderen Cavalero Diego de Layva zu Hoff vor des Kunigs Kamer Wortt gehabt' u. s. w.

Durchaus wird dieser Zeitungston, wie er uns in der italienischen und deutschen Fassung begegnet, auch in der Madrider eingehalten. Nur sind die Tagesdatierungen hier niemals durch ein ,gestern' u. dgl. ersetzt. Man liest S. 418 in den Fragmenten: ,am 15. Juli 1568 wurde kundgemacht [...] vier Tage, daß er nicht aß und daß er sei sehr [...] Am 21. wurde kundgemacht, daß es ihm sehr schlecht gehe und daß [...]' Vorher S. 417 ebenso: ,am 10. Februar 1569 (verschrieben für 1568) traten vier Ärzte ein, um seine [...]' ,[...] des Monats April wurde der Marstall des Prinzen aufgelöst' (vgl. oben) ,[...] am 10. folgenden wurde kund, daß das ganze Haus aufgelöst und verabschiedet sei.'

Das vorsichtige ,man sagt' fehlt freilich nicht selten bei Nachrichten dieser Zeitung, welche keineswegs begründet sind, wird aber sonst oft genug angewendet. S. 415 I. 12 liest man mit diesem Vorsichtsworte, gerade in der Nacht der Verhaftung seien die zwei Kästchen (*cofrezillos*) mit Schriften, welche der König in seine eigene Wohnung bringen ließ, von dem Sekretär des Prinzen an diesen ,verschlossen und versiegelt' zurückgesendet worden. Wie hätte ein so merkwürdiges Zusammentreffen den Bestunterrichteten entgehen können! Mit derselben Reserve (*dizen*) folgen bei dem Haftbericht mehrere, eben so unbegründete Nachrichten: es sei eine mit zwei Kugeln und vielen Patronen geladene Arkebuse gefunden worden, der Prinz habe unter dem Bett eine Büchse gehabt. ,Der König ging hinab in seinem langen Rock und man sagt, daß er einen Panzer unter dem Kleid getragen habe und daß er ebenso an demselben Tag zur Messe ausgegangen sei und Seine Hoheit hinter ihm.'

Die zuletzt hier ebenfalls als Gerücht gegebene Nachricht, daß Don Carlos am Sonntag den 18. Januar hinter und nicht neben seinem Vater zur

Schloßkapelle gegangen sei, vermag ich nicht zu kontrollieren. Im Übrigen dürfte über alles in diesen beiden Sätzen Behauptete oben das Nötige bemerkt sein. Für den Besuch der Messe an jenem Sonntag bleibt noch immer das sonst nicht klassische Zeugnis des florentinischen Gesandten, eben als einziger unverfänglicher Beleg.

Mit ähnlicher Marke des Gerüchtes werden dann nach dem, nur das Gewöhnliche bietenden Bericht über des Prinzen Hinscheiden eine Anzahl anderer grundloser, zum Teil wohl aus dieser Quelle auch in die römische Zeitung übergegangener Nachrichten dem Leser zugeführt. Für üble Nachrede besonders erwünscht ist die S. 419 gegebene mit der Einleitung: ‚wie man versichert' (*segun afirman*). Hienach sei der König am Tag des Hinscheidens seines Sohnes ‚zur Messe in der Kapelle in den großen Saal gegangen, wie er pflegt, wenn er sie in Zurückgezogenheit hört'. Der Schreiber weiß so wenig, als das Publikum überhaupt erfahren zu haben scheint – und wohl auch der französische Gesandte nur durch die Königin –, daß der König durch Podagra oder Fußgicht zu gehen verhindert war.

> ‚Es wurde bemerkt, daß in den Ornamenten des Altars und an den Kerzen gar keine Veränderung statt hatte, wie in einer solchen Zeit vorgenommen zu werden pflegt, und daß Fürstensitz und Polster und die Bedeckung des Altars karmoisinrot waren, und nicht von schwarzem Samt und die Kerzen weiß. Ebenso wird versichert, daß er nicht nur kein Schmerzgefühl über diesen Todesfall äußerte, sondern auch nicht einmal einen Schein davon (*demostracion*). Vielmehr hielt er sich, als ob ihn gar nichts betrübt hätte und man sagt,(?) daß er in den Garten der Frau Leonora Mascarennas ging und Befehl über eine gewisse Arbeit erteilte, welche dort vorzunehmen war. Wenn das die Wahrheit ist, so ist es ein sehr seltenes Zeichen von harter Strenge eines Vaters gegen einen Sohn, und man kann daraus schließen, daß er seinem Vater sehr großen Anlaß zu Haft und Absperrung gegeben hat'.

Die Nichtigkeit all dieses Stadtklatsches, der außerhalb Spaniens von allen Feinden begierig ergriffen wurde, dürfte nach den Ausführungen des vorliegenden Buches dem Leser unmittelbar entgegentreten.

Ob der König noch am Vormittag nach Don Carlos' Tod ungesehen sich zum Gottesdienst tragen ließ, und ob die, durch die angeordnete große Hof- und Landestrauer (vgl. oben) auch für die Hofkapelle selbstverständlich gewordenen Trauerzeichen bei der Frühmesse schon oder noch nicht angebracht waren, entzieht sich unserer Kunde. Der Vorwurf unnatürlicher Härte des königlichen Vaters, wie er hier ausgesprochen wird, deckt sich ganz artig mit den ebenso grundlosen Worten des venezianischen Gesandten über den von Philipp aus religiösen Gründen unterlassenen, und demgemäß auch den fürstlichen Damen untersagten, Besuch bei dem Kronprinzen vor Eintritt der Agonie. Cavalli schreibt nämlich: ‚Da hat man eine große Härte, um nicht zu sagen Grausamkeit von Seiten Seiner Majestät gesehen, was mich zu glauben veranlaßt, daß S. Maj. etwas von äußerster Wichtigkeit gegen ihn hatte.'[1] Wie wenig kennen doch diese Zeitgenossen den wahren Sachverhalt! Immerhin verdient der bei den Spaniern dieser Zeit uns schon wiederholt entgegengetretene Freimut auch dieses Madrider Journalisten über Philipp II. alle Anerkennung, Er liebt und verehrt im Übrigen den König, dem er nur mit moralischer Nutzanwendung[2] zu große Nachgiebigkeit gegen den Kronprinzen vorwirft. So legt er sich denn auch über alle sonst umlaufenden Gerüchte von bösen Planen des Prinzen auf Empörung, Vatermord und Anderes, die er zeitungsmäßig S. 429 f. verzeichnet, doch persönlich Zurückhaltung auf. Aber meinerseits halte ich mich, bis mir das Sachverhältnis klarer ist, selbst überzeugt, daß der König, so wie geschehen, verfahren mußte, da er verpflichtet ist, Frieden zu wahren und allgemeine Gerechtigkeit seiner Reiche und die Ruhe der Christenheit in so gefahrvollen Zeiten'. Das ist ja die Aufgabe der spanischen Universalmonarchie!

> ‚Es waren ihm die Ausschreitungen und Wutausbrüche und Angriffe seines Sohnes kund geworden, wodurch dieser eine häßliche Jugend hatte, voll von vielen ganz öffentlichen und gewöhnlichen Unzüchtigkeiten, welche bei den Leuten notorisch sind, ein sehr beflecktes Leben, wenn nicht durch Laster, so doch wenigstens durch eine unehrbare Freiheit, seine Begierden zu befriedigen und, wenn ihm derartiges nicht zur Verfügung stand, unheilvolle Bewegungen zu unternehmen und von solcher Art, daß die geringste von ihnen bedenklich für das Wohl der Christenheit gewesen wäre: ungemein verschwenderische Ausgaben mit großem Schimpf und Schande, eine zuchtlose Dreistigkeit, voll von Verzweiflung und schließlich eine so große Verwegenheit, daß sie Wut und Irrsinn nahe war. Hiermit verband sich der Abscheu, den er gegen seinen Vater hatte und die Furcht vor dessen Tadel und Strafe; ein schlechter Diener und Ratgeber oder mehrere und die für große Neuerungen so geeignete Zeitlage kommen hinzu.'

Mit solchen Redewendungen glaubt dieser Schriftsteller sich und seinen Lesern die Katastrophe erklären zu können. Von seinen Urteilen über den toten Prinzen habe ich schon oben einige Proben gegeben. Durchaus hegt und verbreitet er die Meinung, daß Don Carlos' Thronbesteigung für Spanien ein Unglück gewesen wäre: ‚Seine Herrschaft und Regierung hätte sehr blutig ausfallen müssen.' (S. 421.) ‚In seiner Glorie halte Unser Herr ihn, welcher große Anzeichen gab, daß er, wenn zur Regierung gelangt, ein sehr rauher und sogar grausamer Fürst geworden wäre.' (S. 418.)

---

[1] Gachard, *Don Carlos* 700.
[2] *Que son vicios y defetos que proceden de ser los padres muy blandos á sus hifos p.* 241.
  Die Väter werden also ermahnt, recht streng gegen ihre Söhne zu sein

Nun kann wohl über die, Wertlosigkeit der schon oben berührten rauhen Worte kein Zweifel sein, welche diese Zeitung S. 414 dem König vor der Verhaftung seines Sohnes in den Mund legt. Hiernach sagte Philipp II den zur Begleitung bestimmten Herren Folgendes.

,Sie sollen ihn bei einem Geschäft begleiten, welches er Unserem Herrn sehr empfohlen habe, und welches zu dessen Dienst gereiche. Er habe sie dabei nicht um Rat gebeten, bitte sie auch um sonst nichts ,als daß sie mit Seiner Majestät sich einfänden, um das zu hören, was er ihnen auftragen werde.'

Erwägt man diese erfundene Rede, so wird man auch über den Wert der Nachricht bedenklich, welche hier S. 416 über die Vereidigung der mit der Hut des Kronprinzen betrauten Herren vorliegt und an sich sehr erwünscht sein würde, wie ich sie ja auch oben in einer Anmerkung mitgeteilt habe. Hier habe ich noch zu bemerken, daß die Vereidigung vor dem Staatsrat im Hause des Präsidenten Espinosa vorgenommen sein soll; die Nachricht wird sonach auf einen dort Beschäftigten zurückgehen. Aber der Journalist kennt kein Datum für die Handlung, und daß Ruy Gomez in Ferias Hand einen Eid über die gerade ihm zunächst vom Könige vertraute Bewachung des Prinzen abgelegt hätte, ist mindestens seltsam, auch wenn die Vereidigung zwischen dem 19. und 25. Januar, also in der ersten Haftperiode stattgehabt haben sollte, als Feria allein bewaffnet bei dem Prinzen eintreten durfte.

Immerhin bleibt die von der Frau Herzogin von Alba gespendete Gabe auch für die in dem vorliegenden Buch behandelten Fragen sehr erwünscht und dankenswert.

**Editorische Notiz:**

Der Text der vorliegenden Edition folgt der Ausgabe:
Max Büdinger: Don Carlos' Haft und Tod. Wilhelm Braumüller, k. u. k. Hof- und Universitätsbuchhändler, Wien und Leipzig 1891.

Der Text wurde aus Fraktur übertragen. Die Orthographie wurde behutsam modernisiert, grammatikalische Eigenheiten bleiben gewahrt. Die Interpunktion folgt der Druckvorlage.

Bisher im SEVERUS Verlag erschienen:

**Achelis. Th.** Die Entwicklung der Ehe * **Andreas-Salomé, Lou** Rainer Maria Rilke * **Arenz, Karl** Die Entdeckungsreisen in Nord- und Mittelafrika von Richardson, Overweg, Barth und Vogel * **Aretz, Gertrude (Hrsg)** Napoleon I - Briefe an Frauen * **Ashburn, P.M** The ranks of death. A Medical History of the Conquest of America * **Avenarius, Richard** Kritik der reinen Erfahrung * **Bernstorff, Graf Johann Heinrich** Erinnerungen und Briefe * **Binder, Julius** Grundlegung zur Rechtsphilosophie. Mit einem Extratext zur Rechtsphilosophie Hegels * **Bliedner, Arno** Schiller. Eine pädagogische Studie * **Braun, Lily** Lebenssucher * **Braun, Ferdinand** Drahtlose Telegraphie durch Wasser und Luft * **Burkamp, Wilhelm** Wirklichkeit und Sinn. Die objektive Gewordenheit des Sinns in der sinnfreien Wirklichkeit * **Caemmerer, Rudolf Karl Fritz** Die Entwicklung der strategischen Wissenschaft im 19. Jahrhundert * **Cronau, Rudolf** Drei Jahrhunderte deutschen Lebens in Amerika. Eine Geschichte der Deutschen in den Vereinigten Staaten * **Cushing, Harvey** The life of Sir William Osler, Volume 1 * The life of Sir William Osler, Volume 2 * **Eckstein, Friedrich** Alte, unnennbare Tage. Erinnerungen aus siebzig Lehr- und Wanderjahren * **Eiselsberg, Anton Freiherr von** Lebensweg eines Chirurgen. * **Elsenhans, Theodor** Fries und Kant. Ein Beitrag zur Geschichte und zur systematischen Grundlegung der Erkenntnistheorie. * **Ferenczi, Sandor** Hysterie und Pathoneurosen * **Fourier, Jean Baptiste Joseph Baron** Die Auflösung der bestimmten Gleichungen * **Frimmel, Theodor von** Beethoven Studien I. Beethovens äußere Erscheinung * Beethoven Studien II. Bausteine zu einer Lebensgeschichte des Meisters * **Fülleborn, Friedrich** Über eine medizinische Studienreise nach Panama, Westindien und den Vereinigten Staaten * **Goldstein, Eugen** Canalstrahlen * **Heller, August** Geschichte der Physik von Aristoteles bis auf die neueste Zeit. Bd. 1: Von Aristoteles bis Galilei * **Helmholtz, Hermann von** Reden und Vorträge, Bd. 1 * Reden und Vorträge, Bd. 2 * **Kalkoff, Paul** Ulrich von Hutten und die Reformation. Eine kritische Geschichte seiner wichtigsten Lebenszeit und der Entscheidungsjahre der Reformation (1517 - 1523), Reihe ReligioSus Band I * **Kerschensteiner, Georg** Theorie der Bildung * **Külz, Ludwig** Tropenarzt im afrikanischen Busch * **Leimbach, Karl Alexander** Untersuchungen über die verschiedenen Moralsysteme * **Liliencron, Rochus von / Müllenhoff, Karl** Zur Runenlehre. Zwei Abhandlungen * **Mach, Ernst** Die Principien der Wärmelehre * **Mausbach, Joseph** Die Ethik des heiligen Augustinus. Erster Band: Die sittliche Ordnung und ihre Grundlagen * **Müller, Conrad** Alexander von Humboldt und das Preußische Königshaus. Briefe aus den Jahren 1835-1857 * **Oettingen, Arthur von** Die Schule der Physik * **Peters, Carl** Die deutsche Emin-Pascha-Expedition * **Poetter, Friedrich Christoph** Logik * **Popken, Minna** Im Kampf um die Welt des Lichts. Lebenserinnerungen und Bekenntnisse einer Ärztin * **Rank, Otto** Psychoanalytische Beiträge zur Mythenforschung. Gesammelte Studien aus den Jahren 1912 bis 1914. * **Rubinstein, Susanna** Ein individualistischer Pessimist: Beitrag zur Würdigung Philipp Mainländers * Eine Trias von Willensmetaphysikern: Populär-philosophische Essays * **Scheidemann, Philipp** Memoiren eines Sozialdemokraten, Erster Band * Memoiren eines Sozialdemokraten, Zweiter Band * **Schweitzer, Christoph** Reise nach Java und Ceylon (1675-1682). Reisebeschreibungen von deutschen Beamten und Kriegsleuten im Dienst der niederländischen West- und Ostindischen Kompagnien 1602 - 1797. * **Stein, Heinrich von** Giordano Bruno. Gedanken über seine Lehre und sein Leben * **Thiersch, Hermann** Ludwig I von Bayern und die Georgia Augusta * **Tyndall, John** Die Wärme betrachtet als eine Art der Bewegung, Bd. 1 * Die Wärme betrachtet als eine Art der Bewegung, Bd. 2 * **Virchow, Rudolf** Vier Reden über Leben und Kranksein * **Wernher, Adolf** Die Bestattung der Toten in Bezug auf Hygiene, geschichtliche Entwicklung und gesetzliche Bestimmungen * **Weygandt, Wilhelm** Abnorme Charaktere in der dramatischen Literatur. Shakespeare - Goethe - Ibsen - Gerhart Hauptmann * **Wlassak, Moriz** Zum römischen Provinzialprozeß

www.severus-verlag.de

www.ingramcontent.com/pod-product-compliance
Lightning Source LLC
Chambersburg PA
CBHW052119300426
44116CB00010B/1729